2025 하반기
고시넷
공기업

국민건강보험공단
노인장기요양보험법
요양직

NCS 직무수행능력평가

스마트폰에서 검색 고시넷 www.gosinet.co.kr

최고 강사진의
동영상 강의

수강생 만족도 1위

류준상 선생님
- 서울대학교 졸업
- 응용수리, 자료해석 대표강사
- 정답이 보이는 문제풀이 스킬 최다 보유
- 수포자도 만족하는 친절하고 상세한 설명

공부의 神

양광현 선생님
- 서울대학교 졸업
- NCS 모듈형 대표강사
- 시험에 나올 문제만 콕콕 짚어주는 강의
- 중국 칭화대학교 의사소통 대회 우승
- 前 공신닷컴 멘토

경영·경제 전문가의 고퀄리티 강의

김경진 선생님
- 서울대학교 경영학 석사
- 미국 텍사스 주립대 경제학 석사
- CFA(국제공인재무분석사)
- 前 대기업(S사, K사) 면접관

PREFACE
정오표 및 학습 질의 안내

 정오표 확인 방법

고시넷은 오류 없는 책을 만들기 위해 최선을 다합니다. 그러나 편집 과정에서 미처 잡지 못한 실수가 뒤늦게 나오는 경우가 있습니다. 고시넷은 이런 잘못을 바로잡기 위해 정오표를 실시간으로 제공합니다. 감사하는 마음으로 끝까지 책임을 다하겠습니다.

고시넷 홈페이지 접속 〉 고시넷 출판-커뮤니티 〉 정오표

www.gosinet.co.kr

 모바일폰에서 QR코드로 실시간 정오표를 확인할 수 있습니다.

 학습 질의 안내

학습과 교재선택 관련 문의를 받습니다. 적절한 교재선택에 관한 조언이나 고시넷 교재 학습 중 의문 사항은 아래 주소로 메일을 주시면 성실히 답변드리겠습니다.

이메일주소 qna@gosinet.co.kr

CONTENTS 차례

국민건강보험공단 필기시험 정복
- 구성과 활용
- 국민건강보험공단 소개
- 모집공고 및 채용 절차
- 노인장기요양보험법 기출 유형 분석

파트 1 노인장기요양보험법

제1장	총칙	16
제2장	장기요양보험	24
제3장	장기요양인정	28
제4장	장기요양급여의 종류	40
제5장	장기요양급여의 제공	48
제6장	장기요양기관	56
제7장	재가 및 시설 급여비용 등	86
제8장	장기요양위원회 등	98
제9장	관리운영기관	102
제10장	심사청구 및 재심사청구	110
제11장	보칙	114
제12장	벌칙	124

파트 2 노인장기요양보험법 기출예상모의고사

1회	기출예상문제	134
2회	기출예상문제	142
3회	기출예상문제	152
4회	기출예상문제	162
5회	기출예상문제	172

파트 3 법조문 빈칸 채우기

제1장	총칙	182
제2장	장기요양보험	186
제3장	장기요양인정	188
제4장	장기요양급여의 종류	193
제5장	장기요양급여의 제공	195

제6장	장기요양기관	198
제7장	재가 및 시설 급여비용 등	212
제8장	장기요양위원회 등	216
제9장	관리운영기관	218
제10장	심사청구 및 재심사청구	222
제11장	보칙	224
제12장	벌칙	228

책 속의 책 정답과 해설

파트 1 노인장기요양보험법 기본문제 정답과 해설

제1장	총칙	2
제2장	장기요양보험	3
제3장	장기요양인정	4
제4장	장기요양급여의 종류	7
제5장	장기요양급여의 제공	8
제6장	장기요양기관	10
제7장	재가 및 시설 급여비용 등	14
제8장	장기요양위원회 등	17
제9장	관리운영기관	18
제10장	심사청구 및 재심사청구	20
제11장	보칙	21
제12장	벌칙	22

파트 2 노인장기요양보험법 기출예상모의고사 정답과 해설

1회	기출예상문제	24
2회	기출예상문제	28
3회	기출예상문제	33
4회	기출예상문제	38
5회	기출예상문제	43

파트 3 법조문 빈칸 채우기 정답과 해설

제1장~제3장	48
제4장~제6장	49
제7장~제11장	50
제12장	51

EXAMINATION GUIDE

구성과 활용

| 1 |

국민건강보험공단 소개 & 채용 절차

국민건강보험공단의 미션, 비전, 핵심가치, 경영방침, 전략목표 등을 수록하였으며, 최신 채용 절차를 쉽고 빠르게 확인할 수 있도록 구성하였습니다.

| 2 |

노인장기요양보험법 기출 유형 분석

국민건강보험공단 필기시험 출제 기준에 따른 최근 법률 개정안과 이에 따른 최신 기출 경향을 분석하여 한눈에 파악할 수 있도록 구성하였습니다.

| 3 |

노인장기요양보험법 조문 익히기

노인장기요양보험법의 조문과 이를 바탕으로 구성한 조문확인 OX문제와 함께 각 장별 조문을 차근차근 이해할 수 있도록 구성하였습니다.

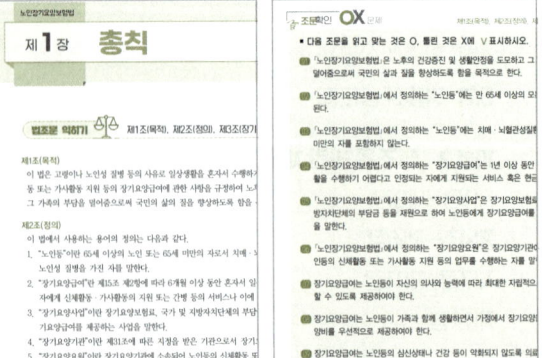

노인장기요양보험법 기본문제

조문 학습 중간 기본문제를 통해 학습한 조문의 내용이 실제 시험에서 어떻게 등장하는지를 확인하면서 자연스럽게 조문을 반복 학습할 수 있도록 구성하였습니다.

노인장기요양보험법 기출예상모의고사

실제 노인장기요양보험법 기출문제의 유형으로 구성한 총 5회의 기출예상모의고사를 통해 완벽한 실전 준비가 가능하도록 구성하였습니다.

법조문 빈칸 채우기

직접 노인장기요양보험법의 조문 내용을 작성하면서 문제의 정답이 될 가능성이 높은 키워드를 중심으로 효과적인 조문 회독 학습이 이루어지도록 하였습니다.

INFORMATION | 국민건강보험공단 소개

미션

국민건강과 사회보장 증진으로 국민의 삶의 질 향상

국민보건 향상과 사회보장 증진	노후의 건강증진과 생활안정 도모로 국민의 삶의 질 향상
국민건강보험법 국민의 질병·부상에 대한 예방·진단·치료·재활과 출산·사망 및 건강증진에 대하여 보험급여 실시	**노인장기요양보험법** 일상생활을 혼자서 수행하기 어려운 노인 등에게 신체활동 또는 가사활동 지원 등의 장기요양급여 제공

비전

행복한 국민 건강한 대한민국 든든한 국민건강보험

평생 건강을 위한 맞춤형 관리체계로 개개인이 행복한 삶을 누리고	나아가 모든 국민이 더 건강한 삶을 영위할 수 있도록	언제나 국민 곁에서 든든하고 지속가능한 건강·장기요양보험이 되겠습니다.

비전선언문

우리는 모든 국민이 평생 건강하고 행복한 삶을 누리고, 나아가 더 건강한 나라를 만드는데 기여하도록, 항상 국민과 함께하는 든든한 국민건강보험으로서의 사명을 다하기 위해 다음 사항을 실천한다.

하나. 우리는 출생에서 사망까지 국민의 평생건강을 책임지는 건강보장체계를 실현하여 모든 국민이 의료비 걱정 없는 행복한 삶을 영위하도록 노력한다.

하나. 우리는 맞춤형 건강서비스로 건강수명을 향상시키고 품격 있는 노후의 삶을 누리는 건강한 대한민국을 만들기 위해 노력한다.

하나. 우리는 끊임없는 혁신과 전문성 함양으로 건강보험의 지속가능한 발전을 추구하여 언제나 국민 곁에 든든한 국민건강보험이 되기 위해 최선을 다한다.

핵심가치

- 소통과 배려 : 대내·이해관계자와 소통과 배려를 통해 국민체감 성과 창출
- 건강과 행복 : 국민보건과 사회보장 증진을 통해 모든 국민의 건강향상과 행복한 삶을 추구
- 공정과 신뢰 : 공정한 제도 구축·운영과 안전·책임경영으로 국민 신뢰 확보
- 혁신과 전문성 : 디지털·서비스 중심 경영혁신과 직무 전문성 강화로 지속가능경영 실현
- 청렴과 윤리 : 엄격한 윤리의식을 토대로 자율적 내부통제와 청렴한 업무수행을 통해 투명한 사회 선도

경영방침

더 건강한 삶을 위한 The건강보험

제도·서비스	이해관계자	기관운영
더 건강한 국민 (국민건강, 근거기반, 연계·통합)	더 건강한 파트너십 (협력주도, 소통, 배려)	더 건강한 공단 (혁신, 효율, 청렴)

전략목표

- 국민의 평생건강을 책임지는 건강보장체계
- 건강수명 향상을 위한 맞춤형 건강관리
- 초고령사회 대비 국민이 안심하는 장기요양보험
- 건강보험 재정 안정성 강화
- 국민이 체감하는 소통·혁신·책임경영

GUIDE 모집공고 및 채용 절차

채용 절차

원서접수 › 필기시험 › 온라인 인성검사 › 면접시험 › 최종 합격자 발표

- 각 전형단계별 합격자에 한하여 다음 전형 응시기회 부여
- 기한 내 인성검사 또는 증빙서류 제출 미완료자는 면접시험 응시 불가

지원자격

- 공통지원 조건을 모두 갖추고 아래 모집단위별 지원 자격을 충족하는 자

직렬	직급	자격요건
행정직	6급가	해당사항 없음.
행정직(기록물관리)	6급가	기록물관리 전문요원 자격증을 소지한 사람
행정직	6급나	최종학력이 고등학교 졸업인 사람 - (지원가능) 최종학력 기준 고등학교 졸업예정·졸업자, 고등학교 검정고시 합격자, 대학 중퇴자 - (지원불가) 대학 재학·휴학·수료·졸업예정·졸업자
건강직	6급가	아래 면허 중 하나 이상을 소지한 사람 - 간호사, 방사선사, 임상병리사, 영양사, 건강운동관리사, 보건교육사(2급 이상)
요양직	6급가	아래 면허 중 하나 이상을 소지한 사람 - 간호사, 물리치료사, 작업치료사, 사회복지사(2급 이상)
기술직(전기)	6급가	아래 면허 중 하나 이상을 소지한 사람 - 전기기사, 전기공사기사
기술직(건축)	6급가	아래 면허 중 하나 이상을 소지한 사람 - 건축기사, 실내건축기사
기술직(기계)	6급가	아래 면허 중 하나 이상을 소지한 사람 - 공조냉동기계기사, 일반기계기사

- 우대 공익어학성적(전 직렬) : 아래 공익어학성적 중 하나

TOEIC	NEW TEPS	TOEFL(IBT)	OPIC	TOEIC Speaking	G-TELP(Level 2)
800 이상	309 이상	91 이상	IM3 이상	IM3 이상	76 이상

※ 해당 기준 이상인 경우 동일한 점수 부여

필기시험

- NCS 기반 직업기초능력+직무시험(법률)

과목	직렬	시험내용
NCS 기반 직업기초능력 (60분)	행정직, 건강직, 요양직, 기술직	직업기초능력 응용모듈 60문항 (의사소통 20문항, 수리 20문항, 문제해결 20문항)
직무시험(법률) (20분)	행정직, 건강직, 기술직	「국민건강보험법」 20문항 (시행령 및 시행규칙 제외)
	요양직	「노인장기요양보험법」 20문항 (시행령 및 시행규칙 제외)

- 과목당 40% 이상, 전 과목 총점의 60% 이상 득점한 사람 중 고득점자 순으로 최소 모집단위별 선발인원의 2배수(단, 채용인원이 2명 이하인 모집단위는 3배수) 선발
- 동점자는 취업지원대상자, 장애인, 필기시험 원 점수 고득점자, 서류시험 고득점자 순(그럼에도 동점인 경우에는 전원 합격처리)

인성검사

- 필기시험 합격자(장애·보훈전형은 서류심사 합격자)를 대상으로 진행
- 채용사이트에서 온라인으로 개별 실시
- 기한 내 검사 미완료자는 면접응시 포기로 간주

면접시험

- 인성검사 및 증빙서류 제출 완료자를 대상으로 진행
- 공단 본부에서 진행(변경 가능)
- 면접방법

경험행동면접	• 개인의 과거 경험 등 질문을 통해 지원자의 직무역량과 인성, 가치관, 태도 등 미래의 역량 수준을 예측 • 인성검사 결과를 면접관에게 참고자료에게 제공하여 맞춤형 면접 실시
상황면접	• 가상의 직무관련 상황을 제시, 그 상황에서 취해야 할 행동에 대한 질의·응답으로 진행 • 제시된 주제에 대해 지원자의 상황판단능력과 대처능력 등을 평가
토론면접	• 지원자 간 협업을 통한 공동의 문제 해결 과정을 관찰 • 개인의 직무역량 및 소통·협업능력 등을 평가

- 조 편성 후 다대다 면접으로 진행

GUIDE

노인장기요양보험법 기출 유형 분석

2025 상반기 기출 유형 분석

'장기요양기관의 확충'이라는 새로운 책무에 주목

2025년 국민건강보험공단 필기시험의 출제 기준인 노인장기요양보험법 개정에서는 국가 및 지방자치단체가 국·공립 장기요양기관을 확충하도록 노력해야 하는 책무를 명시하고, 기타재가급여에 소프트웨어를 포함하도록 하여 장기요양급여에 디지털 기술을 더욱 적극적으로 활용할 수 있도록 하는 개정안이 반영되었다.

특히 시험 문제로 출제가 용이한 국가 및 지방자치단체의 책무에 추가된 '국·공립 장기요양기관 확충'이라는 내용이 눈에 익지 않아 자칫 오답으로 연결될 수 있을 가능성이 높은 내용이라는 점에서, 시험 직전에 한 번 더 인지해서 함정에 빠지지 않도록 주의해야 한다.

2025 상반기 키워드 체크

2024 상·하반기 기출 유형 분석

상반기는 장기요양요원 보호, 하반기는 심사위원회

2024년 상반기 시험의 노인장기요양보험법 개정에서는 장기요양요원의 보호에 관한 규정이 더욱 구체화되었다는 점이 주목되었다. 특히 해당 내용이 사회적 이슈가 된 사안인 만큼 필기시험을 넘어 아니라 향후 면접 주제로도 자주 활용될 가능성이 높다는 점에서 더욱 주목해야 할 내용이다.

2024년 하반기 시험의 노인장기요양보험법 개정에서는 시행령에서 규정하고 있던 심의기관인 장기요양급여심사위원회의 설치근거가 본법으로 상향됨에 따라 해당 내용이 시험 범위에 추가되었다. 국민건강보험법 필기시험에는 시행령과 시행규칙의 내용은 출제되지 않으므로 세부적인 내용은 출제되지 않으나 국민건강보험공단에 소속되어 있으며, 장기요양급여에 관한 세부사항에 관한 심의기관이라는 점은 상기할 필요가 있다.

2024 상·하반기 키워드 체크

국민
건강보험
공단

직무시험

* 2024. 12. 20. 일부개정 법률 제20587호 기준
(시행일 2025. 6. 21.)

파트 1 노인장기요양보험법

제1장 총칙

제2장 장기요양보험

제3장 장기요양인정

제4장 장기요양급여의 종류

제5장 장기요양급여의 제공

제6장 장기요양기관

제7장 재가 및 시설 급여비용 등

제8장 장기요양위원회 등

제9장 관리운영기관

제10장 심사청구 및 재심사청구

제11장 보칙

제12장 벌칙

제1장 총칙

> **법조문 익히기** 제1조(목적), 제2조(정의), 제3조(장기요양급여 제공의 기본원칙)

제1조(목적)
이 법은 고령이나 노인성 질병 등의 사유로 일상생활을 혼자서 수행하기 어려운 노인등에게 제공하는 신체활동 또는 가사활동 지원 등의 장기요양급여에 관한 사항을 규정하여 노후의 건강증진 및 생활안정을 도모하고 그 가족의 부담을 덜어줌으로써 국민의 삶의 질을 향상하도록 함을 목적으로 한다.

제2조(정의)
이 법에서 사용하는 용어의 정의는 다음과 같다.
1. "노인등"이란 65세 이상의 노인 또는 65세 미만의 자로서 치매·뇌혈관성질환 등 대통령령으로 정하는 노인성 질병을 가진 자를 말한다.
2. "장기요양급여"란 제15조 제2항에 따라 6개월 이상 동안 혼자서 일상생활을 수행하기 어렵다고 인정되는 자에게 신체활동·가사활동의 지원 또는 간병 등의 서비스나 이에 갈음하여 지급하는 현금 등을 말한다.
3. "장기요양사업"이란 장기요양보험료, 국가 및 지방자치단체의 부담금 등을 재원으로 하여 노인등에게 장기요양급여를 제공하는 사업을 말한다.
4. "장기요양기관"이란 제31조에 따른 지정을 받은 기관으로서 장기요양급여를 제공하는 기관을 말한다.
5. "장기요양요원"이란 장기요양기관에 소속되어 노인등의 신체활동 또는 가사활동 지원 등의 업무를 수행하는 자를 말한다.

제3조(장기요양급여 제공의 기본원칙)
① 장기요양급여는 노인등이 자신의 의사와 능력에 따라 최대한 자립적으로 일상생활을 수행할 수 있도록 제공하여야 한다.
② 장기요양급여는 노인등의 심신상태·생활환경과 노인등 및 그 가족의 욕구·선택을 종합적으로 고려하여 필요한 범위 안에서 이를 적정하게 제공하여야 한다.
③ 장기요양급여는 노인등이 가족과 함께 생활하면서 가정에서 장기요양을 받는 재가급여를 우선적으로 제공하여야 한다.
④ 장기요양급여는 노인등의 심신상태나 건강 등이 악화되지 아니하도록 의료서비스와 연계하여 이를 제공하여야 한다.

조문확인 OX 문제
제1조(목적), 제2조(정의), 제3조(장기요양급여 제공의 기본원칙)

■ 다음 조문을 읽고 맞는 것은 O, 틀린 것은 X에 V 표시하시오.

01 「노인장기요양보험법」은 노후의 건강증진 및 생활안정을 도모하고 그 가족의 부담을 덜어줌으로써 국민의 삶과 질을 향상하도록 함을 목적으로 한다. [O | X]

02 「노인장기요양보험법」에서 정의하는 "노인등"에는 만 65세 이상의 모든 노인이 포함된다. [O | X]

03 「노인장기요양보험법」에서 정의하는 "노인등"에는 치매·뇌혈관성질환을 가진 65세 미만의 자를 포함하지 않는다. [O | X]

04 「노인장기요양보험법」에서 정의하는 "장기요양급여"는 1년 이상 동안 혼자서 일상생활을 수행하기 어렵다고 인정되는 자에게 지원되는 서비스 혹은 현금을 의미한다. [O | X]

05 「노인장기요양보험법」에서 정의하는 "장기요양사업"은 장기요양보험료와 국가 및 지방자치단체의 부담금 등을 재원으로 하여 노인등에게 장기요양급여를 제공하는 사업을 말한다. [O | X]

06 「노인장기요양보험법」에서 정의하는 "장기요양요원"은 장기요양기관에 소속되어 노인등의 신체활동 또는 가사활동 지원 등의 업무를 수행하는 자를 말한다. [O | X]

07 장기요양급여는 노인등이 자신의 의사와 능력에 따라 최대한 자립적으로 생업에 종사할 수 있도록 제공하여야 한다. [O | X]

08 장기요양급여는 노인등이 가족과 함께 생활하면서 가정에서 장기요양을 받는 가족요양비를 우선적으로 제공하여야 한다. [O | X]

09 장기요양급여는 노인등의 심신상태나 건강 등이 악화되지 않도록 의료서비스와 연계하여 이를 제공하여야 한다. [O | X]

[정답] 01 O 02 O 03 X 04 X 05 O
       06 O 07 X 08 X 09 O

제1조(목적), 제2조(정의), 제3조(장기요양급여 제공의 기본원칙)

01. 다음 빈칸 ㉠~㉢에 들어갈 내용이 바르게 나열된 것은?

> 「노인장기요양보험법」은 고령이나 노인성 질병 등의 사유로 (㉠)을 혼자서 수행하기 어려운 노인등에게 제공하는 신체활동 또는 가사활동 지원 등의 (㉡)에 관한 사항을 규정하여 노후의 건강증진 및 (㉢)을 도모하고 그 가족의 부담을 덜어줌으로써 국민의 삶의 질을 향상하도록 함을 목적으로 한다.

	㉠	㉡	㉢
①	생산활동	의료서비스	자기개발
②	일상생활	의료서비스	생활안정
③	생산활동	장기요양급여	자기개발
④	일상생활	장기요양급여	생활안정

02. 다음은 장기요양급여의 용어 정의이다. 빈칸 ㉠, ㉡에 들어갈 내용으로 옳은 것은?

> 장기요양급여란 (㉠) 이상 동안 혼자서 일상생활을 수행하기 어렵다고 인정되는 자에게 신체활동·가사활동의 지원 또는 간병 등의 서비스나 이에 갈음하여 지급하는 (㉡) 등을 말한다.

	㉠	㉡		㉠	㉡
①	6개월	보조장구	②	6개월	현금
③	1년	보조장구	④	1년	현금

03. 장기요양기관에 소속되어 노인등의 신체활동 및 가사활동 지원 등의 업무를 수행하는 자를 지칭하는 용어는?

① 사회복지사 ② 장기요양기관
③ 장기요양요원 ④ 요양보호사

04. 장기요양급여 제공의 기본원칙상 제공의 최우선대상이 되는 장기요양급여는?

① 시설급여 ② 재가급여
③ 특별현금급여 ④ 단기보호

05. 다음은 「노인장기요양보험법」 제3조에서 제시된 장기요양급여 제공의 기본원칙 중 하나이다. 빈칸에 들어갈 내용으로 적절한 것은?

> 장기요양급여는 노인등의 심신상태나 건강 등이 악화되지 않도록 (　　　)와 연계하여 이를 제공하여야 한다.

① 의료서비스 ② 금융서비스
③ 취업지원서비스 ④ 정보통신서비스

법조문 익히기

제4조(국가 및 지방자치단체의 책무 등), 제5조(장기요양급여에 관한 국가 정책방향), 제6조(장기요양기본계획), 제6조의2(실태조사)

제4조(국가 및 지방자치단체의 책무 등)
① 국가 및 지방자치단체는 노인이 일상생활을 혼자서 수행할 수 있는 온전한 심신상태를 유지하는데 필요한 사업(이하 "노인성질환예방사업"이라 한다)을 실시하여야 한다.
② 국가는 노인성질환예방사업을 수행하는 지방자치단체 또는 「국민건강보험법」에 따른 국민건강보험공단(이하 "공단"이라 한다)에 대하여 이에 소요되는 비용을 지원할 수 있다.
③ 국가 및 지방자치단체는 노인인구 및 지역특성 등을 고려하여 장기요양급여가 원활하게 제공될 수 있도록 적정한 수의 장기요양기관을 확충하고 장기요양기관의 설립을 지원하여야 한다.
④ 국가 및 지방자치단체는 국·공립 장기요양기관을 확충하기 위하여 노력하여야 한다.
⑤ 국가 및 지방자치단체는 장기요양급여가 원활히 제공될 수 있도록 공단에 필요한 행정적 또는 재정적 지원을 할 수 있다.
⑥ 국가 및 지방자치단체는 장기요양요원의 처우를 개선하고 복지를 증진하며 지위를 향상시키기 위하여 적극적으로 노력하여야 한다.
⑦ 국가 및 지방자치단체는 지역의 특성에 맞는 장기요양사업의 표준을 개발·보급할 수 있다.

제5조(장기요양급여에 관한 국가정책방향)
국가는 제6조의 장기요양기본계획을 수립·시행함에 있어서 노인뿐만 아니라 장애인 등 일상생활을 혼자서 수행하기 어려운 모든 국민이 장기요양급여, 신체활동지원서비스 등을 제공받을 수 있도록 노력하고 나아가 이들의 생활안정과 자립을 지원할 수 있는 시책을 강구하여야 한다.

제6조(장기요양기본계획)
① 보건복지부장관은 노인등에 대한 장기요양급여를 원활하게 제공하기 위하여 5년 단위로 다음 각 호의 사항이 포함된 장기요양기본계획을 수립·시행하여야 한다.
1. 연도별 장기요양급여 대상인원 및 재원조달 계획
2. 연도별 장기요양기관 및 장기요양전문인력 관리 방안
3. 장기요양요원의 처우에 관한 사항
4. 그 밖에 노인등의 장기요양에 관한 사항으로서 대통령령으로 정하는 사항
② 지방자치단체의 장은 제1항에 따른 장기요양기본계획에 따라 세부시행계획을 수립·시행하여야 한다.

제6조의2(실태조사)
① 보건복지부장관은 장기요양사업의 실태를 파악하기 위하여 3년마다 다음 각 호의 사항에 관한 조사를 정기적으로 실시하고 그 결과를 공표하여야 한다.
1. 장기요양인정에 관한 사항
2. 제52조에 따른 장기요양등급판정위원회(이하 "등급판정위원회"라 한다)의 판정에 따라 장기요양급여를 받을 사람(이하 "수급자"라 한다)의 규모, 그 급여의 수준 및 만족도에 관한 사항
3. 장기요양기관에 관한 사항
4. 장기요양요원의 근로조건, 처우 및 규모에 관한 사항
5. 그 밖에 장기요양사업에 관한 사항으로서 보건복지부령으로 정하는 사항
② 제1항에 따른 실태조사의 방법과 내용 등에 필요한 사항은 보건복지부령으로 정한다.

제4조(국가 및 지방자치단체의 책무 등), 제5조(장기요양급여에 관한 국가정책방향), 제6조(장기요양기본계획), 제6조의2(실태조사)

■ 다음 조문을 읽고 맞는 것은 O, 틀린 것은 X에 ∨ 표시하시오.

01 국가는 노인성질환예방사업을 수행하는 지방자치단체와 국민건강보험공단에 대해 그 사업에 관한 비용을 지원할 수 있다.   O   X

02 국가 및 지방자치단체는 장기요양급여가 원활하게 제공될 수 있도록 가능한 많은 장기요양기관을 확충하고 장기요양기관의 설립을 지원하여야 한다.   O   X

03 국가 및 지방자치단체는 국민건강보험공단에 필요한 행정적 지원을 하여서는 안 된다.   O   X

04 국가 및 지방자치단체는 지역의 특성에 맞는 장기요양사업의 표준을 개발·보급할 수 있다.   O   X

05 보건복지부장관은 장기요양급여를 원활하게 제공하기 위한 장기요양기본계획을 5년 단위로 수립·시행하여야 한다.   O   X

06 장기요양기본계획에는 연도별 장기요양급여 대상인원 및 재원조달 계획이 포함된다.   O   X

07 보건복지부장관은 장기요양사업의 실태를 파악하기 위한 실태조사를 5년마다 실시하고 그 결과를 공표해야 한다.   O   X

08 장기요양사업의 실태조사에는 장기요양등급판정위원회의 판정에 따라 장기요양급여를 받을 사람의 규모, 그 급여의 수준 및 만족도에 관한 사항이 포함된다.   O   X

09 장기요양사업의 실태조사에는 장기요양요원의 근로조건과 처우, 규모에 관한 사항이 포함된다.   O   X

10 장기요양사업의 실태조사의 방법과 내용에 관하여는 보건복지부령으로 정한다.   O   X

[정답] 01 O 02 X 03 X 04 O 05 O
06 O 07 X 08 O 09 O 10 O

제4조(국가 및 지방자치단체의 책무 등), 제5조(장기요양급여에 관한 국가정책방향), 제6조(장기요양기본계획), 제6조의2(실태조사)

01. 다음 중 장기요양급여를 원활하게 제공하기 위해 수립·시행하여야 하는 장기요양기본계획의 수립주기는?

① 1년
② 2년
③ 3년
④ 5년

02. 다음 중 장기요양기본계획에 포함해야 하는 사항을 모두 고른 것은?

┌───┐
│ ㉠ 연도별 장기요양급여 대상인원 및 재원조달 계획 │
│ ㉡ 연도별 장기요양기관 및 장기요양전문인력의 관리 방안 │
│ ㉢ 장기요양요원의 처우에 관한 사항 │
└───┘

① ㉠
② ㉡
③ ㉠, ㉢
④ ㉠, ㉡, ㉢

03. 보건복지부장관이 장기요양사업의 실태를 파악하기 위해 정기적으로 실시하는 실태조사의 시행 주기는?

① 3년
② 2년
③ 1년
④ 6개월

04. 다음 중 장기요양사업의 실태조사에 포함하지 않는 사항은?

① 장기요양보험사업자의 자금지원에 대한 사항
② 장기요양요원의 근로조건, 처우 및 규모에 관한 사항
③ 장기요양인정에 관한 사항
④ 장기요양기관에 관한 사항

05. 다음 중 장기요양급여를 원활하게 제공하기 위한 장기요양기본계획과 그 세부시행계획을 수립하고 시행하는 주체를 순서대로 나열한 것은?

	장기요양기본계획	세부시행계획
①	보건복지부장관	보건복지부장관
②	보건복지부장관	지방자치단체의 장
③	지방자치단체의 장	보건복지부장관
④	지방자치단체의 장	지방자치단체의 장

노인장기요양보험법

제 2 장 장기요양보험

법조문 익히기 — 제7조(장기요양보험), 제8조(장기요양보험료의 징수), 제9조(장기요양보험료의 산정), 제10조(장애인 등에 대한 장기요양보험료의 감면), 제11조(장기요양보험가입 자격 등에 관한 준용)

제7조(장기요양보험)

① 장기요양보험사업은 보건복지부장관이 관장한다.
② 장기요양보험사업의 보험자는 공단으로 한다.
③ 장기요양보험의 가입자(이하 "장기요양보험가입자"라 한다)는 「국민건강보험법」 제5조 및 제109조에 따른 가입자로 한다.
④ 공단은 제3항에도 불구하고 「외국인근로자의 고용 등에 관한 법률」에 따른 외국인근로자 등 대통령령으로 정하는 외국인이 신청하는 경우 보건복지부령으로 정하는 바에 따라 장기요양보험가입자에서 제외할 수 있다.

제8조(장기요양보험료의 징수)

① 공단은 장기요양사업에 사용되는 비용에 충당하기 위하여 장기요양보험료를 징수한다.
② 제1항에 따른 장기요양보험료는 「국민건강보험법」 제69조에 따른 보험료(이하 이 조에서 "건강보험료"라 한다)와 통합하여 징수한다. 이 경우 공단은 장기요양보험료와 건강보험료를 구분하여 고지하여야 한다.
③ 공단은 제2항에 따라 통합 징수한 장기요양보험료와 건강보험료를 각각의 독립회계로 관리하여야 한다.

제9조(장기요양보험료의 산정)

① 장기요양보험료는 「국민건강보험법」 제69조 제4항·제5항 및 제109조 제9항 단서에 따라 산정한 보험료액에서 같은 법 제74조 또는 제75조에 따라 경감 또는 면제되는 비용을 공제한 금액에 같은 법 제73조 제1항에 따른 건강보험료율 대비 장기요양보험료율의 비율을 곱하여 산정한 금액으로 한다.
② 제1항에 따른 장기요양보험료율은 제45조에 따른 장기요양위원회의 심의를 거쳐 대통령령으로 정한다.
③ 제1항에도 불구하고 장기요양보험의 특성을 고려하여 「국민건강보험법」 제74조 또는 제75조에 따라 경감 또는 면제되는 비용을 달리 적용할 필요가 있는 경우에는 대통령령으로 정하는 바에 따라 경감 또는 면제되는 비용의 공제 수준을 달리 정할 수 있다.

제10조(장애인 등에 대한 장기요양보험료의 감면)

공단은 「장애인복지법」에 따른 장애인 또는 이와 유사한 자로서 대통령령으로 정하는 자가 장기요양보험가입자 또는 그 피부양자인 경우 제15조 제2항에 따른 수급자로 결정되지 못한 때 대통령령으로 정하는 바에 따라 장기요양보험료의 전부 또는 일부를 감면할 수 있다.

제11조(장기요양보험가입 자격 등에 관한 준용)

「국민건강보험법」 제5조, 제6조, 제8조부터 제11조까지, 제69조 제1항부터 제3항까지, 제76조부터 제86조까지, 제109조 제1항부터 제9항까지 및 제110조는 장기요양보험가입자·피부양자의 자격취득·상실, 장기요양보험료 등의 납부·징수 및 결손처분 등에 관하여 이를 준용한다. 이 경우 "보험료"는 "장기요양보험료"로, "건강보험"은 "장기요양보험"으로, "가입자"는 "장기요양보험가입자"로 본다.

제7조(장기요양보험), 제8조(장기요양보험료의 징수), 제9조(장기요양보험료의 산정), 제10조(장애인 등에 대한 장기요양보험료의 감면), 제11조(장기요양보험가입 자격 등에 관한 준용)

조문확인 OX 문제

■ 다음 조문을 읽고 맞는 것은 O, 틀린 것은 X에 V 표시하시오.

01 장기요양사업은 보건복지부장관이 관장한다. 　　　　　　　　　　　　　O / X

02 장기요양보험사업의 보험자는 보건복지부장관으로 한다. 　　　　　　　O / X

03 「국민건강보험법」 제109조의 가입자는 장기요양보험의 가입자가 될 수 없다. 　O / X

04 외국인근로자는 신청을 통해 장기요양보험가입자에서 제외할 수 있다. 　O / X

05 국민건강보험공단은 장기요양사업에 사용되는 비용에 충당하기 위해 장기요양보험료를 징수한다. 　O / X

06 장기요양보험료는 국민건강보험료와 구분하여 징수한다. 　　　　　　　O / X

07 장기요양보험료와 국민건강보험료는 구분하여 고지한다. 　　　　　　　O / X

08 장기요양보험료와 국민건강보험료는 각각의 독립회계로 관리하여야 한다. 　O / X

09 장기요양보험료는 국민건강보험료액에서 장기요양보험료율을 곱한 금액에 「국민건강보험법」에 따라 경감 또는 면제되는 비용을 공제하여 산정한다. 　O / X

10 장기요양보험료의 산정 기준이 되는 국민건강보험료액은 「국민건강보험법」 제109조 제9항에 따라 산정하는 국민건강보험료를 의미하지 않는다. 　O / X

11 장기요양보험료를 산정함에 있어서 장기요양보험의 특성을 고려하여 「국민건강보험법」 제75조에 따라 보험료를 경감하는 수준을 다르게 정할 수 있다. 　O / X

12 「국민건강보험법」 제74조에 따라 국민건강보험료가 면제되는 경우에는 장기요양보험료를 산정함에 있어서 장기요양보험의 특성을 이유로 이를 다르게 정할 수는 없다. 　O / X

13 「장애인복지법」에 따른 장애인이 장기요양가입자라면 장기요양수급자로 결정되지 못한 때에는 그 장기요양보험료의 전부 또는 일부를 감면할 수 있다. 　O / X

[정답] 01 O 02 X 03 X 04 O 05 O
　　　 06 X 07 O 08 O 09 X 10 X
　　　 11 O 12 X 13 O

제7조(장기요양보험), 제8조(장기요양보험료의 징수), 제9조(장기요양보험료의 산정), 제10조(장애인 등에 대한 장기요양보험료의 감면), 제11조(장기요양보험가입 자격 등에 관한 준용)

01. 다음은 장기요양보험에 관한 내용이다. 빈칸 ㉠, ㉡에 들어갈 내용으로 옳은 것은?

> 1. 장기요양보험사업은 (㉠)이 관장한다.
> 2. 장기요양보험사업의 보험자는 (㉡)이다.

	㉠	㉡
①	대통령	국민건강보험공단
②	대통령	보건복지부장관
③	보건복지부장관	국민건강보험공단
④	보건복지부장관	보건복지부장관

02. 장기요양보험료의 징수에 대한 설명으로 옳지 않은 것은?

① 국민건강보험공단은 장기요양사업에 사용되는 비용에 충당하기 위해 장기요양보험료를 징수한다.
② 장기요양보험료는 국민건강보험료와 통합하여 징수한다.
③ 장기요양보험료는 국민건강보험료와 통합하여 고지하여야 한다.
④ 장기요양보험료는 국민건강보험료와 각각의 독립회계로 관리해야 한다.

03. 다음은 「국민건강보험법」의 일부 내용이다. 장기요양보험에서 밑줄 친 ㉠, ㉡의 내용으로 옳지 않은 것은?

> 「국민건강보험법」 제5조(적용 대상 등)
> ① 국내에 거주하는 주민은 건강보험의 ㉠가입자 또는 피부양자가 된다.
>
> 「국민건강보험법」 제109조(외국인 등에 대한 특례)
> ② 국내에 체류하는 재외국민 또는 외국인이 적용대상사업장의 근로자, 공무원 또는 교직원이고, 제6조 제2항 각 호의 어느 하나에 해당하지 아니하면서 다음 각 호의 어느 하나에 해당하는 경우에는 제5조에도 불구하고 ㉡직장가입자가 된다. (이하 생략)

① ㉠은 장기요양보험의 가입자가 된다.
② ㉡은 장기요양보험의 가입자가 된다.
③ ㉠과 달리 ㉡은 장기요양보험에 가입하기 위해서는 별도의 신청 절차를 거쳐야 한다.
④ ㉡은 신청을 통해 장기요양보험의 가입자에서 제외할 수 있다.

04. 다음 중 장기요양보험료율의 심의기관은?

① 장기요양위원회
② 건강보험심사평가원
③ 건강보험정책심의위원회
④ 국민건강보험공단

05. 다음은 장기요양보험료를 산정하는 식이다. ㉠ ~ ㉣에 대한 설명으로 옳지 않은 것은?

> (㉠보험료액 - ㉡공제액) × ㉢장기요양보험료율 ÷ (㉣)

① ㉠은 「국민건강보험법」에 따라 산정한 국민건강보험료액이다.
② ㉡은 장기요양보험의 특성을 고려하여 「국민건강보험법」과 다르게 정할 수 있다.
③ ㉢은 심의를 거쳐 보건복지부령으로 정한다.
④ ㉣에 들어갈 내용은 건강보험료율이다.

제 3 장 장기요양인정

법조문 익히기 — 제12조(장기요양인정의 신청자격), 제13조(장기요양인정의 신청), 제14조(장기요양인정 신청의 조사)

제12조(장기요양인정의 신청자격)

장기요양인정을 신청할 수 있는 자는 노인등으로서 다음 각 호의 어느 하나에 해당하는 자격을 갖추어야 한다.

1. 장기요양보험가입자 또는 그 피부양자
2. 「의료급여법」 제3조 제1항에 따른 수급권자(이하 "의료급여수급권자"라 한다)

제13조(장기요양인정의 신청)

① 장기요양인정을 신청하는 자(이하 "신청인"이라 한다)는 공단에 보건복지부령으로 정하는 바에 따라 장기요양인정신청서(이하 "신청서"라 한다)에 의사 또는 한의사가 발급하는 소견서(이하 "의사소견서"라 한다)를 첨부하여 제출하여야 한다. 다만, 의사소견서는 공단이 제15조 제1항에 따라 등급판정위원회에 자료를 제출하기 전까지 제출할 수 있다.

② 제1항에도 불구하고 거동이 현저하게 불편하거나 도서·벽지 지역에 거주하여 의료기관을 방문하기 어려운 자 등 대통령령으로 정하는 자는 의사소견서를 제출하지 아니할 수 있다.

③ 의사소견서의 발급비용·비용부담방법·발급자의 범위, 그 밖에 필요한 사항은 보건복지부령으로 정한다.

제14조(장기요양인정 신청의 조사)

① 공단은 제13조 제1항에 따라 신청서를 접수한 때 보건복지부령으로 정하는 바에 따라 소속 직원으로 하여금 다음 각 호의 사항을 조사하게 하여야 한다. 다만, 지리적 사정 등으로 직접 조사하기 어려운 경우 또는 조사에 필요하다고 인정하는 경우 특별자치시·특별자치도·시·군·구(자치구를 말한다. 이하 같다)에 대하여 조사를 의뢰하거나 공동으로 조사할 것을 요청할 수 있다.

1. 신청인의 심신상태
2. 신청인에게 필요한 장기요양급여의 종류 및 내용
3. 그 밖에 장기요양에 관하여 필요한 사항으로서 보건복지부령으로 정하는 사항

② 공단은 제1항 각 호의 사항을 조사하는 경우 2명 이상의 소속 직원이 조사할 수 있도록 노력하여야 한다.

③ 제1항에 따라 조사를 하는 자는 조사일시, 장소 및 조사를 담당하는 자의 인적사항 등을 미리 신청인에게 통보하여야 한다.

④ 공단 또는 제1항 단서에 따른 조사를 의뢰받은 특별자치시·특별자치도·시·군·구는 조사를 완료한 때 조사결과서를 작성하여야 한다. 조사를 의뢰받은 특별자치시·특별자치도·시·군·구는 지체 없이 공단에 조사결과서를 송부하여야 한다.

조문확인 OX 문제

제12조(장기요양인정의 신청자격), 제13조(장기요양인정의 신청), 제14조(장기요양인정 신청의 조사)

■ 다음 조문을 읽고 맞는 것은 O, 틀린 것은 X에 V 표시하시오.

01 장기요양보험가입자 또는 그 피부양자인 노인등은 장기요양인정을 신청할 수 있다. [O / X]

02 의료급여수급권자는 장기요양보험가입자에 한해 장기요양인정을 신청할 수 있다. [O / X]

03 장기요양인정을 신청하는 자는 장기요양인정신청서에 의사 또는 간호사가 발급하는 의사소견서를 첨부하여 제출하여야 한다. [O / X]

04 장기요양인정의 신청에 필요한 의사소견서는 국민건강보험공단이 등급판정위원회에 자료를 제출하기 전까지 제출할 수 있다. [O / X]

05 거동이 현저하게 불편하거나 도서·벽지 지역에 거주하여 의료기관을 방문하기 어려운 자는 장기요양인정신청서에 의사소견서를 첨부하지 않을 수 있다. [O / X]

06 장기요양인정신청서를 접수한 국민건강보험공단은 소속 직원으로 하여금 신청인의 심신상태와 신청인에게 필요한 장기요양급여의 종류 및 내용 등을 조사하게 하여야 한다. [O / X]

07 장기요양인정 신청의 조사를 하는 국민건강보험공단은 지리적 사정을 이유로 특별자치시·특별자치도·시·군·구에 조사를 의뢰할 수 있으나, 공동으로 조사할 수는 없다. [O / X]

08 국민건강보험공단은 장기요양인정 신청의 조사에 있어 2명 이상의 소속 직원이 조사할 수 있도록 노력하여야 한다. [O / X]

09 장기요양인정 신청의 조사를 하는 자는 조사일시, 장소 및 조사 담당자의 인적사항 등을 미리 신청인에게 통보하여야 한다. [O / X]

10 장기요양인정 신청의 조사를 의뢰받은 특별자치시·특별자치도·시·군·구는 조사결과서를 작성하여 지체 없이 국민건강보험공단에 송부하여야 한다. [O / X]

[정답] 01 O 02 X 03 X 04 O 05 O
       06 O 07 X 08 O 09 O 10 O

제12조(장기요양인정의 신청자격), 제13조(장기요양인정의 신청), 제14조(장기요양인정 신청의 조사)

01. 다음 중 장기요양인정의 신청가능 대상에 해당하지 않는 사람은? (단, 제시되지 않은 요건은 모두 충족한 것으로 본다)

① 장기요양보험가입자
② 국외에 거주하고 있는 재외국민
③ 의료급여수급권자
④ 장기요양보험가입자의 피부양자

02. 다음은 장기요양인정의 신청을 위한 의사소견서에 관한 내용이다. 빈칸 ㉠, ㉡에 들어갈 내용으로 옳은 것은?

> 장기요양인정을 신청하는 자는 장기요양인정신청서에 의사 또는 (㉠)가 발급하는 의사소견서를 첨부하여 제출하여야 한다. 다만 의사소견서는 국민건강보험공단이 (㉡)에 자료를 제출하기 전까지 제출할 수 있다.

	㉠	㉡		㉠	㉡
①	한의사	등급판정위원회	②	간호사	등급판정위원회
③	한의사	보건복지부	④	간호사	보건복지부

03. 다음 중 장기요양인정의 신청에 필요한 의사소견서의 제출을 면제받는 경우는?

① 만 65세 이상의 노인
② 「외국인근로자의 고용 등에 관한 법률」에 따른 외국인근로자
③ 도서·벽지 지역에 거주하여 의료기관을 방문하기가 어려운 자
④ 의사소견서 발급에 필요한 비용을 납부하기 어려운 의료급여수급권자

04. 다음은 장기요양인정 신청의 조사절차에 관한 규정이다. 빈칸 ㉠, ㉡에 들어갈 내용으로 옳은 것은?

> 지리적 사정 등으로 장기요양인정 신청에 관해 국민건강보험공단이 직접 조사하기 어려운 경우 또는 조사에 필요하다고 인정하는 경우 특별자치시·특별자치도·시·군·구(자치구)에 대하여 조사를 의뢰하거나 공동으로 조사할 것을 요청할 수 있다. 이때 공단은 (㉠) 이상의 소속 직원이 조사할 수 있도록 노력하여야 한다.
> 공단 또는 조사를 의뢰받은 특별자치시·특별자치도·시·군·구는 조사를 완료한 때 (㉡)를 작성하여야 한다. 조사를 의뢰받은 특별자치시·특별자치도·시·군·구는 지체 없이 공단에 (㉡)를 송부하여야 한다.

	㉠	㉡		㉠	㉡
①	2명	조사결과서	②	2명	장기요양인정서
③	3명	조사결과서	④	3명	장기요양인정서

05. 다음 중 장기요양인정의 신청에 대하여 국민건강보험공단에서 조사하는 사항을 모두 고른 것은?

> ㉠ 장기요양인정 신청인의 심신상태
> ㉡ 장기요양인정 신청인 가족의 실제 수입
> ㉢ 장기요양인정 신청인에게 필요한 장기요양급여의 종류

① ㉠
② ㉠, ㉢
③ ㉡, ㉢
④ ㉠, ㉡, ㉢

법조문 익히기 — 제15조(등급판정 등), 제16조(장기요양등급판정기간), 제17조(장기요양인정서), 제18조(장기요양인정서를 작성할 경우 고려사항)

제15조(등급판정 등)

① 공단은 제14조에 따른 조사가 완료된 때 조사결과서, 신청서, 의사소견서, 그 밖에 심의에 필요한 자료를 등급판정위원회에 제출하여야 한다.
② 등급판정위원회는 신청인이 제12조의 신청자격요건을 충족하고 6개월 이상 동안 혼자서 일상생활을 수행하기 어렵다고 인정하는 경우 심신상태 및 장기요양이 필요한 정도 등 대통령령으로 정하는 등급판정기준에 따라 수급자로 판정한다.
③ 등급판정위원회는 제2항에 따라 심의·판정을 하는 때 신청인과 그 가족, 의사소견서를 발급한 의사 등 관계인의 의견을 들을 수 있다.
④ 공단은 장기요양급여를 받고 있거나 받을 수 있는 자가 다음 각 호의 어느 하나에 해당하는 것으로 의심되는 경우에는 제14조 제1항 각 호의 사항을 조사하여 그 결과를 등급판정위원회에 제출하여야 한다.
1. 거짓이나 그 밖의 부정한 방법으로 장기요양인정을 받은 경우
2. 고의로 사고를 발생하도록 하거나 본인의 위법행위에 기인하여 장기요양인정을 받은 경우
⑤ 등급판정위원회는 제4항에 따라 제출된 조사 결과를 토대로 제2항에 따라 다시 수급자 등급을 조정하고 수급자 여부를 판정할 수 있다.

제16조(장기요양등급판정기간)

① 등급판정위원회는 신청인이 신청서를 제출한 날부터 30일 이내에 제15조에 따른 장기요양등급판정을 완료하여야 한다. 다만, 신청인에 대한 정밀조사가 필요한 경우 등 기간 이내에 등급판정을 완료할 수 없는 부득이한 사유가 있는 경우 30일 이내의 범위에서 이를 연장할 수 있다.
② 공단은 등급판정위원회가 제1항 단서에 따라 장기요양인정심의 및 등급판정기간을 연장하고자 하는 경우 신청인 및 대리인에게 그 내용·사유 및 기간을 통보하여야 한다.

제17조(장기요양인정서)

① 공단은 등급판정위원회가 장기요양인정 및 등급판정의 심의를 완료한 경우 지체 없이 다음 각 호의 사항이 포함된 장기요양인정서를 작성하여 수급자에게 송부하여야 한다.
1. 장기요양등급
2. 장기요양급여의 종류 및 내용
3. 그 밖에 장기요양급여에 관한 사항으로서 보건복지부령으로 정하는 사항
② 공단은 등급판정위원회가 장기요양인정 및 등급판정의 심의를 완료한 경우 수급자로 판정받지 못한 신청인에게 그 내용 및 사유를 통보하여야 한다. 이 경우 특별자치시장·특별자치도지사·시장·군수·구청장(자치구의 구청장을 말한다. 이하 같다)은 공단에 대하여 이를 통보하도록 요청할 수 있고, 요청을 받은 공단은 이에 응하여야 한다.
③ 공단은 제1항에 따라 장기요양인정서를 송부하는 때 장기요양급여를 원활히 이용할 수 있도록 제28조에 따른 월 한도액 범위 안에서 개인별장기요양이용계획서를 작성하여 이를 함께 송부하여야 한다.
④ 제1항 및 제3항에 따른 장기요양인정서 및 개인별장기요양이용계획서의 작성방법에 관하여 필요한 사항은 보건복지부령으로 정한다.

제18조(장기요양인정서를 작성할 경우 고려사항)
공단은 장기요양인정서를 작성할 경우 제17조 제1항 제2호에 따른 장기요양급여의 종류 및 내용을 정하는 때 다음 각 호의 사항을 고려하여 정하여야 한다.
1. 수급자의 장기요양등급 및 생활환경
2. 수급자와 그 가족의 욕구 및 선택
3. 시설급여를 제공하는 경우 장기요양기관이 운영하는 시설 현황

제15조(등급판정 등), 제16조(장기요양등급판정기간), 제17조(장기요양인정서), 제18조(장기요양인정서를 작성할 경우 고려사항)

■ 다음 조문을 읽고 맞는 것은 O, 틀린 것은 X에 V 표시하시오.

01 국민건강보험공단은 장기요양인정의 신청의 조사가 완료된 때 조사결과서, 신청서, 의사소견서, 그 밖에 심의에 필요한 자료를 등급판정위원회에 제출하여야 한다. [O X]

02 장기요양인정의 신청인은 등급판정위원회의 심의·판정에 의견을 제출할 수 있으나, 신청인의 가족은 그렇지 않다. [O X]

03 국민건강보험공단은 장기요양급여를 받을 수 있는 자가 거짓이나 그 밖의 부정한 방법으로 장기요양인정을 받은 것으로 의심되는 경우 이를 직접 조사하여 그 결과를 등급판정위원회에 제출할 수 있다. [O X]

04 등급판정위원회는 고의로 사고를 발생시켜 장기요양인정을 받은 것으로 의심되어 진행된 국민건강보험공단의 조사 결과를 제출받아 다시 수급자 등급을 조정하고 수급자 여부를 판정할 수 있다. [O X]

05 등급판정위원회의 등급판정완료기한은 신청서가 제출된 날부터 30일 이내로, 부득이한 사정이 있을지라도 이를 연장할 수는 없다. [O X]

06 국민건강보험공단은 장기요양인정서를 송부할 때 연간 한도액 범위 안에서 개인별장기요양이용계획서를 작성하여 이를 함께 송부하여야 한다. [O X]

07 국민건강보험공단이 작성하는 장기요양인정서에는 수급자와 그 가족의 욕구 및 선택이 반영되어서는 아니 된다. [O X]

[정답] 01 O 02 X 03 O 04 O 05 X 06 X 07 X

제15조(등급판정 등), 제16조(장기요양등급판정기간), 제17조(장기요양인정서), 제18조(장기요양인정서를 작성할 경우 고려사항)

01. 다음 중 장기요양등급판정을 위해 국민건강보험공단이 등급판정위원회에 제출해야 할 서류에 해당하지 않는 것은?

① 조사결과서
② 의사소견서
③ 개인별장기요양이용계획서
④ 장기요양인정신청서

02. 다음 중 위원회의 등급판정을 위한 의견청취 대상에 해당하는 경우를 모두 고르면?

㉠ 신청인 본인
㉡ 신청인의 가족
㉢ 의사소견서를 발급한 의사

① ㉡
② ㉢
③ ㉠, ㉢
④ ㉠, ㉡, ㉢

03. 기간 연장이 없을 때 등급판정위원회가 신청서를 제출받은 날로부터 장기요양등급판정을 완료해야 하는 법정 기한은?

① 7일 이내
② 14일 이내
③ 15일 이내
④ 30일 이내

04. 다음 중 장기요양인정서를 작성할 경우의 고려사항에 해당하지 않는 것은?

① 수급자의 장기요양등급 및 환경
② 장기요양급여를 제공할 장기요양요원의 자격 현황
③ 수급자와 그 가족의 욕구와 선택
④ 시설급여의 경우 장기요양기관이 운영하는 시설 현황

05. 다음 내용의 빈칸에 들어갈 서류의 명칭은?

> 국민건강보험공단은 장기요양인정서를 송부하는 때 장기요양급여를 원활히 이용할 수 있도록 「노인장기요양보험법」 제28조에 따른 월 한도액의 범위 안에서 (　　　)를 작성하여 이를 함께 송부하여야 한다.

① 개인별장기요양이용계획서
② 장기요양급여 제공 계획서
③ 방문간호지시시
④ 장기요양인정 조사결과서

법조문 익히기 — 제19조(장기요양인정의 유효기간), 제20조(장기요양인정의 갱신), 제21조(장기요양등급 등의 변경), 제22조(장기요양인정 신청 등에 대한 대리)

제19조(장기요양인정의 유효기간)
① 제15조에 따른 장기요양인정의 유효기간은 최소 1년 이상으로서 대통령령으로 정한다.
② 제1항의 유효기간의 산정방법과 그 밖에 필요한 사항은 보건복지부령으로 정한다.

제20조(장기요양인정의 갱신)
① 수급자는 제19조에 따른 장기요양인정의 유효기간이 만료된 후 장기요양급여를 계속하여 받고자 하는 경우 공단에 장기요양인정의 갱신을 신청하여야 한다.
② 제1항에 따른 장기요양인정의 갱신 신청은 유효기간이 만료되기 전 30일까지 이를 완료하여야 한다.
③ 제12조부터 제19조까지의 규정은 장기요양인정의 갱신절차에 관하여 준용한다.

제21조(장기요양등급 등의 변경)
① 장기요양급여를 받고 있는 수급자는 장기요양등급, 장기요양급여의 종류 또는 내용을 변경하여 장기요양급여를 받고자 하는 경우 공단에 변경신청을 하여야 한다.
② 제12조부터 제19조까지의 규정은 장기요양등급의 변경절차에 관하여 준용한다.

제22조(장기요양인정 신청 등에 대한 대리)
① 장기요양급여를 받고자 하는 자 또는 수급자가 신체적·정신적인 사유로 이 법에 따른 장기요양인정의 신청, 장기요양인정의 갱신신청 또는 장기요양등급의 변경신청 등을 직접 수행할 수 없을 때 본인의 가족이나 친족, 그 밖의 이해관계인은 이를 대리할 수 있다.
② 다음 각 호의 어느 하나에 해당하는 사람은 관할 지역 안에 거주하는 사람 중 장기요양급여를 받고자 하는 사람 또는 수급자가 제1항에 따른 장기요양인정신청 등을 직접 수행할 수 없을 때 본인 또는 가족의 동의를 받아 그 신청을 대리할 수 있다.
1. 「사회보장급여의 이용·제공 및 수급권자 발굴에 관한 법률」 제43조에 따른 사회복지전담공무원
2. 「치매관리법」 제17조에 따른 치매안심센터의 장(장기요양급여를 받고자 하는 사람 또는 수급자가 같은 법 제2조 제2호에 따른 치매환자인 경우로 한정한다)
③ 제1항 및 제2항에도 불구하고 장기요양급여를 받고자 하는 자 또는 수급자가 제1항에 따른 장기요양인정신청 등을 할 수 없는 경우 특별자치시장·특별자치도지사·시장·군수·구청장이 지정하는 자는 이를 대리할 수 있다.
④ 제1항부터 제3항까지의 규정에 따른 장기요양인정신청 등의 방법 및 절차 등에 관하여 필요한 사항은 보건복지부령으로 정한다.

조문확인 OX 문제

제19조(장기요양인정의 유효기간), 제20조(장기요양인정의 갱신), 제21조(장기요양등급 등의 변경), 제22조(장기요양인정 신청 등에 대한 대리)

■ 다음 조문을 읽고 맞는 것은 O, 틀린 것은 X에 V 표시하시오.

01 장기요양인정의 유효기간은 최대 1년이며, 유효기간이 만료된 후 장기요양급여를 계속 받고자 하는 경우 국민건강보험공단에 그 갱신을 신청해야 한다. | O | X |

02 장기요양인정의 갱신을 위해서는 유효기간 만료 전 30일까지 갱신 신청을 완료하여야 한다. | O | X |

03 장기요양급여를 받고 있는 수급자가 장기요양등급을 변경하고자 할 경우 국민건강보험공단에 변경신청을 하여야 한다. | O | X |

04 장기요양급여를 받고 있는 수급자는 장기요양급여의 내용 변경만을 이유로 국민건강보험공단에 변경신청을 할 수는 없다. | O | X |

05 장기요양인정의 갱신과 변경에 관한 절차는 장기요양인정의 신청에 관한 규정의 내용을 준용한다. | O | X |

06 장기요양급여를 받고 있는 수급자의 가족은 수급자의 신체적·정신적인 사유로 장기요양인정의 신청을 대리할 수 있다. | O | X |

07 사회복지전담공무원은 관할 지역 내의 장기요양급여를 받고자 하는 사람의 가족의 동의를 받아 장기요양급여의 신청을 대리할 수 있다. | O | X |

08 치매안심센터의 장은 장기요양인정을 받고자 하는 치매 환자 혹은 그 가족의 동의 없이도 장기요양인정의 신청을 대리할 수 있다. | O | X |

09 특별자치시장·특별자치도지사·시장·군수·구청장이 지정한 자는 장기요양인정을 받고자 하는 자 또는 그 가족의 동의 없이 장기요양인정의 신청을 대리할 수 있다. | O | X |

10 장기요양인정을 신청하는 방법 및 절차에 관해 필요한 사항은 보건복지부령으로 정한다. | O | X |

[정답] 01 X 02 O 03 O 04 X 05 O
06 O 07 O 08 X 09 O 10 O

제19조(장기요양인정의 유효기간), 제20조(장기요양인정의 갱신), 제21조(장기요양등급 등의 변경), 제22조(장기요양인정 신청 등에 대한 대리)

01. 수급자가 장기요양인정의 갱신 신청을 할 경우 그 기한은?

① 유효기간 만료 직전일까지
② 유효기간이 만료되기 전 7일까지
③ 유효기간이 만료되기 전 15일까지
④ 유효기간이 만료되기 전 30일까지

02. 장기요양인정을 신청하려는 사람이 신체적·정신적 이유로 신청을 할 수 없을 때, 다음 중 그 신청을 대리할 수 없는 사람은?

① 신청자의 이해관계인
② 신청자의 친족
③ 신청자 가족의 동의를 받은 관할 지역 내 사회복지전담공무원
④ 국민건강보험공단 직원

03. 다음 중 「노인장기요양보험법」으로 정하는 장기요양인정 유효기간의 범위는?

① 최대 3년
② 최대 1년
③ 최소 1년 이상
④ 최소 3년 이상

04. 다음 내용의 빈칸에 들어갈 판단 주체는?

> 「노인장기요양보험법」 제22조 제1항 및 제2항에도 불구하고 장기요양급여를 받고자 하는 자 또는 수급자가 장기요양인정신청 등을 할 수 없는 경우 (　　　)은/는 이를 대리할 사람을 지정할 수 있다.

① 보건복지부장관
② 국민건강보험공단 이사장
③ 관할 구역의 등급판정위원회
④ 특별자치시장 · 특별자치도지사 · 시장 · 군수 · 구청장

05. 다음 빈칸에 공통으로 들어갈 병명으로 적절한 것은?

> 시 · 군 · 구의 관할 보건소에 (　)예방과 (　)환자 및 그 가족에 대한 종합적인 지원을 위하여 (　)안심센터를 설치한다. (　)안심센터의 장은 (　)안심센터에 (　)환자로 등록된 사람 또는 그 가족에게 「노인장기요양보험법」에 따른 장기요양인정의 신청, 장기요양인정의 갱신신청 또는 장기요양등급 등의 변경신청에 관한 사항(신청의 대리에 관한 사항을 포함한다)을 안내할 수 있다.

① 치매
② 파킨슨병
③ 중풍
④ 뇌졸중

제 4 장 장기요양급여의 종류

> **법조문 익히기** 제23조(장기요양급여의 종류)

제23조(장기요양급여의 종류)
① 이 법에 따른 장기요양급여의 종류는 다음 각 호와 같다.
1. 재가급여
   가. 방문요양 : 장기요양요원이 수급자의 가정 등을 방문하여 신체활동 및 가사활동 등을 지원하는 장기요양급여
   나. 방문목욕 : 장기요양요원이 목욕설비를 갖춘 장비를 이용하여 수급자의 가정 등을 방문하여 목욕을 제공하는 장기요양급여
   다. 방문간호 : 장기요양요원인 간호사 등이 의사, 한의사 또는 치과의사의 지시서(이하 "방문간호지시서"라 한다)에 따라 수급자의 가정 등을 방문하여 간호, 진료의 보조, 요양에 관한 상담 또는 구강위생 등을 제공하는 장기요양급여
   라. 주·야간보호 : 수급자를 하루 중 일정한 시간 동안 장기요양기관에 보호하여 신체활동 지원 및 심신기능의 유지·향상을 위한 교육·훈련 등을 제공하는 장기요양급여
   마. 단기보호 : 수급자를 보건복지부령으로 정하는 범위 안에서 일정 기간 동안 장기요양기관에 보호하여 신체활동 지원 및 심신기능의 유지·향상을 위한 교육·훈련 등을 제공하는 장기요양급여
   바. 기타재가급여 : 수급자의 일상생활·신체활동 지원 및 인지기능의 유지·향상에 필요한 용구(소프트웨어를 포함한다)를 제공하거나 가정을 방문하여 재활에 관한 지원 등을 제공하는 장기요양급여로서 대통령령으로 정하는 것
2. 시설급여 : 장기요양기관에 장기간 입소한 수급자에게 신체활동 지원 및 심신기능의 유지·향상을 위한 교육·훈련 등을 제공하는 장기요양급여
3. 특별현금급여
   가. 가족요양비 : 제24조에 따라 지급하는 가족장기요양급여
   나. 특례요양비 : 제25조에 따라 지급하는 특례장기요양급여
   다. 요양병원간병비 : 제26조에 따라 지급하는 요양병원장기요양급여
② 제1항 제1호 및 제2호에 따라 장기요양급여를 제공할 수 있는 장기요양기관의 종류 및 기준과 장기요양급여 종류별 장기요양요원의 범위·업무·보수교육 등에 관하여 필요한 사항은 대통령령으로 정한다.
③ 장기요양기관은 제1항 제1호 가목에서 마목까지의 재가급여 전부 또는 일부를 통합하여 제공하는 서비스(이하 이 조에서 "통합재가서비스"라 한다)를 제공할 수 있다.
④ 제3항에 따라 통합재가서비스를 제공하는 장기요양기관은 보건복지부령으로 정하는 인력, 시설, 운영 등의 기준을 준수하여야 한다.
⑤ 장기요양급여의 제공 기준·절차·방법·범위, 그 밖에 필요한 사항은 보건복지부령으로 정한다.

조문확인 OX 문제

제23조(장기요양급여의 종류)

■ 다음 조문을 읽고 맞는 것은 O, 틀린 것은 X에 V 표시하시오.

01 장기요양급여는 재가급여, 시설급여, 특별현금급여로 구분할 수 있다. | O | X |

02 방문요양은 장기요양요원이 수급자의 가정 등을 방문하여 신체활동 및 가사활동을 지원하는 재가급여이다. | O | X |

03 방문목욕은 장기요양요원이 목욕설비를 갖춘 시설에서 수급자에게 목욕을 제공하는 시설급여이다. | O | X |

04 방문간호는 장기요양요원인 간호사 등이 의사, 한의사 또는 치과의사가 작성한 방문간호지시서에 따라 수급자의 가정 등을 방문하여 간호 등을 제공하는 재가급여이다. | O | X |

05 주·야간보호는 수급자를 하루 중 일정한 시간 동안 장기요양기관에 보호하는 재가급여이다. | O | X |

06 단기보호는 수급자를 보건복지부령으로 정하는 범위 안에서 일정 기간 동안 장기요양기관에 보호하는 시설급여이다. | O | X |

07 기타재가급여는 수급자의 일상생활·신체활동 지원 및 인지기능의 유지·향상에 필요한 용구를 제공하는 특별현금급여이다. | O | X |

08 시설급여는 장기요양기관에 장기간 입소한 수급자에게 신체활동 지원 및 심신기능의 유지·향상을 위한 교육·훈련 등을 제공하는 장기요양급여이다. | O | X |

09 재가급여와 시설급여를 제공하는 장기요양기관의 종류 및 기준에 관한 사항은 대통령령으로 정한다. | O | X |

10 특별현금급여의 종류로는 가족요양비, 특례요양비, 요양병원간병비가 있다. | O | X |

[정답] 01 O 02 O 03 X 04 O 05 O
       06 X 07 X 08 O 09 O 10 O

제23조(장기요양급여의 종류)

01. 다음 중 장기요양급여에 해당하지 않는 것은?

　① 재가급여　　　　　　　　② 시설급여
　③ 특별현금급여　　　　　　④ 건강검진

02. 다음 중 재가급여에 해당하지 않는 장기요양급여는?

　① 방문목욕　　　　　　　　② 기타재가급여
　③ 단기보호　　　　　　　　④ 시설급여

03. 다음 중 특별현금급여에 해당하지 않는 것은?

　① 가족요양비　　　　　　　② 종합병원입원비
　③ 특례요양비　　　　　　　④ 요양병원간병비

04. 장기요양요원인 간호사 등의 방문간호를 위해 의사가 작성하는 문서는?

　① 개인별장기요양이용계획서　② 의사소견서
　③ 방문간호지시서　　　　　④ 장기요양급여 제공 계획서

05. 다음 빈칸 ㉠ ~ ㉢에 들어갈 내용이 바르게 나열된 것은?

> 1. 시설급여 : 장기요양기관에 (㉠) 입소한 수급자에게 신체활동 지원 및 심신기능의 유지·향상을 위한 교육·훈련 등을 제공
> 2. 단기보호 : 수급자를 (㉡) 장기요양기관에 보호하여 신체활동 지원 및 심신기능의 유지·향상을 위한 교육·훈련 등을 제공
> 3. 주·야간보호 : 수급자를 (㉢) 장기요양기관에 보호하여 신체활동 지원 및 심신기능의 유지·향상을 위한 교육·훈련 등을 제공

	㉠	㉡	㉢
①	하루 중 일정한 시간 동안	일정 기간 동안	장기간
②	장기간	일정 기간 동안	하루 중 일정한 시간 동안
③	하루 중 일정한 시간 동안	장기간	일정 기간 동안
④	장기간	하루 중 일정한 시간 동안	일정 기간 동안

법조문 익히기 — 제24조(가족요양비), 제25조(특례요양비), 제26조(요양병원간병비)

제24조(가족요양비)

① 공단은 다음 각 호의 어느 하나에 해당하는 수급자가 가족 등으로부터 제23조 제1항 제1호 가목에 따른 방문요양에 상당한 장기요양급여를 받은 때 대통령령으로 정하는 기준에 따라 해당 수급자에게 가족요양비를 지급할 수 있다.

1. 도서·벽지 등 장기요양기관이 현저히 부족한 지역으로서 보건복지부장관이 정하여 고시하는 지역에 거주하는 자
2. 천재지변이나 그 밖에 이와 유사한 사유로 인하여 장기요양기관이 제공하는 장기요양급여를 이용하기가 어렵다고 보건복지부장관이 인정하는 자
3. 신체·정신 또는 성격 등 대통령령으로 정하는 사유로 인하여 가족 등으로부터 장기요양을 받아야 하는 자

② 제1항에 따른 가족요양비의 지급절차와 그 밖에 필요한 사항은 보건복지부령으로 정한다.

제25조(특례요양비)

① 공단은 수급자가 장기요양기관이 아닌 노인요양시설 등의 기관 또는 시설에서 재가급여 또는 시설급여에 상당한 장기요양급여를 받은 경우 대통령령으로 정하는 기준에 따라 해당 장기요양급여비용의 일부를 해당 수급자에게 특례요양비로 지급할 수 있다.

② 제1항에 따라 장기요양급여가 인정되는 기관 또는 시설의 범위, 특례요양비의 지급절차, 그 밖에 필요한 사항은 보건복지부령으로 정한다.

제26조(요양병원간병비)

① 공단은 수급자가 「의료법」 제3조 제2항 제3호 라목에 따른 요양병원에 입원한 때 대통령령으로 정하는 기준에 따라 장기요양에 사용되는 비용의 일부를 요양병원간병비로 지급할 수 있다.

② 제1항에 따른 요양병원간병비의 지급절차와 그 밖에 필요한 사항은 보건복지부령으로 정한다.

조문확인 OX 문제
제24조(가족요양비), 제25조(특례요양비), 제26조(요양병원간병비)

■ 다음 조문을 읽고 맞는 것은 O, 틀린 것은 X에 V 표시하시오.

01 도서·벽지 등 장기요양기관이 현저히 부족한 지역에 거주하는 수급자는 가족 등으로부터 방문요양에 상당한 장기요양급여를 제공받고 가족요양비를 지급받을 수 있다. [O X]

02 천재지변으로 인해 장기요양기관이 제공하는 장기요양급여를 이용하기 어렵다면 가족 등으로부터 방문요양에 상당한 장기요양급여를 제공받고 가족요양비를 지급받을 수 있다. [O X]

03 신체·정신 또는 성격 등의 사유로 가족 등으로부터 장기요양을 받아야 하는 수급자가 가족 등으로부터 방문요양에 상당한 장기요양급여를 받은 때에는 해당 수급자에게 특별현금급여인 가족요양비를 지급할 수 있다. [O X]

04 가족요양비의 지급절차에 관하여는 보건복지부령으로 정한다. [O X]

05 수급자가 장기요양기관이 아닌 노인요양시설에서 시설급여를 받은 경우에는 특례요양비의 지급대상이 되지 않는다. [O X]

06 특례요양비는 장기요양기관에서 재가급여를 받은 경우에만 지급받을 수 있다. [O X]

07 특례요양비를 지급받을 수 있는 기관과 시설의 범위는 대통령령으로 정한다. [O X]

08 특례요양비를 지급받을 수 있는 절차에 관한 사항은 보건복지부령으로 정한다. [O X]

09 수급자가 요양병원에 입원한 경우 장기요양에 사용되는 비용의 일부를 특별현금급여인 요양병원간병비로 지급할 수 있다. [O X]

10 요양병원간병비의 지급절차에 관한 사항은 보건복지부령으로 정한다. [O X]

[정답] 01 O 02 O 03 O 04 O 05 X 06 X 07 X 08 O 09 O 10 O

제4장 장기요양급여의 종류

제24조(가족요양비), 제25조(특례요양비), 제26조(요양병원간병비)

01. 다음에서 설명하는 장기요양급여의 종류는?

> 국민건강보험공단은 수급자가 장기요양기관이 아닌 노인요양시설 등의 기관 또는 시설에서 재가급여 또는 시설급여에 상당한 장기요양급여를 받은 경우 해당 장기요양급여비용의 일부를 해당 수급자에게 지급할 수 있다.

① 특례요양비
② 요양병원간병비
③ 본인부담금
④ 기타재가급여

02. 다음에서 설명하는 장기요양급여의 유형은?

> 신체적 변형 등의 이유로 대인과의 접촉을 기피하는 수급자는 현실적으로 요양기관에 입소하기 힘들어 장기요양기관의 관리에 큰 제약을 받게 된다. 이에 국민건강보험공단은 이러한 수급자가 정신적으로 의존할 수 있는 대상인 가족 등으로부터 요양을 받는 경우 요양기관에서 장기요양급여를 받고 있음과 상당함을 인정하고 해당 수급자의 급여비용을 현금으로 지원할 수 있도록 하고 있다.

① 주·야간보호
② 가족요양비
③ 특례요양비
④ 기타재가급여

03. 다음 중 가족요양비의 지급대상에 해당하지 않는 경우는? (단, 제시된 조건 이외의 사항은 모두 충족한 것으로 본다)

① 수급자가 장기요양기관이 현저히 부족한 도서·벽지에 거주하는 경우
② 천재지변으로 인하여 장기요양기관이 제공하는 장기요양급여를 이용하기 어려운 경우
③ 수급자가 장기요양기관이 아닌 노인요양시설에 입소해야 하는 경우
④ 수급자의 정신적 사유로 가족 등으로부터 장기요양을 받아야 하는 경우

04. 다음은 「노인장기요양보험법」 제24조에 규정된 가족요양비 지급의 기준에 관한 내용이다. 빈칸에 들어갈 장기요양급여의 종류는?

> 국민건강보험공단은 수급자가 가족 등으로부터 (　　) 에 상당한 장기요양급여를 받은 때 대통령령으로 정하는 기준에 따라 해당 수급자에게 가족요양비를 지급할 수 있다.

① 방문요양　　　　　　　　　② 주·야간보호
③ 단기보호　　　　　　　　　④ 시설급여

05. 다음 빈칸에 들어갈 병원급 의료기관의 명칭은?

> 특별현금급여는 장기요양급여의 수급자가 장기요양기관이 아닌 장소에서 재가급여나 시설급여에 상당한 장기요양급여를 받은 경우 보험자가 그 비용의 일부를 지급하는 것이다. 「노인장기요양보험법」에서는 「의료법」 제3조 제2항 제3호 라목에 따른 (　　) 에 입원한 수급자에 대하여 그 비용의 일부를 간병비로 지급할 수 있도록 규정하고 있다.

① 조산원　　　　　　　　　　② 한방병원
③ 요양병원　　　　　　　　　④ 정신병원

노인장기요양보험법

제 5 장 장기요양급여의 제공

법조문 익히기 제27조(장기요양급여의 제공), 제27조의2(특별현금급여수급계좌)

제27조(장기요양급여의 제공)

① 수급자는 제17조 제1항에 따른 장기요양인정서와 같은 조 제3항에 따른 개인별장기요양이용계획서가 도달한 날부터 장기요양급여를 받을 수 있다.

② 제1항에도 불구하고 수급자는 돌볼 가족이 없는 경우 등 대통령령으로 정하는 사유가 있는 경우 신청서를 제출한 날부터 장기요양인정서가 도달되는 날까지의 기간 중에도 장기요양급여를 받을 수 있다.

③ 수급자는 장기요양급여를 받으려면 장기요양기관에 장기요양인정서와 개인별장기요양이용계획서를 제시하여야 한다. 다만, 수급자가 장기요양인정서 및 개인별장기요양이용계획서를 제시하지 못하는 경우 장기요양기관은 공단에 전화나 인터넷 등을 통하여 그 자격 등을 확인할 수 있다.

④ 장기요양기관은 제3항에 따라 수급자가 제시한 장기요양인정서와 개인별장기요양이용계획서를 바탕으로 장기요양급여 제공 계획서를 작성하고 수급자의 동의를 받아 그 내용을 공단에 통보하여야 한다.

⑤ 제2항에 따른 장기요양급여 인정 범위와 절차, 제4항에 따른 장기요양급여 제공 계획서 작성 절차에 관한 구체적인 사항 등은 대통령령으로 정한다.

제27조의2(특별현금급여수급계좌)

① 공단은 특별현금급여를 받는 수급자의 신청이 있는 경우에는 특별현금급여를 수급자 명의의 지정된 계좌(이하 "특별현금급여수급계좌"라 한다)로 입금하여야 한다. 다만, 정보통신장애나 그 밖에 대통령령으로 정하는 불가피한 사유로 특별현금급여수급계좌로 이체할 수 없을 때에는 현금 지급 등 대통령령으로 정하는 바에 따라 특별현금급여를 지급할 수 있다.

② 특별현금급여수급계좌가 개설된 금융기관은 특별현금급여만이 특별현금급여수급계좌에 입금되도록 관리하여야 한다.

③ 제1항에 따른 신청방법·절차와 제2항에 따른 특별현금급여수급계좌의 관리에 필요한 사항은 대통령령으로 정한다.

조문확인 OX 문제
제27조(장기요양급여의 제공), 제27조의2(특별현금급여수급계좌)

■ 다음 조문을 읽고 맞는 것은 O, 틀린 것은 X에 V 표시하시오.

01 수급자는 장기요양인정서와 개인별장기요양이용계획서가 도달한 날부터 장기요양급여를 받을 수 있다. | O | X |

02 수급자를 돌볼 가족이 없음을 이유로 장기요양인정의 신청서를 제출한 날부터 장기요양급여를 받을 수는 없다. | O | X |

03 수급자가 장기요양급여를 받기 위해서는 장기요양인정서와 개인별장기요양이용계획서를 장기요양기관에 제시하여야 한다. | O | X |

04 장기요양인정서와 개인별장기요양이용계획서를 제시하지 못하는 수급자의 경우 장기요양기관이 직접 국민건강보험공단에 그 자격을 확인할 수 있다. | O | X |

05 장기요양기관은 장기요양급여 제공 계획서를 작성하여 국민건강보험공단의 동의를 받아 이를 수급자에게 통보하여야 한다. | O | X |

06 국민건강보험공단은 특별현금급여를 받는 수급자의 신청이 있는 경우에는 그 특별현금급여를 지정된 계좌에 입금하여야 한다. | O | X |

07 특별현금급여수급계좌는 수급자 명의로 개설된 계좌임을 요구한다. | O | X |

08 정보통신장애를 이유로 특별현금급여를 계좌에 이체할 수 없게 된 경우에는 특별현금급여를 현금으로 지급할 수 있다. | O | X |

09 국민건강보험공단은 대통령령으로 정하는 불가피한 사유에 의해 수급자에게 지급하는 특별현금급여를 현금으로 지급할 수도 있다. | O | X |

10 금융기관은 특별현금급여수급계좌로 일반예금과 특별현금급여수급을 함께 이용할 수 있도록 하여야 한다. | O | X |

[정답] 01 O 02 X 03 O 04 O 05 X
       06 O 07 O 08 O 09 O 10 X

제27조(장기요양급여의 제공), 제27조의2(특별현금급여수급계좌)

01. 다음 내용의 빈칸 ㉠, ㉡에 들어갈 내용으로 적절한 것은?

> 수급자는 장기요양급여를 받으려면 장기요양기관에 장기요양인정서와 (㉠)를 제시하여야 한다. 장기요양기관은 수급자가 제시한 장기요양인정서와 (㉠)를 바탕으로 (㉡)를 작성하고 수급자의 동의를 받아 그 내용을 공단에 통보하여야 한다.

	㉠	㉡
①	개인별장기요양이용계획서	장기요양급여 제공 계획서
②	장기요양급여제공계획서	개인별장기요양이용계획서
③	의사소견서	개인별장기요양이용계획서
④	개인별장기요양이용계획서	의사소견서

02. 다음 중 원칙상 수급자가 장기요양급여를 받을 수 있는 자격을 취득하는 날은?

① 장기요양인정의 신청서를 제출한 날
② 등급판정위원회가 수급자임을 결정한 날
③ 수급자에게 장기요양인정서와 개인별장기요양이용계획서가 도달한 날
④ 장기요양기관이 수급자와의 장기요양급여계약을 공단에 통보한 날

03. 다음 내용의 빈칸에 공통으로 들어갈 용어는?

> 국민건강보험공단은 특별현금급여를 받는 수급자의 신청이 있는 경우에는 특별현금급여를 수급자 명의의 지정된 계좌인 (   )로 입금하여야 한다. 다만, 정보통신장애나 그 밖에 대통령령으로 정하는 불가피한 사유로 (   )로 이체할 수 없을 때에는 현금 지급 등 대통령령으로 정하는 바에 따라 특별현금급여를 지급할 수 있다.

① 요양비등수급계좌　　　　　　② 특별현금급여수급계좌
③ 복지급여수급계좌　　　　　　④ 실업급여수급계좌

04. 장기요양급여계약을 체결하기 위해 장기요양기관을 방문한 수급자가 장기요양인정서를 지참하지 않은 경우 장기요양기관의 대처로 옳은 것은?

① 장기요양급여의 제공을 거절한다.
② 장기요양기관이 장기요양인정서를 직접 발급한다.
③ 국민건강보험공단에 전화나 인터넷 등을 통해 자격여부를 확인한다.
④ 보건복지부에 장기요양인정서의 재발급을 요청한다.

05. 장기요양급여 및 특별현금급여의 지급에 관한 설명으로 옳지 않은 것은?

① 수급자를 돌볼 가족이 없다는 이유로 장기요양인정신청서를 제출한 날부터 장기요양급여를 받을 수는 없다.
② 장기요양급여 제공 계획서를 작성한 장기요양기관은 수급자의 동의를 받고 그 내용을 국민건강보험공단에 통보하여야 한다.
③ 특별현금급여수급계좌가 개설된 금융기관은 특별현금급여만이 해당 계좌에 입금되도록 관리하여야 한다.
④ 특별현금급여수급계좌의 신청 방법에 관하여는 대통령령으로 정한다.

법조문 익히기 — 제28조(장기요양급여의 월 한도액), 제28조의2(급여외행위의 제공 금지), 제29조(장기요양급여의 제한), 제30조(장기요양급여의 제한 등에 관한 준용)

제28조(장기요양급여의 월 한도액)

① 장기요양급여는 월 한도액 범위 안에서 제공한다. 이 경우 월 한도액은 장기요양등급 및 장기요양급여의 종류 등을 고려하여 산정한다.
② 제1항에 따른 월 한도액의 산정기준 및 방법, 그 밖에 필요한 사항은 보건복지부령으로 정한다.

제28조의2(급여외행위의 제공 금지)

① 수급자 또는 장기요양기관은 장기요양급여를 제공받거나 제공할 경우 다음 각 호의 행위(이하 "급여외행위"라 한다)를 요구하거나 제공하여서는 아니 된다.
1. 수급자의 가족만을 위한 행위
2. 수급자 또는 그 가족의 생업을 지원하는 행위
3. 그 밖에 수급자의 일상생활에 지장이 없는 행위
② 그 밖에 급여외행위의 범위 등에 관한 구체적인 사항은 보건복지부령으로 정한다.

제29조(장기요양급여의 제한)

① 공단은 장기요양급여를 받고 있는 자가 정당한 사유 없이 제15조 제4항에 따른 조사나 제60조 또는 제61조에 따른 요구에 응하지 아니하거나 답변을 거절한 경우 장기요양급여의 전부 또는 일부를 제공하지 아니하게 할 수 있다.
② 공단은 장기요양급여를 받고 있거나 받을 수 있는 자가 장기요양기관이 거짓이나 그 밖의 부정한 방법으로 장기요양급여비용을 받는 데에 가담한 경우 장기요양급여를 중단하거나 1년의 범위에서 장기요양급여의 횟수 또는 제공 기간을 제한할 수 있다.
③ 제2항에 따른 장기요양급여의 중단 및 제한 기준과 그 밖에 필요한 사항은 보건복지부령으로 정한다.

제30조(장기요양급여의 제한 등에 관한 준용)

「국민건강보험법」 제53조 제1항 제4호, 같은 조 제2항부터 제6항까지, 제54조 및 제109조 제10항은 이 법에 따른 보험료 체납자 등에 대한 장기요양급여의 제한 및 장기요양급여의 정지에 관하여 준용한다. 이 경우 "가입자"는 "장기요양보험가입자"로, "보험급여"는 "장기요양급여"로 본다.

조문확인 OX 문제

제28조(장기요양급여의 월 한도액), 제28조의2(급여외행위의 제공 금지), 제29조(장기요양급여의 제한), 제30조(장기요양급여의 제한 등에 관한 준용)

■ 다음 조문을 읽고 맞는 것은 O, 틀린 것은 X에 V 표시하시오.

01 장기요양급여는 장기요양등급 및 장기요양급여의 종류 등을 고려하여 산정된 월 한도액 범위 내에서 제공된다. | O | X |

02 장기요양급여의 월 한도액의 산정기준은 보건복지부령으로 정한다. | O | X |

03 장기요양기관은 장기요양급여를 제공할 경우 수급자의 가족만을 위한 행위를 하여서는 안 된다. | O | X |

04 수급자는 장기요양기관에게 장기요양급여를 통해 수급자의 생업을 지원할 것을 요구할 수 있다. | O | X |

05 수급자는 장기요양기관에게 장기요양급여를 통해 수급자 가족의 생업을 지원할 것을 요구할 수 있다. | O | X |

06 장기요양기관은 기관장 재량에 따라 장기요양급여를 통해 수급자의 일상생활에 지장이 없는 행위를 제공할 수 있다. | O | X |

07 장기요양기관이 수급자에게 제공하여서는 안 되는 급여외행위에 관한 구체적인 사항은 보건복지부령으로 정한다. | O | X |

08 국민건강보험공단은 장기요양급여를 받고 있는 자가 정당한 사유 없이 등급판정의 재조사 요구에 응하지 않음을 이유로 장기요양급여의 제공을 제한할 수 없다. | O | X |

09 국민건강보험공단은 장기요양기관이 거짓이나 부정한 방법으로 장기요양급여비용을 받는 데에 가담한 수급자에 대해 장기요양급여의 제공을 중단하거나 1년의 범위 내에서 장기요양급여의 횟수 또는 제공 기한을 제한할 수 있다. | O | X |

10 「노인장기요양보험법」은 「국민건강보험법」의 지역가입자인 국내체류 외국인등의 보험료 체납규정(제109조 제10항)의 내용을 준용한다. | O | X |

[정답] 01 O 02 O 03 O 04 X 05 X 06 X 07 O 08 X 09 O 10 O

제28조(장기요양급여의 월 한도액), 제28조의2(급여외행위의 제공 금지), 제29조(장기요양급여의 제한), 제30조(장기요양급여의 제한 등에 관한 준용)

01. 다음 중 급여외행위에 해당하는 것을 모두 고르면?

> ㉠ 수급자의 가족만을 위한 행위
> ㉡ 수급자의 생업을 지원하는 행위
> ㉢ 수급자의 일상생활에 지장이 없는 행위
> ㉣ 수급자 가족의 생업을 지원하는 행위

① ㉢
② ㉠, ㉡, ㉢
③ ㉠, ㉡, ㉣
④ ㉠, ㉡, ㉢, ㉣

02. 장기요양기관이 거짓이나 그 밖의 부정한 방법으로 장기요양급여비용을 받는 데에 가담한 수급자에 대해 국민건강보험공단이 급여의 제공 기간을 제한하는 결정을 할 때 그 기간의 범위는?

① 1년 이내
② 6개월 이내
③ 3개월 이내
④ 제한할 수 없다.

03. 다음 중 국민건강보험공단이 장기요양급여를 받고 있는 자에 대해 그 장기요양급여의 제공을 중단할 수 있는 사유를 모두 고른 것은?

> ㉠ 거짓이나 그 밖의 부정한 방법으로 장기요양인정을 받음이 의심되어 국민건강보험공단이 제15조 제4항에 따라 등급판정을 다시 조사하는 것에 정당한 사유 없이 응하지 않는 경우
> ㉡ 제60조에 따른 국민건강보험공단의 자료 제출 요구에 정당한 사유 없이 응하지 않는 경우
> ㉢ 장기요양기관이 거짓이나 그 밖의 부정한 방법으로 장기요양급여비용을 받는 데 가담한 경우

① ㉠, ㉡
② ㉠, ㉢
③ ㉡, ㉢
④ ㉠, ㉡, ㉢

04. 장기요양급여를 제공하는 한도액을 설정함에 있어서 기준이 되는 급여제공의 기간 단위는?

① 1일
② 1개월
③ 3개월
④ 1년

05. 다음은 「노인장기요양보험법」이 장기요양급여의 제한과 정지에 대하여 준용하고 있는 「국민건강보험법」의 내용이다. 이를 장기요양급여에 대하여 준용하여 해석한 내용으로 적절하지 않은 것은?

> 제53조(급여의 제한)
> ③ 공단은 가입자가 대통령령으로 정하는 기간 이상 다음 각 호의 보험료를 체납한 경우 그 체납한 보험료를 완납할 때까지 그 가입자 및 피부양자에 대하여 보험급여를 실시하지 아니할 수 있다. (중략)
> ⑤ 제3항 및 제4항에도 불구하고 제82조에 따라 공단으로부터 분할납부 승인을 받고 그 승인된 보험료를 1회 이상 낸 경우에는 보험급여를 할 수 있다. (중략)
>
> 제54조(급여의 정지)
> 보험급여를 받을 수 있는 사람이 다음 각 호의 어느 하나에 해당하면 그 기간에는 보험급여를 하지 아니한다. 다만, 제3호 및 제4호의 경우에는 제60조에 따른 요양급여를 실시한다.
> 1. 삭제 〈2020. 4. 7.〉
> 2. 국외에 체류하는 경우
> 3. 제6조 제2항 제2호(「병역법」에 따른 현역병(지원에 의하지 아니하고 임용된 하사를 포함한다), 전환복무된 사람 및 군간부후보생)에 해당하게 된 경우
> 4. 교도소, 그 밖에 이에 준하는 시설에 수용되어 있는 경우

① 국민건강보험공단은 노인장기요양보험료를 체납할 경우 이를 완납할 때까지 장기요양급여의 지급을 제한할 수 있다.
② 장기요양보험료는 국민건강보험공단의 승인을 받고 그 체납액을 분할하여 납부할 수 있다.
③ 국외에 체류 중임을 이유로 장기요양급여를 정지할 수는 없다.
④ 교도소에 수감 중인 가입자에 대해서는 장기요양급여의 지급을 정지할 수 있다.

제 6 장 장기요양기관

법조문 익히기 — 제31조(장기요양기관의 지정)

제31조(장기요양기관의 지정)
① 제23조 제1항 제1호에 따른 재가급여 또는 같은 항 제2호에 따른 시설급여를 제공하는 장기요양기관을 운영하려는 자는 보건복지부령으로 정하는 장기요양에 필요한 시설 및 인력을 갖추어 소재지를 관할 구역으로 하는 특별자치시장·특별자치도지사·시장·군수·구청장으로부터 지정을 받아야 한다.
② 제1항에 따라 장기요양기관으로 지정을 받을 수 있는 시설은 「노인복지법」 제31조에 따른 노인복지시설 중 대통령령으로 정하는 시설로 한다.
③ 특별자치시장·특별자치도지사·시장·군수·구청장이 제1항에 따른 지정을 하려는 경우에는 다음 각 호의 사항을 검토하여 장기요양기관을 지정하여야 한다. 이 경우 특별자치시장·특별자치도지사·시장·군수·구청장은 공단에 관련 자료의 제출을 요청하거나 그 의견을 들을 수 있다.
1. 장기요양기관을 운영하려는 자의 장기요양급여 제공 이력
2. 장기요양기관을 운영하려는 자 및 그 기관에 종사하려는 자가 이 법, 「사회복지사업법」 또는 「노인복지법」 등 장기요양기관의 운영과 관련된 법에 따라 받은 행정처분의 내용
3. 장기요양기관의 운영 계획
4. 해당 지역의 노인인구 수, 치매 등 노인성질환 환자 수 및 장기요양급여 수요 등 지역 특성
5. 그 밖에 특별자치시장·특별자치도지사·시장·군수·구청장이 장기요양기관으로 지정하는 데 필요하다고 인정하여 정하는 사항
④ 특별자치시장·특별자치도지사·시장·군수·구청장은 제1항에 따라 장기요양기관을 지정한 때 지체 없이 지정 명세를 공단에 통보하여야 한다.
⑤ 제23조 제1항 제1호에 따른 재가급여를 제공하는 장기요양기관 중 의료기관이 아닌 자가 설치·운영하는 장기요양기관이 방문간호를 제공하는 경우에는 방문간호의 관리책임자로서 간호사를 둔다.
⑥ 장기요양기관의 지정절차와 그 밖에 필요한 사항은 보건복지부령으로 정한다.

제32조 삭제 〈2018. 12. 11.〉

조문확인 OX 문제

제31조(장기요양기관의 지정)

■ 다음 조문을 읽고 맞는 것은 O, 틀린 것은 X에 V 표시하시오.

01 재가급여 혹은 시설급여를 제공하는 장기요양기관을 운영하려는 자는 소재지를 관할 구역으로 하는 특별자치시장·특별자치도지사·시장·군수·구청장으로부터 지정을 받아야 한다. | O | X |

02 장기요양기관을 운영하는 자는 보건복지부령으로 정하는 장기요양에 필요한 시설 및 인력을 장기요양기관으로 지정받은 후에 갖출 수 있다. | O | X |

03 장기요양기관으로 지정을 받을 수 있는 시설은 노인복지시설 중 대통령령으로 정하는 시설로 한다. | O | X |

04 특별자치시장·특별자치도지사·시장·군수·구청장은 장기요양기관을 운영하려는 자의 장기요양급여 제공 이력을 검토하여 장기요양기관을 지정하여야 한다. | O | X |

05 특별자치시장·특별자치도지사·시장·군수·구청장은 장기요양기관을 지정하려는 경우에는 해당 지역의 노인인구 수, 치매 등 노인성질환 환자 수 등의 지역 특성을 검토해야 한다. | O | X |

06 장기요양기관으로 지정을 하려는 경우에는 그 장기요양기관을 운영하려는 자의 장기요양급여 제공 이력 관련 자료를 국민건강보험공단에 요청할 수 있다. | O | X |

07 특별자치시장·특별자치도지사·시장·군수·구청장은 장기요양기관을 지정한 때 지체 없이 지정 명세를 공단에 통보하여야 한다. | O | X |

08 재가급여를 제공하는 장기요양기관 중 의료기관이 설치·운영하는 장기요양기관이 방문간호를 제공하는 경우에는 방문간호의 관리책임자로서 간호사를 둔다. | O | X |

[정답] 01 O 02 X 03 O 04 O 05 O
06 O 07 O 08 X

제32조의2(결격사유), 제32조의3(장기요양지정의 유효기간), 제32조의4(장기요양기관 지정의 갱신)

제32조의2(결격사유)

다음 각 호의 어느 하나에 해당하는 자는 제31조에 따른 장기요양기관으로 지정받을 수 없다.
1. 미성년자, 피성년후견인 또는 피한정후견인
2. 「정신건강증진 및 정신질환자 복지서비스 지원에 관한 법률」 제3조 제1호의 정신질환자. 다만, 전문의가 장기요양기관 설립·운영 업무에 종사하는 것이 적합하다고 인정하는 사람은 그러하지 아니하다.
3. 「마약류 관리에 관한 법률」 제2조 제1호의 마약류에 중독된 사람
4. 파산선고를 받고 복권되지 아니한 사람
5. 금고 이상의 실형을 선고받고 그 집행이 종료(집행이 종료된 것으로 보는 경우를 포함한다)되거나 집행이 면제된 날부터 5년이 경과되지 아니한 사람
6. 금고 이상의 형의 집행유예를 선고받고 그 유예기간 중에 있는 사람
7. 대표자가 제1호부터 제6호까지의 규정 중 어느 하나에 해당하는 법인

제32조의3(장기요양기관 지정의 유효기간)

제31조에 따른 장기요양기관 지정의 유효기간은 지정을 받은 날부터 6년으로 한다.

제32조의4(장기요양기관 지정의 갱신)

① 장기요양기관의 장은 제32조의3에 따른 지정의 유효기간이 끝난 후에도 계속하여 그 지정을 유지하려는 경우에는 소재지를 관할구역으로 하는 특별자치시장·특별자치도지사·시장·군수·구청장에게 지정 유효기간이 끝나기 90일 전까지 지정 갱신을 신청하여야 한다.
② 제1항에 따른 신청을 받은 특별자치시장·특별자치도지사·시장·군수·구청장은 갱신 심사에 필요하다고 판단되는 경우에는 장기요양기관에 추가자료의 제출을 요구하거나 소속 공무원으로 하여금 현장심사를 하게 할 수 있다.
③ 제1항에 따른 지정 갱신이 지정 유효기간 내에 완료되지 못한 경우에는 심사 결정이 이루어질 때까지 지정이 유효한 것으로 본다.
④ 특별자치시장·특별자치도지사·시장·군수·구청장은 갱신 심사를 완료한 경우 그 결과를 지체 없이 해당 장기요양기관의 장에게 통보하여야 한다.
⑤ 특별자치시장·특별자치도지사·시장·군수·구청장이 지정의 갱신을 거부하는 경우 그 내용의 통보 및 수급자의 권익을 보호하기 위한 조치에 관하여는 제37조 제2항 및 제5항을 준용한다.
⑥ 그 밖에 지역별 장기요양급여의 수요 등 지정 갱신의 기준, 절차 및 방법 등에 필요한 사항은 보건복지부령으로 정한다.

조문확인 OX 문제

제31조(장기요양기관의 지정), 제32조의2(결격사유), 제32조의3(장기요양지정의 유효기간), 제32조의4(장기요양기관 지정의 갱신)

■ 다음 조문을 읽고 맞는 것은 O, 틀린 것은 X에 V 표시하시오.

01 미성년자도 장기요양기관으로 지정받을 수 있다. | O | X |

02 정신질환자의 경우에는 전문의가 장기요양기관 설립·운영 업무에 종사하는 것이 적합하다고 인정한 경우에 한해 장기요양기관으로 지정받을 수 있다. | O | X |

03 파산선고를 받은 이력이 있는 사람은 복권 후에도 장기요양기관으로 지정받을 수 없다. | O | X |

04 금고 이상의 실형을 선고받고 그 집행이 종료되거나 집행이 면제된 날부터 5년이 경과한 사람은 장기요양기관으로 지정받을 수 있다. | O | X |

05 금고 이상의 형의 집행유예를 선고받고 그 유예기간 중에 있는 사람을 대표자로 하는 법인은 장기요양기관으로 지정받을 수 없다. | O | X |

06 장기요양기관 지정의 유효기간은 지정을 받은 날부터 6년으로 한다. | O | X |

07 장기요양기관 지정의 유효기간이 끝난 후에도 계속해서 그 지정을 유지하려면 지정 유효기간이 끝나기 30일 전까지 지정 갱신을 신청하여야 한다. | O | X |

08 특별자치시장·특별자치도지사·시장·군수·구청장은 장기요양기관 지정의 갱신 심사에 필요할 경우 소속 공무원으로 하여금 현장심사를 하게 할 수 있다. | O | X |

09 지정 유효기간 내에 지정 갱신이 완료되지 못한 경우에는 심사 결정이 이루어질 때까지 지정이 유효한 것으로 본다. | O | X |

10 장기요양기관 지정의 갱신 심사를 완료한 경우 그 결과를 지체 없이 해당 장기요양기관의 장에게 통보하여야 한다. | O | X |

[정답] 01 X 02 O 03 X 04 O 05 O
06 O 07 X 08 O 09 O 10 O

제31조(장기요양기관의 지정), 제32조의2(결격사유), 제32조의3(장기요양지정의 유효기간), 제32조의4(장기요양기관 지정의 갱신)

01. 다음 중 장기요양기관의 지정을 위해 특별자치시장·특별자치도지사·시장·군수·구청장이 공단에 자료 제출을 요청할 수 있는 항목이 아닌 것은?

① 장기요양기관의 운영 계획
② 장기요양기관을 운영하려는 자의 장기요양급여 제공 이력
③ 장기요양기관이 위치할 지역의 특성
④ 장기요양기관을 운영하려는 자의 형사기록

02. 다음 빈칸에 들어갈 사람은?

> 의료기관이 아닌 자가 설치·운영하는 장기요양기관이 방문간호를 제공하기 위해서는 기관 내 방문간호의 관리책임자로 (   )를 두어야 한다.

① 간호사
② 의사
③ 요양보호사
④ 사회복지사

03. 금고 이상의 실형을 선고받은 사람은 그 집행이 종료된 후 몇 년 동안 장기요양기관의 지정을 받을 수 없는가?

① 2년
② 3년
③ 5년
④ 기간에 관계없이 지정을 받을 수 없다.

04. 지정을 받은 날을 기준으로 장기요양기관 지정의 유효기간은 몇 년인가?

① 3년 ② 5년
③ 6년 ④ 8년

05. 장기요양기관 지정의 갱신에 관한 다음 내용의 빈칸 ㉠, ㉡에 들어갈 것으로 옳은 것은?

> 장기요양기관의 장은 장기요양기관 지정의 유효기간이 끝난 후에도 계속하여 그 지정을 유지하려는 경우에는 소재지를 관할구역으로 하는 (㉠)에게 지정 유효기간이 끝나기 (㉡) 전까지 지정 갱신을 신청하여야 한다.

	㉠	㉡
①	국민건강보험공단 지역본부장	90일
②	특별자치시장·특별자치도지사·시장·군수·구청장	90일
③	국민건강보험공단 지역본부장	30일
④	특별자치시장·특별자치도지사·시장·군수·구청장	30일

법조문 익히기 — 제33조(장기요양기관의 시설·인력에 관한 변경), 제33조의2(폐쇄회로 텔레비전의 설치 등)

제33조(장기요양기관의 시설·인력에 관한 변경)

① 장기요양기관의 장은 시설 및 인력 등 보건복지부령으로 정하는 중요한 사항을 변경하려는 경우에는 보건복지부령으로 정하는 바에 따라 특별자치시장·특별자치도지사·시장·군수·구청장의 변경지정을 받아야 한다.

② 제1항에 따른 사항 외의 사항을 변경하려는 경우에는 보건복지부령으로 정하는 바에 따라 특별자치시장·특별자치도지사·시장·군수·구청장에게 변경신고를 하여야 한다.

③ 제1항 및 제2항에 따라 변경지정을 하거나 변경신고를 받은 특별자치시장·특별자치도지사·시장·군수·구청장은 지체 없이 해당 변경 사항을 공단에 통보하여야 한다.

제33조의2(폐쇄회로 텔레비전의 설치 등)

① 장기요양기관을 운영하는 자는 노인학대 방지 등 수급자의 안전과 장기요양기관의 보안을 위하여 「개인정보 보호법」 및 관련 법령에 따른 폐쇄회로 텔레비전(이하 "폐쇄회로 텔레비전"이라 한다)을 설치·관리하여야 한다. 다만, 다음 각 호의 어느 하나에 해당하는 경우에는 그러하지 아니하다.
1. 제23조 제1항 제1호에 따른 재가급여만을 제공하는 경우
2. 장기요양기관을 운영하는 자가 수급자 전원 또는 그 보호자 전원의 동의를 받아 특별자치시장·특별자치도지사·시장·군수·구청장에게 신고한 경우
3. 장기요양기관을 설치·운영하는 자가 수급자, 그 보호자 및 장기요양기관 종사자 전원의 동의를 받아 「개인정보 보호법」 및 관련 법령에 따른 네트워크 카메라를 설치한 경우

② 제1항에 따라 폐쇄회로 텔레비전을 설치·관리하는 자는 수급자 및 장기요양기관 종사자 등 정보주체의 권리가 침해되지 아니하도록 다음 각 호의 사항을 준수하여야 한다.
1. 노인학대 방지 등 수급자의 안전과 장기요양기관의 보안을 위하여 최소한의 영상정보만을 적법하고 정당하게 수집하고, 목적 외의 용도로 활용하지 아니하도록 할 것
2. 수급자 및 장기요양기관 종사자 등 정보주체의 권리가 침해받을 가능성과 그 위험 정도를 고려하여 영상정보를 안전하게 관리할 것
3. 수급자 및 장기요양기관 종사자 등 정보주체의 사생활 침해를 최소화하는 방법으로 영상정보를 처리할 것

③ 장기요양기관을 운영하는 자는 폐쇄회로 텔레비전에 기록된 영상정보를 60일 이상 보관하여야 한다.

④ 국가 또는 지방자치단체는 제1항에 따른 폐쇄회로 텔레비전 설치비의 전부 또는 일부를 지원할 수 있다.

⑤ 제1항에 따른 폐쇄회로 텔레비전의 설치·관리 기준 및 동의 또는 신고의 방법·절차·요건, 제3항에 따른 영상정보의 보관기준 및 보관기간 등에 필요한 사항은 보건복지부령으로 정한다.

조문확인 OX 문제 — 제33조(장기요양기관의 시설·인력에 관한 변경), 제33조의2(폐쇄회로 텔레비전의 설치 등)

■ 다음 조문을 읽고 맞는 것은 O, 틀린 것은 X에 V 표시하시오.

01 장기요양기관의 장은 장기요양기관의 시설 및 인력 등 중요한 사항을 변경하려면 특별자치시장·특별자치도지사·시장·군수·구청장의 변경지정을 받아야 한다. | O X

02 장기요양기관이 재가급여만을 제공함을 이유로 폐쇄회로 텔레비전을 설치·관리해야 할 의무를 면할 수는 없다. | O X

03 장기요양기관을 운영하는 자가 수급자 전원 또는 그 보호자 전원의 동의를 받아 특별자치시장·특별자치도지사·시장·군수·구청장에게 신고하면 폐쇄회로 텔레비전을 설치하지 않을 수 있다. | O X

04 장기요양기관 내 폐쇄회로 텔레비전을 대신하여 네트워크 카메라를 설치하는 경우에는 수급자 전원 또는 그 보호자 전원의 동의를 요구하지 않는다. | O X

05 장기요양기관의 폐쇄회로 텔레비전을 관리하는 자는 노인학대 방지 등 수급자의 안전과 장기요양기관의 보안을 위해 최소한의 영상정보만을 수집해야 한다. | O X

06 장기요양기관의 폐쇄회로 텔레비전을 관리하는 자는 정보주체의 사생활 침해를 최소화하는 방법으로 영상정보를 처리해야 한다. | O X

07 장기요양기관을 운영하는 자는 폐쇄회로 텔레비전에 기록된 영상정보를 60일 이상 보관하여야 한다. | O X

08 국가는 장기요양기관의 폐쇄회로 텔레비전 설치비의 전부를 지원할 수 있다. | O X

[정답] 01 O 02 X 03 O 04 X 05 O 06 O 07 O 08 O

법조문 익히기 — 제33조의3(영상정보의 열람금지 등)

제33조의3(영상정보의 열람금지 등)

① 폐쇄회로 텔레비전을 설치·관리하는 자는 다음 각 호의 어느 하나에 해당하는 경우를 제외하고는 제33조의2 제3항의 영상정보를 열람하게 하여서는 아니 된다.
1. 수급자가 자신의 생명·신체·재산상의 이익을 위하여 본인과 관련된 사항을 확인할 목적으로 열람 시기·절차 및 방법 등 보건복지부령으로 정하는 바에 따라 요청하는 경우
2. 수급자의 보호자가 수급자의 안전을 확인할 목적으로 열람 시기·절차 및 방법 등 보건복지부령으로 정하는 바에 따라 요청하는 경우
3. 「개인정보 보호법」 제2조 제6호 가목에 따른 공공기관이 「노인복지법」 제39조의11 등 법령에서 정하는 노인의 안전업무 수행을 위하여 요청하는 경우
4. 범죄의 수사와 공소의 제기 및 유지, 법원의 재판업무 수행을 위하여 필요한 경우
5. 그 밖에 노인 관련 안전업무를 수행하는 기관으로서 보건복지부령으로 정하는 자가 업무의 수행을 위하여 열람시기·절차 및 방법 등 보건복지부령으로 정하는 바에 따라 요청하는 경우

② 장기요양기관을 운영하는 자는 다음 각 호의 어느 하나에 해당하는 행위를 하여서는 아니 된다.
1. 제33조의2 제1항의 설치 목적과 다른 목적으로 폐쇄회로 텔레비전을 임의로 조작하거나 다른 곳을 비추는 행위
2. 녹음기능을 사용하거나 보건복지부령으로 정하는 저장장치 이외의 장치 또는 기기에 영상정보를 저장하는 행위

③ 장기요양기관을 운영하는 자는 제33조의2 제3항의 영상정보가 분실·도난·유출·변조 또는 훼손되지 아니하도록 내부 관리계획의 수립, 접속기록 보관 등 대통령령으로 정하는 바에 따라 안전성 확보에 필요한 기술적·관리적·물리적 조치를 하여야 한다.

④ 국가 및 지방자치단체는 장기요양기관에 설치한 폐쇄회로 텔레비전의 설치·관리와 그 영상정보의 열람으로 수급자 및 장기요양기관 종사자 등 정보주체의 권리가 침해되지 아니하도록 설치·관리 및 열람 실태를 보건복지부령으로 정하는 바에 따라 매년 1회 이상 조사·점검하여야 한다.

⑤ 폐쇄회로 텔레비전의 설치·관리와 그 영상정보의 열람에 관하여 이 법에서 규정된 것을 제외하고는 「개인정보 보호법」(제25조는 제외한다)을 적용한다.

조문확인 OX 문제

제33조의3(영상정보의 열람금지 등)

■ 다음 조문을 읽고 맞는 것은 O, 틀린 것은 X에 V 표시하시오.

01 수급자는 자신의 재산상의 이익을 위해 본인과 관련된 사항을 확인할 목적으로 장기요양기관의 폐쇄회로 텔레비전의 영상정보를 열람할 수 없다. | O | X |

02 수급자의 보호자는 수급자의 안전을 확인할 목적으로 장기요양기관의 폐쇄회로 텔레비전의 영상정보 열람을 요청할 수 있다. | O | X |

03 법원은 재판업무 수행을 위해 필요한 경우 장기요양기관의 폐쇄회로 텔레비전의 영상정보를 열람할 수 있다. | O | X |

04 장기요양기관을 운영하는 자는 폐쇄회로 텔레비전의 설치 목적과는 다른 목적으로 이를 임의로 조작하여서는 아니 된다. | O | X |

05 장기요양기관을 운영하는 자는 폐쇄회로 텔레비전의 녹음기능을 사용한 영상정보를 보관하여야 한다. | O | X |

06 장기요양기관의 폐쇄회로 텔레비전의 영상정보는 보건복지부령으로 정하는 저장장치에 저장해야 한다. | O | X |

07 장기요양기관을 운영하는 자는 영상정보의 안정성 확보에 필요한 내부 관리계획의 수립, 접속기록 보관 등의 조치를 하여야 한다. | O | X |

08 국가는 장기요양기관에 설치한 폐쇄회로 텔레비전의 설치·관리 및 열람 실태를 3년마다 조사·점검하여야 한다. | O | X |

[정답] 01 X 02 O 03 O 04 O 05 X 06 O 07 O 08 X

법조문 익히기 — 제34조(장기요양기관 정보의 안내 등), 제35조(장기요양기관의 의무 등)

제34조(장기요양기관 정보의 안내 등)
① 장기요양기관은 수급자가 장기요양급여를 쉽게 선택하도록 하고 장기요양기관이 제공하는 급여의 질을 보장하기 위하여 장기요양기관별 급여의 내용, 시설·인력 등 현황자료 등을 공단이 운영하는 인터넷 홈페이지에 게시하여야 한다.
② 제1항에 따른 게시 내용, 방법, 절차, 그 밖에 필요한 사항은 보건복지부령으로 정한다.

제35조(장기요양기관의 의무 등)
① 장기요양기관은 수급자로부터 장기요양급여신청을 받은 때 장기요양급여의 제공을 거부하여서는 아니 된다. 다만, 입소정원에 여유가 없는 경우 등 정당한 사유가 있는 경우는 그러하지 아니하다.
② 장기요양기관은 제23조 제5항에 따른 장기요양급여의 제공 기준·절차 및 방법 등에 따라 장기요양급여를 제공하여야 한다.
③ 장기요양기관의 장은 장기요양급여를 제공한 수급자에게 장기요양급여비용에 대한 명세서를 교부하여야 한다.
④ 장기요양기관의 장은 장기요양급여 제공에 관한 자료를 기록·관리하여야 하며, 장기요양기관의 장 및 그 종사자는 장기요양급여 제공에 관한 자료를 거짓으로 작성하여서는 아니 된다.
⑤ 장기요양기관은 제40조 제2항에 따라 면제받거나 같은 조 제4항에 따라 감경받는 금액 외에 영리를 목적으로 수급자가 부담하는 재가 및 시설 급여비용(이하 "본인부담금"이라 한다)을 면제하거나 감경하는 행위를 하여서는 아니 된다.
⑥ 누구든지 영리를 목적으로 금전, 물품, 노무, 향응, 그 밖의 이익을 제공하거나 제공할 것을 약속하는 방법으로 수급자를 장기요양기관에 소개, 알선 또는 유인하는 행위 및 이를 조장하는 행위를 하여서는 아니 된다
⑦ 제3항에 따른 장기요양급여비용의 명세서, 제4항에 따라 기록·관리하여야 할 장기요양급여 제공 자료의 내용 및 보존기한, 그 밖에 필요한 사항은 보건복지부령으로 정한다.

조문확인 OX 문제
제34조(장기요양기관 정보의 안내 등), 제35조(장기요양기관의 의무 등)

■ 다음 조문을 읽고 맞는 것은 O, 틀린 것은 X에 V 표시하시오.

01 국민건강보험공단은 장기요양기관별 현황자료를 인터넷 홈페이지에 게시하여 수급자가 장기요양급여를 쉽게 선택하도록 한다. [O / X]

02 장기요양기관은 장기요양기관별 급여의 내용과 시설·인력 등을 국민건강보험공단이 운영하는 인터넷 홈페이지에 게시하여야 한다. [O / X]

03 장기요양기관은 입소정원에 여유가 없는 등의 정당한 사유가 없는 한 장기요양급여의 제공을 거부할 수 없다. [O / X]

04 장기요양기관의 장은 장기요양급여를 제공한 수급자에게 장기요양급여비용에 대한 명세시를 교부히여야 한다. [O / X]

05 장기요양기관의 장은 장기요양급여 제공에 관한 자료를 기록하고 관리하여야 한다. [O / X]

06 장기요양기관의 장이 아닌 종사자는 장기요양급여 제공에 관한 자료를 작성하여서는 아니 된다. [O / X]

07 장기요양기관은 영리를 목적으로 수급자가 부담하는 재가 및 시설 급여비용을 면제하거나 감경할 수 있다. [O / X]

08 누구든지 영리를 목적으로 금전, 물품, 노무, 향응, 기타 이익을 제공하거나 제공할 것을 약속하는 방법으로 수급자를 장기요양기관에 소개, 알선 또는 유인하여서는 안 된다. [O / X]

[정답] 01 O 02 O 03 O 04 O 05 O 06 X 07 X 08 O

제33조(장기요양기관의 시설·인력에 관한 변경), 제33조의2(폐쇄회로 텔레비전의 설치 등), 제33조의3(영상정보의 열람금지 등), 제34조(장기요양기관 정보의 안내 등), 제35조(장기요양기관의 의무 등)

01. 장기요양기관의 주요 사항을 변경하기 위한 절차에 관한 다음 빈칸 ㉠, ㉡에 들어갈 내용으로 바르게 연결된 것은?

> 장기요양기관의 시설 및 인력 등 보건복지부령으로 정하는 중요한 사항을 변경하려는 경우에는 특별자치시장·특별자치도지사·시장·군수·구청장의 (㉠)을/를 받아야 하며, 그 외의 사항을 변경하려는 경우에는 특별자치시장·특별자치도지사·시장·군수·구청장에게 (㉡)을/를 하여야 한다.

	㉠	㉡		㉠	㉡
①	변경지정	변경지정	②	변경신고	변경지정
③	변경지정	변경신고	④	변경신고	변경신고

02. 다음 중 장기요양기관의 폐쇄회로 텔레비전의 설치 의무를 면하는 경우를 모두 고른 것은?

> ㉠ 시설급여만을 제공하는 장기요양기관인 경우
> ㉡ 장기요양기관에 폐쇄회로 텔레비전을 설치하지 않음에 수급자 전원 또는 그 보호자 전원의 동의를 받아 관할 특별자치시장·특별자치도지사·시장·군수·구청장에 신고한 경우
> ㉢ 수급자, 그 보호자 및 장기요양기관 종사자 전원의 동의를 받아 네트워크 카메라를 설치한 경우

① ㉠, ㉡
② ㉠, ㉢
③ ㉡, ㉢
④ ㉠, ㉡, ㉢

03. 폐쇄회로 텔레비전으로 촬영한 영상정보의 관리에 대한 설명으로 옳지 않은 것은?

① 폐쇄회로 텔레비전의 관리자는 수급자의 안전과 장기요양기관의 보안을 위해 최소한의 영상정보만을 적법하고 정당하게 수집하여야 한다.
② 폐쇄회로 텔레비전의 영상정보는 정보주체의 권리가 침해받을 가능성과 그 위험 정도를 고려하여 안전하게 관리하여야 한다.
③ 폐쇄회로 텔레비전의 영상정보는 정보주체의 사생활 침해를 최소화하는 방법으로 처리해야 한다.
④ 폐쇄회로 텔레비전의 관리자는 보안을 위해 폐쇄회로 텔레비전에 기록된 영상정보를 60일 이내에 폐기해야 한다.

04. 다음 중 폐쇄회로 텔레비전의 영상정보의 관리자가 해당 영상정보를 열람하게 할 수 있는 경우를 모두 고르면? (단, 제시되지 않은 요건은 모두 충족함을 가정한다)

㉠ 수급자 본인의 재산상 이익을 위해 수급자 본인과 관련된 사항을 확인할 목적으로 영상정보의 열람을 요청하는 경우
㉡ 수급자의 보호자가 수급자의 안전을 확인하기 위해 영상정보의 열람을 요청하는 경우
㉢ 수사기관이 범죄의 수사를 목적으로 영상정보의 열람을 요청하는 경우
㉣ 관할 지방법원이 재판업무 수행을 목적으로 영상정보의 열람을 요청하는 경우

① ㉠, ㉡
② ㉢, ㉣
③ ㉡, ㉢, ㉣
④ ㉠, ㉡, ㉢, ㉣

05. 다음 중 장기요양급여의 수급자에 대하여 장기요양기관의 의무사항을 위반한 사례는?

① 장기요양급여의 수급자에게 급여를 제공하고 수급자에게 직접 명세서를 교부하였다.
② 장기요양급여신청에 대해 현재 장기요양기관에 입소정원에 여유가 없음을 이유로 급여의 제공을 거부하였다.
③ 장기요양기관의 장이 그 종사자로 하여금 장기요양급여의 제공에 관한 자료를 작성하게 하였다.
④ 장기요양기관 오픈 이벤트로 신규 입소자를 대상으로 장기요양기관이 본인부담금을 지원하는 오픈 이벤트를 열었다.

법조문 익히기

제35조의2(장기요양기관 재무·회계기준), 제35조의3(인권교육), 제35조의4(장기요양요원의 보호)

제35조의2(장기요양기관 재무·회계기준)

① 장기요양기관의 장은 보건복지부령으로 정하는 재무·회계에 관한 기준(이하 "장기요양기관 재무·회계기준"이라 한다)에 따라 장기요양기관을 투명하게 운영하여야 한다. 다만, 장기요양기관 중 「사회복지사업법」 제34조에 따라 설치한 사회복지시설은 같은 조 제4항에 따른 재무·회계에 관한 기준에 따른다.
② 보건복지부장관은 장기요양기관 재무·회계기준을 정할 때에는 장기요양기관의 특성 및 그 시행시기 등을 고려하여야 한다.

제35조의3(인권교육)

① 장기요양기관 중 대통령령으로 정하는 기관을 운영하는 자와 그 종사자는 인권에 관한 교육(이하 이 조에서 "인권교육"이라 한다)을 받아야 한다.
② 장기요양기관 중 대통령령으로 정하는 기관을 운영하는 자는 해당 기관을 이용하고 있는 장기요양급여 수급자에게 인권교육을 실시할 수 있다.
③ 보건복지부장관은 제1항 및 제2항에 따른 인권교육을 효율적으로 실시하기 위하여 인권교육기관을 지정할 수 있다. 이 경우 예산의 범위에서 인권교육에 소요되는 비용을 지원할 수 있으며, 지정을 받은 인권교육기관은 보건복지부장관의 승인을 받아 인권교육에 필요한 비용을 교육대상자로부터 징수할 수 있다.
④ 보건복지부장관은 제3항에 따라 지정을 받은 인권교육기관이 다음 각 호의 어느 하나에 해당하면 그 지정을 취소하거나 6개월 이내의 기간을 정하여 업무의 정지를 명할 수 있다. 다만, 제1호에 해당하면 그 지정을 취소하여야 한다.
1. 거짓이나 그 밖의 부정한 방법으로 지정을 받은 경우
2. 제5항에 따라 보건복지부령으로 정하는 지정요건을 갖추지 못하게 된 경우
3. 인권교육의 수행능력이 현저히 부족하다고 인정되는 경우
⑤ 제1항 및 제2항에 따른 인권교육의 대상·내용·방법, 제3항에 따른 인권교육기관의 지정 및 제4항에 따른 인권교육기관의 지정취소·업무정지 처분의 기준 등에 필요한 사항은 보건복지부령으로 정한다.

제35조의4(장기요양요원의 보호)

① 장기요양기관의 장은 장기요양요원이 다음 각 호의 어느 하나에 해당하는 경우로 인한 고충의 해소를 요청하는 경우 업무의 전환 등 대통령령으로 정하는 바에 따라 적절한 조치를 하여야 한다.
1. 수급자 및 그 가족이 장기요양요원에게 폭언·폭행·상해 또는 성희롱·성폭력 행위를 하는 경우
2. 수급자 및 그 가족이 장기요양요원에게 제28조의2 제1항 각 호에 따른 급여외행위의 제공을 요구하는 경우
② 장기요양기관의 장은 장기요양요원에게 다음 각 호의 행위를 하여서는 아니 된다.
1. 장기요양요원에게 제28조의2 제1항 각 호에 따른 급여외행위의 제공을 요구하는 행위
2. 수급자가 부담하여야 할 본인부담금의 전부 또는 일부를 부담하도록 요구하는 행위
③ 장기요양기관의 장은 보건복지부령으로 정하는 바에 따라 장기요양 수급자와 그 가족에게 장기요양요원의 업무범위, 직무상 권리와 의무 등 권익보호를 위한 사항을 안내할 수 있다.
④ 장기요양요원은 장기요양기관의 장이 제1항에 따른 적절한 조치를 하지 아니한 경우에는 장기요양기관을 지정한 특별자치시장·특별자치도지사·시장·군수·구청장에게 그 시정을 신청할 수 있다.

⑤ 제4항에 따른 신청을 받은 특별자치시장·특별자치도지사·시장·군수·구청장은 제1항에 따른 장기요양요원의 고충에 대한 사실확인을 위한 조사를 실시한 후 필요하다고 인정되는 경우에는 장기요양기관의 장에게 적절한 조치를 하도록 통보하여야 한다. 이 경우 적절한 조치를 하도록 통보받은 장기요양기관의 장은 특별한 사유가 없으면 이에 따라야 한다.
⑥ 제4항 및 제5항에 따른 시정신청의 절차, 사실확인 조사 및 통보 등에 필요한 사항은 대통령령으로 정한다.

제35조의2(장기요양기관 재무·회계기준), 제35조의3(인권교육), 제35조의4(장기요양요원의 보호)

- **다음 조문을 읽고 맞는 것은 O, 틀린 것은 X에 V 표시하시오.**

01 사회복지시설이 아닌 장기요양기관의 장은 보건복지부령으로 정한 장기요양기관 재무·회계기준에 따라 장기요양기관을 운영하여야 한다.   O | X

02 인권교육은 보건복지부장관이 지정하는 인권교육기관에서 실시되며, 장기요양기관이 그 수급자에게 인권교육을 실시할 수는 없다.   O | X

03 인권교육기관은 보건복지부장관으로부터 인권교육에 소요되는 비용을 지원받으며, 별도로 교육에 필요한 비용을 교육대상자로부터 징수하여서는 안 된다.   O | X

04 인권교육기관이 거짓이나 그 밖의 부정한 방법으로 지정을 받은 경우 보건복지부장관은 그 지정을 취소하여야 한다.   O | X

05 장기요양기관의 장은 장기요양요원이 급여외행위의 제공을 요구받음 등의 이유로 고충의 해소를 요청하는 경우 업무의 전환 등의 적절한 조치를 하여야 한다.   O | X

06 장기요양요원은 장기요양기관의 장에게 고충의 해소를 요청함에도 적절한 조치를 하지 아니하는 경우 특별자치시장·특별자치도지사·시장·군수·구청장에게 이에 대한 시정을 신청할 수 있다.   O | X

[정답] 01 O 02 X 03 X 04 O 05 O 06 O

법조문 익히기 — 제35조의5(보험 가입), 제36조(장기요양기관의 폐업 등의 신고 등)

제35조의5(보험 가입)

① 장기요양기관은 종사자가 장기요양급여를 제공하는 과정에서 발생할 수 있는 수급자의 상해 등 법률상 손해를 배상하는 보험(이하 "전문인 배상책임보험"이라 한다)에 가입할 수 있다.
② 공단은 장기요양기관이 전문인 배상책임보험에 가입하지 않은 경우 그 기간 동안 제38조에 따라 해당 장기요양기관에 지급하는 장기요양급여비용의 일부를 감액할 수 있다.
③ 제2항에 따른 장기요양급여비용의 감액 기준 등에 관하여 필요한 사항은 보건복지부령으로 정한다.

제36조(장기요양기관의 폐업 등의 신고 등)

① 장기요양기관의 장은 폐업하거나 휴업하고자 하는 경우 폐업이나 휴업 예정일 전 30일까지 특별자치시장·특별자치도지사·시장·군수·구청장에게 신고하여야 한다. 신고를 받은 특별자치시장·특별자치도지사·시장·군수·구청장은 지체 없이 신고 명세를 공단에 통보하여야 한다.
② 특별자치시장·특별자치도지사·시장·군수·구청장은 장기요양기관의 장이 유효기간이 끝나기 30일 전까지 제32조의4에 따른 지정 갱신 신청을 하지 아니하는 경우 그 사실을 공단에 통보하여야 한다.
③ 장기요양기관의 장은 장기요양기관을 폐업하거나 휴업하려는 경우 또는 장기요양기관의 지정 갱신을 하지 아니하려는 경우 보건복지부령으로 정하는 바에 따라 수급자의 권익을 보호하기 위하여 다음 각 호의 조치를 취하여야 한다.
1. 해당 장기요양기관을 이용하는 수급자가 다른 장기요양기관을 선택하여 이용할 수 있도록 계획을 수립하고 이행하는 조치
2. 해당 장기요양기관에서 수급자가 제40조 제1항 및 제3항에 따라 부담한 비용 중 정산하여야 할 비용이 있는 경우 이를 정산하는 조치
3. 그 밖에 수급자의 권익 보호를 위하여 필요하다고 인정되는 조치로서 보건복지부령으로 정하는 조치

④ 특별자치시장·특별자치도지사·시장·군수·구청장은 제1항에 따라 폐업·휴업 신고를 접수한 경우 또는 장기요양기관의 장이 유효기간이 끝나기 30일 전까지 제32조의4에 따른 지정 갱신 신청을 하지 아니한 경우 장기요양기관의 장이 제3항 각 호에 따른 수급자의 권익을 보호하기 위한 조치를 취하였는지의 여부를 확인하고, 인근지역에 대체 장기요양기관이 없는 경우 등 장기요양급여에 중대한 차질이 우려되는 때에는 장기요양기관의 폐업·휴업 철회 또는 지정 갱신 신청을 권고하거나 그 밖의 다른 조치를 강구하여야 한다.
⑤ 특별자치시장·특별자치도지사·시장·군수·구청장은 「노인복지법」 제43조에 따라 노인의료복지시설 등(장기요양기관이 운영하는 시설인 경우에 한한다)에 대하여 사업정지 또는 폐지 명령을 하는 경우 지체 없이 공단에 그 내용을 통보하여야 한다.
⑥ 장기요양기관의 장은 제1항에 따라 폐업·휴업 신고를 할 때 또는 장기요양기관의 지정 갱신을 하지 아니하여 유효기간이 만료될 때 보건복지부령으로 정하는 바에 따라 장기요양급여 제공 자료를 공단으로 이관하여야 한다. 다만, 휴업 신고를 하는 장기요양기관의 장이 휴업 예정일 전까지 공단의 허가를 받은 경우에는 장기요양급여 제공 자료를 직접 보관할 수 있다.

조문확인 OX 문제

제35조의5(보험 가입), 제36조(장기요양기관의 폐업 등의 신고 등)

■ 다음 조문을 읽고 맞는 것은 O, 틀린 것은 X에 V 표시하시오.

01 장기요양기관은 「노인장기요양보험법」에 따라 전문인 배상책임보험에 의무적으로 가입하여야 한다. ☐ O ☐ X

02 국민건강보험공단은 전문인 배상책임보험에 가입하지 않은 장기요양기관에 대해 지급하는 장기요양급여비용의 일부를 감액할 수 있다. ☐ O ☐ X

03 장기요양기관의 장은 폐업하거나 휴업하고자 할 경우 그 예정일 전 30일까지 특별자치시장·특별자치도지사·시장·군수·구청장에게 이를 신고하여야 한다. ☐ O ☐ X

04 특별자치시장·특별자치도지사·시장·군수·구청장은 장기요양기관의 장이 장기요양기관의 지정의 유효기간이 끝나기 60일 전까지 지정 갱신 신청을 하지 않는 경우 그 사실을 국민건강보험공단에 통보하여야 한다. ☐ O ☐ X

05 장기요양기관의 장은 장기요양기관을 폐업하려는 경우 수급자가 다른 장기요양기관을 선택하여 이용할 수 있도록 계획을 수립하고 이행하는 조치를 취하여야 한다. ☐ O ☐ X

06 특별자치시장·특별자치도지사·시장·군수·구청장은 만일 휴업 또는 폐업예정인 장기요양기관의 인근지역에 대체 장기요양기관이 없는 경우 그 철회를 권고할 수 있다. ☐ O ☐ X

07 특별자치시장·특별자치도지사·시장·군수·구청장은 노인의료복지시설에 대한 사업정지 명령을 하는 경우 지체 없이 국민건강보험공단에 그 내용을 통보하여야 한다. ☐ O ☐ X

08 장기요양기관의 장은 장기요양기관의 지정 갱신을 하지 않아 유효기간이 만료될 경우 장기요양급여 제공 자료를 국민건강보험공단에 이관하여야 한다. ☐ O ☐ X

09 휴업 신고를 하는 장기요양기관의 장이 휴업 예정일 전까지 국민건강보험공단의 허가를 받은 경우에는 장기요양급여 제공 자료를 직접 보관할 수 있다. ☐ O ☐ X

[정답] 01 X 02 O 03 O 04 X 05 O
       06 O 07 O 08 O 09 O

제35조의2(장기요양기관 재무·회계기준), 제35조의3(인권교육), 제35조의4(장기요양요원의 보호), 제35조의5(보험 가입), 제36조(장기요양기관의 폐업 등의 신고 등)

01. 다음 중 장기요양기관의 종사자가 장기요양급여를 제공하는 과정에서 발생하는 수급자의 상해에 대한 손해배상보험은?

① 산업재해보상보험 ② 전문인 배상책임보험
③ 고용보험 ④ 간병보험

02. 다음 내용의 빈칸에 공통으로 들어갈 단어는?

> 장기요양기관 중 대통령령으로 정하는 기관을 운영하는 자와 그 종사자는 (　　)을 받아야 하며, 장기요양기관 중 대통령령으로 정하는 기관을 운영하는 자는 해당 기관을 이용하고 있는 장기요양급여 수급자에게 (　　)을 실시할 수 있다.

① 장기요양요원보호교육 ② 치매예방교육
③ 응급처치교육 ④ 인권교육

03. 장기요양기관의 장이 폐업이나 휴업을 예정하고 있는 경우, 그 신고기한은?

① 예정일로부터 7일 전까지 ② 예정일로부터 14일 전까지
③ 예정일로부터 30일 전까지 ④ 예정일로부터 60일 전까지

04. 인권교육기관의 인권교육 수행능력이 현저히 부족함을 이유로 업무정지 처분을 할 경우 그 명령 주체와 정지기간의 상한을 순서대로 바르게 연결한 것은?

① 국민건강보험공단, 6개월
② 보건복지부장관, 6개월
③ 국민건강보험공단, 1년
④ 보건복지부장관, 1년

05. 다음 빈칸에 공통으로 들어갈 기관의 명칭은?

> 장기요양기관의 장은 폐업·휴업 신고를 하거나 장기요양기관의 지정 갱신을 하지 아니하여 유효기간이 만료될 때 장기요양급여 제공 자료를 (　　)(으)로 이관하여야 한다.
> 다만, 휴업 신고를 하는 장기요양기관의 장이 휴업 예정일 전까지 (　　)의 허가를 받은 경우에는 장기요양급여 제공 자료를 직접 보관할 수 있다

① 국민건강보험공단
② 보건복지부
③ 특별자치시·특별자치도·시·군·구
④ 상기요양위원회

법조문 익히기

제36조의2(시정명령), 제37조(장기요양기관 지정의 취소 등), 제37조의2 (과징금의 부과 등)

제36조의2(시정명령)

특별자치시장·특별자치도지사·시장·군수·구청장은 다음 각 호의 어느 하나에 해당하는 장기요양기관에 대하여 6개월 이내의 범위에서 일정한 기간을 정하여 시정을 명할 수 있다.
1. 제33조의2에 따른 폐쇄회로 텔레비전의 설치·관리 및 영상정보의 보관기준을 위반한 경우
2. 제35조의2에 따른 장기요양기관 재무·회계기준을 위반한 경우

제37조(장기요양기관 지정의 취소 등)

① 특별자치시장·특별자치도지사·시장·군수·구청장은 장기요양기관이 다음 각 호의 어느 하나에 해당하는 경우 그 지정을 취소하거나 6개월의 범위에서 업무정지를 명할 수 있다. 다만, 제1호, 제2호의2, 제3호의5, 제7호, 또는 제8호에 해당하는 경우에는 지정을 취소하여야 한다.

1. 거짓이나 그 밖의 부정한 방법으로 지정을 받은 경우
1의2. 제28조의2를 위반하여 급여외행위를 제공한 경우. 다만, 장기요양기관의 장이 그 위반행위를 방지하기 위하여 해당 업무에 관하여 상당한 주의와 감독을 게을리하지 아니한 경우는 제외한다.
2. 제31조 제1항에 따른 지정기준에 적합하지 아니한 경우
2의2. 제32조의2 각 호의 어느 하나에 해당하게 된 경우. 다만, 제32조의2 제7호에 해당하게 된 법인의 경우 3개월 이내에 그 대표자를 변경하는 때에는 그러하지 아니하다.
3. 제35조 제1항을 위반하여 장기요양급여를 거부한 경우
3의2. 제35조 제5항을 위반하여 본인부담금을 면제하거나 감경하는 행위를 한 경우
3의3. 제35조 제6항을 위반하여 수급자를 소개, 알선 또는 유인하는 행위 및 이를 조장하는 행위를 한 경우
3의4. 제35조의4 제2항 각 호의 어느 하나를 위반한 경우
3의5. 제36조 제1항에 따른 폐업 또는 휴업 신고를 하지 아니하고 1년 이상 장기요양급여를 제공하지 아니한 경우
3의6. 제36조의2에 따른 시정명령을 이행하지 아니하거나 회계부정 행위가 있는 경우
3의7. 정당한 사유 없이 제54조에 따른 평가를 거부·방해 또는 기피하는 경우
4. 거짓이나 그 밖의 부정한 방법으로 재가 및 시설 급여비용을 청구한 경우
5. 제61조 제2항에 따른 자료제출 명령에 따르지 아니하거나 거짓으로 자료제출을 한 경우나 질문 또는 검사를 거부·방해 또는 기피하거나 거짓으로 답변한 경우
6. 장기요양기관의 종사자 등이 다음 각 목의 어느 하나에 해당하는 행위를 한 경우. 다만, 장기요양기관의 장이 그 행위를 방지하기 위하여 해당 업무에 관하여 상당한 주의와 감독을 게을리하지 아니한 경우는 제외한다.
   가. 수급자의 신체에 폭행을 가하거나 상해를 입히는 행위
   나. 수급자에게 성적 수치심을 주는 성폭행, 성희롱 등의 행위
   다. 자신의 보호·감독을 받는 수급자를 유기하거나 의식주를 포함한 기본적 보호 및 치료를 소홀히 하는 방임행위

라. 수급자를 위하여 증여 또는 급여된 금품을 그 목적 외의 용도에 사용하는 행위
　　마. 폭언, 협박, 위협 등으로 수급자의 정신건강에 해를 끼치는 정서적 학대행위
7. 업무정지기간 중에 장기요양급여를 제공한 경우
8. 「부가가치세법」 제8조에 따른 사업자등록 또는 「소득세법」 제168조에 따른 사업자등록이나 고유번호가 말소된 경우

② 특별자치시장·특별자치도지사·시장·군수·구청장은 제1항에 따라 지정을 취소하거나 업무정지명령을 한 경우에는 지체 없이 그 내용을 공단에 통보하고, 보건복지부령으로 정하는 바에 따라 보건복지부장관에게 통보한다. 이 경우 시장·군수·구청장은 관할 특별시장·광역시장 또는 도지사를 거쳐 보건복지부장관에게 통보하여야 한다.

③ 삭제 〈2018. 12. 11.〉

④ 삭제 〈2018. 12. 11.〉

⑤ 특별자치시장·특별자치도지사·시장·군수·구청장은 제1항에 따라 장기요양기관이 지정취소 또는 업무정지되는 경우에는 해당 장기요양기관을 이용하는 수급자의 권익을 보호하기 위하여 적극적으로 노력하여야 한다.

⑥ 특별자치시장·특별자치도지사·시장·군수·구청장은 제5항에 따라 수급자의 권익을 보호하기 위하여 보건복지부령으로 정하는 바에 따라 다음 각 호의 조치를 하여야 한다.

1. 제1항에 따른 행정처분의 내용을 우편 또는 정보통신망 이용 등의 방법으로 수급자 또는 그 보호자에게 통보하는 조치
2. 해당 장기요양기관을 이용하는 수급자가 다른 장기요양기관을 선택하여 이용할 수 있도록 하는 조치

⑦ 제1항에 따라 지정취소 또는 업무정지되는 장기요양기관의 장은 해당 기관에서 수급자가 제40조 제1항 및 제3항에 따라 부담한 비용 중 정산하여야 할 비용이 있는 경우 이를 정산하여야 한다.

⑧ 다음 각 호의 어느 하나에 해당하는 자는 제31조에 따른 장기요양기관으로 지정받을 수 없다.

1. 제1항에 따라 지정취소를 받은 후 3년이 지나지 아니한 자(법인인 경우 그 대표자를 포함한다)
2. 제1항에 따라 업무정지명령을 받고 업무정지기간이 지나지 아니한 자(법인인 경우 그 대표자를 포함한다)

⑨ 제1항에 따른 행정처분의 기준은 보건복지부령으로 정한다.

제37조의2(과징금의 부과 등)

① 특별자치시장·특별자치도지사·시장·군수·구청장은 제37조 제1항 각 호의 어느 하나(같은 항 제4호는 제외한다)에 해당하는 행위를 이유로 업무정지명령을 하여야 하는 경우로서 그 업무정지가 해당 장기요양기관을 이용하는 수급자에게 심한 불편을 줄 우려가 있는 등 보건복지부장관이 정하는 특별한 사유가 있다고 인정되는 경우에는 업무정지명령을 갈음하여 2억 원 이하의 과징금을 부과할 수 있다. 다만, 제37조 제1항 제6호를 위반한 행위로서 보건복지부령으로 정하는 경우에는 그러하지 아니하다.

② 특별자치시장·특별자치도지사·시장·군수·구청장은 제37조 제1항 제4호에 해당하는 행위를 이유로 업무정지명령을 하여야 하는 경우로서 그 업무정지가 해당 장기요양기관을 이용하는 수급자에게 심한 불편을 줄 우려가 있는 등 보건복지부장관이 정하는 특별한 사유가 있다고 인정되는 경우에는 업무정지명령을 갈음하여 거짓이나 그 밖의 부정한 방법으로 청구한 금액의 5배 이하의 금액을 과징금으로 부과할 수 있다.

③ 제1항 및 제2항에 따른 과징금을 부과하는 위반행위의 종류 및 위반의 정도 등에 따른 과징금의 금액과 과징금의 부과절차 등에 필요한 사항은 대통령령으로 정한다.

④ 특별자치시장·특별자치도지사·시장·군수·구청장은 제1항 및 제2항에 따라 과징금을 내야 할 자가 납부기한까지 내지 아니한 경우에는 지방세 체납처분의 예에 따라 징수한다.

⑤ 특별자치시장·특별자치도지사·시장·군수·구청장은 제1항 및 제2항에 따른 과징금의 부과와 징수에 관한 사항을 보건복지부령으로 정하는 바에 따라 기록·관리하여야 한다.

조문확인 OX 문제

제36조의2(시정명령), 제37조(장기요양기관 지정의 취소 등), 제37조의2(과징금의 부과 등)

■ 다음 조문을 읽고 맞는 것은 O, 틀린 것은 X에 V 표시하시오.

01 특별자치시장·특별자치도지사·시장·군수·구청장은 장기요양기관 재무·회계기준을 위반한 장기요양기관에 대해 6개월 이내의 기간을 정해 시정을 명할 수 있다. | O | X |

02 거짓이나 그 밖의 부정한 방법으로 장기요양기관의 지정을 받은 경우에는 그 지정을 취소하거나 6개월 범위에서 업무정지를 명할 수 있다. | O | X |

03 장기요양기관의 급여외행위의 제공에 있어 장기요양기관의 장이 그 위반행위를 방지하기 위하여 상당한 주의와 감독을 게을리하지 않았다면 업무정지처분의 대상이 되지 않는다. | O | X |

04 폐업 또는 휴업 신고를 하지 않고 6개월 이상 장기요양급여를 제공하지 않은 장기요양기관에 대해서는 그 지정을 취소하여야 한다. | O | X |

05 거짓이나 그 밖의 부정한 방법으로 재가 및 시설 급여비용을 청구한 장기요양기관에 대해서는 지정취소 혹은 1년 이내의 업무정지를 명할 수 있다. | O | X |

06 업무정지기간 중에 장기요양급여를 제공한 장기요양기관에 대해서는 그 지정을 취소하여야 한다. | O | X |

07 특별자치시장·특별자치도지사·시장·군수·구청장은 장기요양기관의 지정취소 혹은 업무정지명령 사실을 우편 등의 방법으로 수급자 또는 그 보호자에게 통보하여야 한다. | O | X |

08 장기요양기관의 지정취소를 받은 지 5년이 지나지 않은 자는 장기요양기관으로 지정받을 수 없다. | O | X |

09 수급자에 대한 폭행 또는 상해로 인해 부과할 장기요양기관 업무정지명령이 해당 장기요양기관을 이용하는 수급자에게 심한 불편을 줄 우려가 있다고 인정되는 경우 그 업무정지명령을 갈음하여 2억 원 이하의 과징금을 부과할 수 있다. | O | X |

10 장기요양기관이 거짓이나 그 밖의 부정한 방법으로 재가 및 시설급여비용을 청구한 경우로 인해 부과할 업무정지명령이 해당 장기요양기관을 이용하는 수급자에게 심한 불편을 줄 우려가 있다면 그 업무정지명령을 갈음하여 거짓이나 그 밖의 부정한 방법으로 청구한 금액의 5배 이하의 금액을 과징금으로 부과할 수 있다. | O | X |

[정답] 01 O 02 X 03 O 04 X 05 X
       06 O 07 O 08 X 09 O 10 O

제36조의2(시정명령), 제37조(장기요양기관 지정의 취소 등), 제37조의2(과징금의 부과 등)

01. 특별자치시장·특별자치도지사·시장·군수·구청장은 재무·회계기준을 위반한 장기요양기관에 대해서는 몇 개월 이내의 범위에서 시정을 명할 수 있는가?

① 6개월
② 3개월
③ 2개월
④ 1개월

02. 다음 중 장기요양기관이 반드시 지정취소처분을 받는 위반행위를 모두 고른 것은?

> ㉠ 거짓이나 그 밖의 부정한 방법으로 장기요양기관의 지정을 받은 경우
> ㉡ 폐업이나 휴업 신고를 하지 않고 1년 이상 장기요양급여를 제공하지 않은 경우
> ㉢ 업무정지기간 중 장기요양급여를 제공한 경우
> ㉣ 장기요양기관의 종사자가 수급자를 유기한 경우
> ㉤ 영리를 목적으로 수급자의 본인부담금을 면제하거나 감경한 경우

① ㉠, ㉡, ㉢
② ㉠, ㉣, ㉤
③ ㉡, ㉢, ㉤
④ ㉢, ㉣, ㉤

03. 「노인장기요양보험법」은 장기요양기관의 지정취소를 받은 자는 그 지정취소를 받은 후 몇 년간 장기요양기관의 지정을 받을 수 없도록 하고 있는가?

① 1년
② 3년
③ 5년
④ 기간에 관계없이 다시 지정을 받을 수 없다.

04. 거짓이나 부정한 방법으로 재가 및 시설급여비용을 청구한 장기요양기관 등의 예외사항을 제외한 경우에는 특별자치시장·특별자치도지사·시장·군수·구청장의 업무정지명령을 갈음하여 부과할 수 있는 과징금의 상한은?

① 5,000만 원 이하
② 1억 원 이하
③ 2억 원 이하
④ 3억 원 이하

05. 거짓이나 부정한 방법으로 재가 및 시설급여비용을 청구한 장기요양기관의 경우 특별자치시장·특별자치도지사·시장·군수·구청장의 업무정지명령을 갈음하여 부과할 수 있는 과징금의 상한은?

① 부정하게 청구한 금액 이하
② 부정하게 청구한 금액의 2배 이하
③ 부정하게 청구한 금액의 3배 이하
④ 부정하게 청구한 금액의 5배 이하

법조문 익히기 — 제37조의3(위반사실 등의 공표), 제37조의4(행정제재처분 효과의 승계), 제37조의5(장기요양급여 제공의 제한)

제37조의3(위반사실 등의 공표)

① 보건복지부장관 또는 특별자치시장·특별자치도지사·시장·군수·구청장은 장기요양기관이 거짓으로 재가·시설 급여비용을 청구하였다는 이유로 제37조 또는 제37조의2에 따른 처분이 확정된 경우로서 다음 각 호의 어느 하나에 해당하는 경우에는 위반사실, 처분내용, 장기요양기관의 명칭·주소, 장기요양기관의 장의 성명, 그 밖에 다른 장기요양기관과의 구별에 필요한 사항으로서 대통령령으로 정하는 사항을 공표하여야 한다. 다만, 장기요양기관의 폐업 등으로 공표의 실효성이 없는 경우에는 그러하지 아니하다.
1. 거짓으로 청구한 금액이 1천만 원 이상인 경우
2. 거짓으로 청구한 금액이 장기요양급여비용 총액의 100분의 10 이상인 경우

② 보건복지부장관 또는 특별자치시장·특별자치도지사·시장·군수·구청장은 장기요양기관이 제61조 제2항에 따른 자료제출 명령에 따르지 아니하거나 거짓으로 자료제출을 한 경우나 질문 또는 검사를 거부·방해 또는 기피하거나 거짓으로 답변하였다는 이유로 제37조 또는 제37조의2에 따른 처분이 확정된 경우 위반사실, 처분내용, 장기요양기관의 명칭·주소, 장기요양기관의 장의 성명, 그 밖에 다른 장기요양기관과의 구별에 필요한 사항으로서 대통령령으로 정하는 사항을 공표하여야 한다. 다만, 장기요양기관의 폐업 등으로 공표의 실효성이 없는 경우 또는 장기요양기관이 위반사실 등의 공표 전에 제61조 제2항에 따른 자료를 제출하거나 질문 또는 검사에 응하는 경우에는 그러하지 아니하다.

③ 보건복지부장관 또는 특별자치시장·특별자치도지사·시장·군수·구청장은 제1항 및 제2항에 따른 공표 여부 등을 심의하기 위하여 공표심의위원회를 설치·운영할 수 있다.

④ 제1항 및 제2항에 따른 공표 여부의 결정 방법, 공표 방법·절차 및 제3항에 따른 공표심의위원회의 구성·운영 등에 필요한 사항은 대통령령으로 정한다.

제37조의4(행정제재처분 효과의 승계)

① 제37조 제1항 각 호의 어느 하나에 해당하는 행위를 이유로 한 행정제재처분(이하 "행정제재처분"이라 한다)의 효과는 그 처분을 한 날부터 3년간 다음 각 호의 어느 하나에 해당하는 자에게 승계된다.
1. 장기요양기관을 양도한 경우 양수인
2. 법인이 합병된 경우 합병으로 신설되거나 합병 후 존속하는 법인
3. 장기요양기관 폐업 후 같은 장소에서 장기요양기관을 운영하는 자 중 종전에 행정제재처분을 받은 자(법인인 경우 그 대표자를 포함한다)나 그 배우자 또는 직계혈족

② 행정제재처분의 절차가 진행 중일 때에는 다음 각 호의 어느 하나에 해당하는 자에 대하여 그 절차를 계속 이어서 할 수 있다.
1. 장기요양기관을 양도한 경우 양수인
2. 법인이 합병된 경우 합병으로 신설되거나 합병 후 존속하는 법인
3. 장기요양기관 폐업 후 3년 이내에 같은 장소에서 장기요양기관을 운영하는 자 중 종전에 위반행위를 한 자(법인인 경우 그 대표자를 포함한다)나 그 배우자 또는 직계혈족

③ 제1항 및 제2항에도 불구하고 제1항 각 호의 어느 하나 또는 제2항 각 호의 어느 하나에 해당하는 자(이하 "양수인등"이라 한다)가 양수, 합병 또는 운영 시에 행정제재처분 또는 위반사실을 알지 못하였음을 증명하는

경우에는 그러하지 아니하다.
④ 행정제재처분을 받았거나 그 절차가 진행 중인 자는 보건복지부령으로 정하는 바에 따라 지체 없이 그 사실을 양수인등에게 알려야 한다.

제37조의5(장기요양급여 제공의 제한)
① 특별자치시장·특별자치도지사·시장·군수·구청장은 장기요양기관의 종사자가 거짓이나 그 밖의 부정한 방법으로 재가급여비용 또는 시설급여비용을 청구하는 행위에 가담한 경우 해당 종사자가 장기요양급여를 제공하는 것을 1년의 범위에서 제한하는 처분을 할 수 있다.
② 특별자치시장·특별자치도지사·시장·군수·구청장은 제1항에 따른 처분을 한 경우 지체 없이 그 내용을 공단에 통보하여야 한다.
③ 제1항 및 제2항에 따른 장기요양급여 제공 제한 처분의 기준·방법, 통보의 방법·절차, 그 밖에 필요한 사항은 보건복지부령으로 정한다.

제37조의3(위반사실 등의 공표), 제37조의4(행정제재처분 효과의 승계), 제37조의5(장기요양급여 제공의 제한)

■ 다음 조문을 읽고 맞는 것은 O, 틀린 것은 X에 V 표시하시오.

01 장기요양기관이 거짓으로 재가 및 시설 급여비용을 청구한 금액이 500만 원 이상인 경우 그 위반사실, 처분내용, 장기요양기관의 명칭 및 주소 등을 공표할 수 있다. O X

02 위반사실 공표대상이 된 장기요양기관이 폐업한 경우에는 공표의 실효성이 없어 그 위반사실을 공표하지 않는다. O X

03 장기요양기관의 업무정지 또는 지정취소의 효과는 그 처분을 한 날부터 3년 내에 그 장기요양기관을 양도한 양수인에게 승계된다. O X

04 지정취소된 장기요양기관이 폐업한 후 그 행정처분을 받은 자의 직계혈족이 같은 장소에서 장기요양기관을 운영하게 되었다면 그 지정취소의 효과는 승계되지 않는다. O X

05 장기요양기관에 대한 행정처분 효과를 승계받은 자는 양수·합병·운영 시에 행정제재처분 또는 위반사실을 알지 못하였음을 증명하여 그 승계효과에 대항할 수 있다. O X

06 행정제재처분을 받았거나 그 절차가 진행 중인 자는 그 사실을 양수인 등에게 알려야 할 의무는 없다. O X

07 국민건강보험공단은 장기요양기관의 종사자가 거짓이나 그 밖의 부정한 방법으로 재가급여비용의 청구행위에 가담한 경우 해당 종사자가 장기요양급여를 제공하는 것을 1년의 범위에서 제한하는 처분을 할 수 있다. O X

[정답] 01 X 02 O 03 O 04 X 05 O
       06 X 07 X

제37조의3(위반사실 등의 공표), 제37조의4(행정제재처분 효과의 승계), 제37조의5(장기요양급여 제공의 제한)

01. 다음은 거짓이나 부정한 방법으로 재가 및 시설급여비용을 청구한 장기요양기관의 처분이 확정된 경우 그 위반사실을 공표하기 위한 기준이다. 빈칸에 들어갈 숫자를 순서대로 바르게 연결한 것은?

> 1. 거짓으로 청구한 금액이 (　　)원 이상인 경우
> 2. 거짓으로 청구한 금액이 장기요양급여비용 총액의 100분의 (　　) 이상인 경우

① 5천만, 20　　　　② 3천만, 20
③ 2천만, 10　　　　④ 1천만, 10

02. 다음 중 장기요양기관의 지정 취소에 대하여 해당 장기요양기관의 정보를 공표를 할 수 없는 경우는?

① 해당 장기요양기관이 폐업을 한 경우
② 해당 장기요양기관의 명칭이 변경된 경우
③ 장기요양기관이 거짓으로 청구한 시설 급여비용이 2천만 원 미만인 경우
④ 장기요양기관이 거짓으로 자료제출을 한 이유로 지정 취소가 확정된 경우

03. 다음 중 장기요양기관의 지정 취소가 확정된 기관에 대한 공표를 심의하는 공표심의위원회를 설치하고 운영할 수 있는 주체를 모두 고른 것은?

> ㉠ 보건복지부장관
> ㉡ 국민건강보험공단 이사장
> ㉢ 제주특별자치도지사

① ㉠　　　　② ㉠, ㉢
③ ㉡, ㉢　　　　④ ㉠, ㉡, ㉢

04. 다음 중 장기요양기관에 대한 행정제재처분의 효과가 승계되는 경우를 모두 고른 것은? (단, 제시된 조건 이외의 사항은 고려하지 않는다)

> ㉠ 처분이 확정된 날부터 3년 이내 장기요양기관을 양도한 경우의 양수인
> ㉡ 처분이 확정된 날부터 3년 이내 법인 합병으로 신설된 법인
> ㉢ 처분이 확정된 날부터 3년 이내 법인 합병으로 존속하는 법인
> ㉣ 처분이 확정된 날부터 3년 이내 행정제재처분을 받은 자의 배우자가 장기요양기관 폐업 후 같은 장소에서 장기요양기관을 운영하는 경우

① ㉠, ㉣
② ㉡, ㉢
③ ㉠, ㉢, ㉣
④ ㉠, ㉡, ㉢, ㉣

05. 장기요양기관이 부정한 방법으로 재가급여비용을 청구하는 행위에 가담한 장기요양기관의 종사자에 대한 장기요양급여의 제공을 제한하는 처분기간의 상한은?

① 6개월
② 1년
③ 2년
④ 3년

제7장 재가 및 시설 급여비용 등

> **법조문 익히기** — 제38조(재가 및 시설 급여비용의 청구 및 지급 등), 제39조(장기요양급여비용 등의 산정)

제38조(재가 및 시설 급여비용의 청구 및 지급 등)

① 장기요양기관은 수급자에게 제23조에 따른 재가급여 또는 시설급여를 제공한 경우 공단에 장기요양급여비용을 청구하여야 한다.

② 공단은 제1항에 따라 장기요양기관으로부터 재가 또는 시설 급여비용의 청구를 받은 경우 이를 심사하여 그 내용을 장기요양기관에 통보하여야 하며, 장기요양에 사용된 비용 중 공단부담금(재가 및 시설 급여비용 중 본인부담금을 공제한 금액을 말한다)을 해당 장기요양기관에 지급하여야 한다.

③ 공단은 제54조 제2항에 따른 장기요양기관의 장기요양급여평가 결과에 따라 장기요양급여비용을 가산 또는 감액조정하여 지급할 수 있다.

④ 공단은 제2항에도 불구하고 장기요양급여비용을 심사한 결과 수급자가 이미 낸 본인부담금이 제2항에 따라 통보한 본인부담금보다 더 많으면 두 금액 간의 차액을 장기요양기관에 지급할 금액에서 공제하여 수급자에게 지급하여야 한다.

⑤ 공단은 제4항에 따라 수급자에게 지급하여야 하는 금액을 그 수급자가 납부하여야 하는 장기요양보험료 및 그 밖에 이 법에 따른 징수금(이하 "장기요양보험료등"이라 한다)과 상계(相計)할 수 있다.

⑥ 장기요양기관은 지급받은 장기요양급여비용 중 보건복지부장관이 정하여 고시하는 비율에 따라 그 일부를 장기요양요원에 대한 인건비로 지출하여야 한다.

⑦ 공단은 장기요양기관이 정당한 사유 없이 제61조 제2항에 따른 자료제출 명령에 따르지 아니하거나 질문 또는 검사를 거부·방해 또는 기피하는 경우 이에 응할 때까지 해당 장기요양기관에 지급하여야 할 장기요양급여비용의 지급을 보류할 수 있다. 이 경우 공단은 장기요양급여비용의 지급을 보류하기 전에 해당 장기요양기관에 의견 제출의 기회를 주어야 한다.

⑧ 제1항부터 제3항까지 및 제7항의 규정에 따른 재가 및 시설 급여비용의 심사기준, 장기요양급여비용의 가감지급의 기준, 청구절차, 지급방법 및 지급 보류의 절차·방법 등에 관한 사항은 보건복지부령으로 정한다.

제39조(장기요양급여비용 등의 산정)

① 보건복지부장관은 매년 급여종류 및 장기요양등급 등에 따라 제45조에 따른 장기요양위원회의 심의를 거쳐 다음 연도의 재가 및 시설 급여비용과 특별현금급여의 지급금액을 정하여 고시하여야 한다.

② 보건복지부장관은 제1항에 따라 재가 및 시설 급여비용을 정할 때 대통령령으로 정하는 바에 따라 국가 및 지방자치단체로부터 장기요양기관의 설립비용을 지원받았는지 여부 등을 고려할 수 있다.

③ 제1항에 따른 재가 및 시설 급여비용과 특별현금급여의 지급금액의 구체적인 산정방법 및 항목 등에 관하여 필요한 사항은 보건복지부령으로 정한다.

조문확인 OX 문제

제38조(재가 및 시설 급여비용의 청구 및 지급 등),
제39조(장기요양급여비용 등의 산정)

■ 다음 조문을 읽고 맞는 것은 O, 틀린 것은 X에 V 표시하시오.

01 장기요양기관은 수급자에게 재가급여 또는 시설급여를 제공한 경우 국민건강보험공단에 장기요양급여비용을 청구해야 한다. | O | X |

02 장기요양기관으로부터 재가 또는 시설 급여비용의 청구를 받은 국민건강보험공단은 이를 심사하여 그 내용을 장기요양기관에 통보한다. | O | X |

03 장기요양에 사용된 비용 중 공단부담금은 재가 및 시설 급여비용 중 본인부담금을 공제한 금액을 의미한다. | O | X |

04 장기요양기관에 대한 급여비용의 지급은 장기요양에 사용된 비용 중 본인부담금을 공제한 금액인 공단부담금을 장기요양기관에 지급하는 식으로 이루어진다. | O | X |

05 장기요양기관의 장기요양급여평가는 장기요양급여비용의 산정에 영향을 주어서는 안 된다. | O | X |

06 만일 수급자가 이미 낸 본인부담금이 장기요양기관에서 통보한 본인부담금보다 더 많으면 그 차액을 장기요양기관에 별도로 청구하여 이를 징수한다. | O | X |

07 장기요양기관은 지급받은 장기요양급여비용 중 보건복지부장관이 정하여 고시하는 비율에 따라 그 일부를 장기요양요원에 대한 인건비로 지출해야 한다. | O | X |

08 국민건강보험공단은 정당한 사유 없이 보건복지부장관의 자료제출 명령에 불응함을 이유로 장기요양기관에 대한 장기요양급여비용의 지급을 보류할 수 없다. | O | X |

09 재가 및 시설 급여비용과 특별현금급여의 지급금액은 매년 급여종류 및 장기요양등급 등에 따라 장기요양위원회의 심의를 거쳐 보건복지부장관이 정하여 이를 고시한다. | O | X |

10 보건복지부장관은 재가 및 시설 급여비용을 산정할 때 장기요양기관이 국가 및 지방자치단체로부터 설립비용을 지원받았는지 여부를 고려할 수 있다. | O | X |

[정답] 01 O 02 O 03 O 04 O 05 X
06 X 07 O 08 X 09 O 10 O

제38조(재가 및 시설 급여비용의 청구 및 지급 등), 제39조(장기요양급여비용 등의 산정)

01. 장기요양급여비용을 심사한 결과 수급자가 이미 낸 본인부담금이 장기요양기관이 청구한 본인부담금보다 많은 경우, 그 차액에 대한 공단의 조치로 옳은 것은?

① 본인부담금의 차액을 장기요양기관에 지급한다.
② 수급자가 납부해야 할 징수금이 있다면 이를 그 차액과 상계(相計)한다.
③ 장기요양급여평가에 따라 그 차액의 처분여부를 결정한다.
④ 본인부담금의 차액은 국고로 귀속된다.

02. 장기요양기관이 국민건강보험공단으로부터 지급받는 시설 급여비용을 산정하는 과정에서 공제되는 공단부담금의 정의로 옳은 것은?

① 장기요양급여의 월 한도액을 초과하는 장기요양급여에 사용한 금액
② 장기요양급여를 제공하는 과정에서 발생한 수급자의 상해에 대한 손해배상보험금
③ 장기요양에 사용한 비용 중 장기요양요원의 인건비에 해당하는 금액
④ 장기요양기관의 시설 급여비용 중 본인부담금을 공제한 금액

03. 장기요양기관이 국민건강보험공단에 대해 장기요양급여비용을 청구하여 지급받는 과정에 관한 설명으로 옳지 않은 것은?

① 장기요양기관이 국민건강보험공단에 대해 청구하는 장기요양급여비용의 종류는 재가급여 또는 시설급여이다.
② 국민건강보험공단은 장기요양기관으로부터 장기요양급여비용의 청구를 받은 경우 이를 심사하고 그 내용을 장기요양기관에 통보하여야 한다.
③ 국민건강보험공단은 장기요양기관의 장기요양급여평가를 근거로 장기요양급여비용을 가산할 수 있으나, 같은 이유로 감액할 수는 없다.
④ 장기요양기관은 국민건강보험공단으로부터 지급받은 장기요양급여비용의 일부를 장기요양요원에 대한 인건비로 지출하여야 한다.

04. 다음 중 국민건강보험공단이 장기요양기관에 대해 장기요양급여비용의 지급을 보류할 수 있는 경우를 모두 고른 것은?

> ㉠ 장기요양기관이 파산선고를 받은 경우
> ㉡ 장기요양기관이 정당한 사유 없이 보건복지부장관이 요구하는 재무·회계에 관한 관계서류 검사를 방해할 경우
> ㉢ 장기요양기관이 다른 법인과 합병하여 새롭게 신설된 경우 그 합병기간 내에 있는 장기요양기관

① ㉠
② ㉡
③ ㉡, ㉢
④ ㉠, ㉡, ㉢

05. 다음 빈칸 ㉠ ~ ㉢에 들어갈 내용으로 옳은 것은?

> 재가 및 시설 급여비용과 특별현금급여의 지급금액은 매년 급여종류 및 장기요양등급에 따라 (㉠)의 심의를 거쳐 (㉡)이 정하여 이를 고시하며, 이때 (㉢)(으)로부터 장기요양기관의 설립비용을 지원받았는지 등을 고려할 수 있다.

	㉠	㉡	㉢
①	장기요양위원회	보건복지부장관	국가 및 지방자치단체
②	등급판정위원회	기획재정부장관	국가 및 지방자치단체
③	장기요양위원회	기획재정부장관	국민건강보험공단
④	등급판정위원회	보건복지부장관	국민건강보험공단

법조문 익히기 — 제40조(본인부담금), 제41조(가족 등의 장기요양에 대한 보상), 제42조(방문간호지시서 발급비용의 산정 등)

제40조(본인부담금)

① 제23조에 따른 장기요양급여(특별현금급여는 제외한다. 이하 이 조에서 같다)를 받는 자는 대통령령으로 정하는 바에 따라 비용의 일부를 본인이 부담한다. 이 경우 장기요양급여를 받는 수급자의 장기요양등급, 이용하는 장기요양급여의 종류 및 수준 등에 따라 본인부담의 수준을 달리 정할 수 있다.

② 제1항에도 불구하고 수급자 중 「의료급여법」 제3조 제1항 제1호에 따른 수급자는 본인부담금을 부담하지 아니한다.

③ 다음 각 호의 장기요양급여에 대한 비용은 수급자 본인이 전부 부담한다.

1. 이 법의 규정에 따른 급여의 범위 및 대상에 포함되지 아니하는 장기요양급여
2. 수급자가 제17조 제1항 제2호에 따른 장기요양인정서에 기재된 장기요양급여의 종류 및 내용과 다르게 선택하여 장기요양급여를 받은 경우 그 차액
3. 제28조에 따른 장기요양급여의 월 한도액을 초과하는 장기요양급여

④ 다음 각 호의 어느 하나에 해당하는 자에 대해서는 본인부담금의 100분의 60의 범위에서 보건복지부장관이 정하는 바에 따라 차등하여 감경할 수 있다.

1. 「의료급여법」 제3조 제1항 제2호부터 제9호까지의 규정에 따른 수급권자
2. 소득·재산 등이 보건복지부장관이 정하여 고시하는 일정 금액 이하인 자. 다만, 도서·벽지·농어촌 등의 지역에 거주하는 자에 대하여 따로 금액을 정할 수 있다.
3. 천재지변 등 보건복지부령으로 정하는 사유로 인하여 생계가 곤란한 자

⑤ 제1항부터 제4항까지의 규정에 따른 본인부담금의 산정방법, 감경절차 및 감경방법 등에 관하여 필요한 사항은 보건복지부령으로 정한다.

제41조(가족 등의 장기요양에 대한 보상)

① 공단은 장기요양급여를 받은 금액의 총액이 보건복지부장관이 정하여 고시하는 금액 이하에 해당하는 수급자가 가족 등으로부터 제23조 제1항 제1호 가목에 따른 방문요양에 상당한 장기요양을 받은 경우 보건복지부령으로 정하는 바에 따라 본인부담금의 일부를 감면하거나 이에 갈음하는 조치를 할 수 있다.

② 제1항에 따른 본인부담금의 감면방법 등 필요한 사항은 보건복지부령으로 정한다.

제42조(방문간호지시서 발급비용의 산정 등)

제23조 제1항 제1호 다목에 따라 방문간호지시서를 발급하는데 사용되는 비용, 비용부담방법 및 비용 청구·지급절차 등에 관하여 필요한 사항은 보건복지부령으로 정한다.

조문확인 OX 문제

제40조(본인부담금), 제41조(가족 등의 장기요양에 대한 보상),
제42조(방문간호지시서 발급비용의 산정 등)

■ 다음 조문을 읽고 맞는 것은 O, 틀린 것은 X에 V 표시하시오.

01 「노인장기요양보험법」에서 규정하고 있는 급여의 범위 및 대상에 해당하지 않는 장기요양급여에 대한 비용은 국가가 부담한다. ☐O ☐X

02 장기요양급여를 받는 수급자가 지는 본인부담의 수준은 수급자의 장기요양등급과 이용하는 장기요양급여의 종류와 수준에 따라 다르게 정하여서는 안 된다. ☐O ☐X

03 수급자가 장기요양인정서에 기재된 장기요양급여의 종류 및 내용과 다르게 선택하여 장기요양급여를 받은 경우, 그 비용의 차액은 수급자 본인이 전부 부담한다. ☐O ☐X

04 장기요양급여의 월 한도액을 초과하는 장기요양급여에 대한 비용은 수급자 본인이 전부 부담한다. ☐O ☐X

05 「의료급여법」제3조 제1항 제2호부터 제9호까지의 규정에 따른 수급권자는 재가 및 시설 급여비용의 본인부담금을 100분의 60의 범위 내에서 차등하여 감경할 수 있다. ☐O ☐X

06 소득·재산이 보건복지부장관이 정하여 고시하는 일정 금액 이하인 자는 재가 및 시설 급여비용의 본인부담금을 100분의 60의 범위 내에서 차등하여 감경할 수 있다. ☐O ☐X

07 도서·벽지·농어촌 지역에 거주하는 자의 본인부담금은 따로 정할 수 있다. ☐O ☐X

08 천재지변으로 인해 생계가 곤란해진 자는 시설급여비용의 본인부담금 감경사유에 해당하지 않는다. ☐O ☐X

09 장기요양급여를 받은 금액의 총액이 일정 금액 이하인 수급자가 가족 등으로부터 방문요양에 상당한 장기요양을 받은 경우 본인부담금의 일부를 감면할 수 있다. ☐O ☐X

10 방문간호지시서를 발급하는 데 사용되는 비용과 그 부담방법에 관하여는 보건복지부령으로 정한다. ☐O ☐X

[정답] 01 X 02 X 03 O 04 O 05 O
       06 O 07 O 08 X 09 O 10 O

제7장 재가 및 시설 급여비용 등

제40조(본인부담금), 제41조(가족 등의 장기요양에 대한 보상), 제42조(방문간호지시서 발급비용의 산정 등)

01. 다음 중 수급자 본인이 전부 부담하는 장기요양급여에 해당하지 않는 것은?

① 「노인장기요양보험법」에서 규정하는 급여의 범위 및 대상 외의 장기요양급여
② 장기요양인정서에 기재된 장기요양급여와 다른 종류의 장기요양급여를 받은 경우 그 차액
③ 장기요양급여의 월 한도액을 초과한 장기요양급여
④ 장기요양기관이 아닌 요양병원에 입원한 경우의 그 비용

02. 다음 중 재가 및 시설급여비용의 본인부담금을 100분의 60 범위에서 감경받을 수 있는 경우에 해당하지 않는 자는?

① 「의료급여법」 제3조 제1항 제2호부터 제9호까지의 규정에 따른 수급권자
② 소득·재산 등이 보건복지부장관이 정하여 고시한 일정 금액 이하인 자
③ 「국가유공자 등 예우 및 지원에 관한 법률」에 따라 의료보호를 받는 자
④ 천재지변 등의 사유로 생계가 곤란한 자

03. 장기요양급여에서의 본인부담금의 범위에 대한 설명으로 옳지 않은 것은?

① 장기요양급여 중 특별현금급여는 본인부담금의 계산에서 제외한다.
② 장기요양급여 중 본인부담의 수준은 수급자의 장기요양등급에 따라 달리 정할 수 있다.
③ 「의료급여법」 제3조 제1항 제1호(「국민기초생활 보장법」에 따른 의료급여 수급자)에 따른 수급자는 본인부담금을 부담하지 않는다.
④ 수급자가 제공받는 장기요양급여의 수준은 본인부담의 수준에 영향을 주지 않는다.

04. 수급자가 장기요양인정서에 기재된 장기요양급여의 내용과 다른 장기요양급여를 받은 경우 그에 따른 장기요양급여의 비용 계산으로 옳은 것은?

① 해당 장기요양급여를 제공한 장기요양기관이 전부 부담한다.
② 대통령령으로 정하는 비율에 따라 장기요양기관과 수급자 본인이 분담한다.
③ 수급자가 실제로 받아야 할 장기요양급여비용을 계산하여 그 차액을 수급자가 전부 부담한다.
④ 국민건강보험공단이 전부 부담한 후 수급자가 실제로 받아야 할 장기요양급여와의 차액을 장기요양기관에게 손해배상의 형식으로 청구한다.

05. 다음 내용의 빈칸에 공통으로 들어갈 서류의 명칭은?

> 장기요양요원인 간호사 등이 의사, 한의사 또는 치과의사가 발급한 (　　　)에 따라 수급자의 가정 등을 방문하여 간호, 진료의 보조, 요양에 관한 상담 또는 구강위생 등을 제공하는 장기요양급여를 실시한다. 이 때 (　　　)의 발급비용과 그 비용부담방법, 비용의 청구와 지급절차 등에 관하여는 「노인장기요양보험법」 제42조에 따라 이를 보건복지부령으로 정하도록 하고 있다.

① 장기급여비용 명세서　　　　② 방문간호지시서
③ 의사소견서　　　　　　　　④ 장기요양인정서

법조문 익히기 — 제43조(부당이득의 징수), 제44조(구상권)

제43조(부당이득의 징수)

① 공단은 장기요양급여를 받은 자, 장기요양급여비용을 받은 자 또는 의사소견서·방문간호지시서 발급비용(이하 "의사소견서등 발급비용"이라 한다)을 받은 자가 다음 각 호의 어느 하나에 해당하는 경우 그 장기요양급여, 장기요양급여비용 또는 의사소견서등 발급비용에 상당하는 금액을 징수한다. 이 경우 의사소견서등 발급비용에 관하여는 「국민건강보험법」 제57조 제2항을 준용하며, "보험급여 비용"은 "의사소견서등 발급비용"으로, "요양기관"은 "의료기관"으로 본다.

1. 제15조 제5항에 따른 등급판정 결과 같은 조 제4항 각 호의 어느 하나에 해당하는 것으로 확인된 경우
2. 제28조의 월 한도액 범위를 초과하여 장기요양급여를 받은 경우
3. 제29조 또는 제30조에 따라 장기요양급여의 제한 등을 받을 자가 장기요양급여를 받은 경우
4. 제37조 제1항 제4호에 따른 거짓이나 그 밖의 부정한 방법으로 재가 및 시설 급여비용을 청구하여 이를 지급받은 경우

4의2. 거짓이나 그 밖의 부정한 방법으로 의사소견서등 발급비용을 청구하여 이를 지급받은 경우

5. 그 밖에 이 법상의 원인 없이 공단으로부터 장기요양급여를 받거나 장기요양급여비용을 지급받은 경우

② 공단은 제1항의 경우 거짓 보고 또는 증명에 의하거나 거짓 진단에 따라 장기요양급여가 제공된 때 거짓의 행위에 관여한 자에 대하여 장기요양급여를 받은 자와 연대하여 제1항에 따른 징수금을 납부하게 할 수 있다.

③ 공단은 제1항의 경우 거짓이나 그 밖의 부정한 방법으로 장기요양급여를 받은 자와 같은 세대에 속한 자(장기요양급여를 받은 자를 부양하고 있거나 다른 법령에 따라 장기요양급여를 받은 자를 부양할 의무가 있는 자를 말한다)에 대하여 거짓이나 그 밖의 부정한 방법으로 장기요양급여를 받은 자와 연대하여 제1항에 따른 징수금을 납부하게 할 수 있다.

④ 공단은 제1항의 경우 장기요양기관이나 의료기관이 수급자 또는 신청인으로부터 거짓이나 그 밖의 부정한 방법으로 장기요양급여비용 또는 의사소견서등 발급비용을 받은 때 해당 장기요양기관 또는 의료기관으로부터 이를 징수하여 수급자 또는 신청인에게 지체 없이 지급하여야 한다. 이 경우 공단은 수급자 또는 신청인에게 지급하여야 하는 금액을 그 수급자 또는 신청인이 납부하여야 하는 장기요양보험료등과 상계할 수 있다.

제44조(구상권)

① 공단은 제3자의 행위로 인한 장기요양급여의 제공사유가 발생하여 수급자에게 장기요양급여를 행한 때 그 급여에 사용된 비용의 한도 안에서 그 제3자에 대한 손해배상의 권리를 얻는다.

② 공단은 제1항의 경우 장기요양급여를 받은 자가 제3자로부터 이미 손해배상을 받은 때 그 손해배상액의 한도 안에서 장기요양급여를 행하지 아니한다.

조문확인 OX 문제

제43조(부당이득의 징수), 제44조(구상권)

■ 다음 조문을 읽고 맞는 것은 O, 틀린 것은 X에 V 표시하시오.

01 등급판정의 재심사 결과 거짓이나 그 밖의 부정한 방법으로 장기요양인정을 받은 것으로 확인된 경우 국민건강보험공단은 그 장기요양급여비용에 상당하는 금액을 징수한다. | O | X |

02 수급자가 월 한도액 범위를 초과하여 장기요양급여를 받은 경우 국민건강보험공단은 그 초과액을 징수한다. | O | X |

03 장기요양급여의 제한을 받을 자가 장기요양급여를 이미 받은 경우 이는 징수하지 않는다. | O | X |

04 장기요양기관이 수급자로부터 거짓이나 그 밖의 부정한 방법으로 재가 및 시설 급여비용을 지급받은 경우 국민건강보험공단은 해당 장기요양기관으로부터 그 금액을 징수한다. | O | X |

05 의료기관이 신청인으로부터 거짓이나 그 밖의 부정한 방법으로 의사소견서등 발급비용을 청구받아 이를 지급받은 경우 국민건강보험금액은 의료기관으로부터 그 발급비용에 상당하는 금액을 징수한다. | O | X |

06 장기요양급여가 거짓 진단에 따라 제공된 경우 이에 관여한 자에 대해 징수금을 연대하여 납부하게 할 수 있다. | O | X |

07 거짓이나 그 밖의 부정한 방법으로 장기요양급여를 받은 자와 같은 세대에 속함을 이유로 해당 징수금을 연대하여 납부하게 할 수는 없다. | O | X |

08 국민건강보험공단은 제3자의 행위로 인한 장기요양급여의 제공사유가 발생하여 수급자에게 장기요양급여를 행한 때 그 제3자에 대한 손해배상의 권리인 구상권을 얻는다. | O | X |

09 만일 제3자의 행위로 인해 장기요양급여를 받게 된 자가 이미 제3자로부터 손해배상을 받았다면, 국민건강보험공단은 그 손해배상액의 한도 내에서 장기요양급여를 행하지 않는다. | O | X |

10 장기요양급여에 관하여 제3자에 대한 국민건강보험공단의 구상권 행사는 수급자가 장기요양급여를 행한 때 사용된 비용을 그 한도로 한다. | O | X |

[정답] 01 O 02 O 03 X 04 O 05 O
06 O 07 X 08 O 09 O 10 O

제43조(부당이득의 징수), 제44조(구상권)

01. 다음 중 「노인장기요양보험법」에 따라 공단이 징수하는 부당이득에 해당하지 않는 것은?

① 등급판정 재심사 결과 거짓이나 부정한 방법으로 장기요양인정을 받은 것이 확인된 경우
② 제3자의 위법행위에 의해 지급받은 장기요양급여비용
③ 월 한도액 범위를 초과하여 지급받은 장기요양급여비용
④ 장기요양급여 지급 제한 대상자임에도 장기요양급여를 지급받은 경우

02. 다음 빈칸에 들어갈 내용으로 적절한 것은?

> 국민건강보험공단은 제3자의 행위로 인한 장기요양급여의 제공사유가 발생하여 수급자에게 장기요양급여를 행한 때 그 급여에 사용된 비용의 한도 내에서 그 제3자에 대한 손해배상의 권리인 (   )을/를 획득한다.

① 상계권 ② 소구권
③ 우선변제권 ④ 구상권

03. 의료기관을 개설할 수 없는 자가 개설한 의료기관에서 발급한 방문간호지시서와 의사소견서의 발급비용에 관한 대응으로 옳지 않은 것을 모두 고르면?

> ㉠ 해당 의료기관이 받은 방문간호지시서와 의사소견서의 발급비용은 부당이득을 이유로 하는 징수 대상에 해당한다.
> ㉡ 국민건강보험공단은 의료기관이 장기요양인정 신청인으로부터 부정한 방법으로 의사소견서 발급비용을 받은 경우 의료기관이 이를 직접 반환할 것을 명령해야 한다.
> ㉢ 만일 해당 의료기관에게 방문간호지시서 발급비용을 지불한 수급자에게 공단에게 납부해야 할 장기요양보험료가 있다면 공단은 이와 상계할 수 있다.

① 모두 옳다. ② ㉡
③ ㉠, ㉢ ④ ㉡, ㉢

04. 다음 중 장기요양급여의 부당이득에 대한 국민건강보험공단의 징수금에 대해 당사자와 함께 연대하여 책임을 지는 경우를 모두 고르면?

> ⊙ 거짓 진단을 근거로 설정된 등급판정에 의해 과다 제공된 장기요양급여에 대한 징수금 부과에서 해당 거짓 진단을 한 의료기관
> ⓒ 거짓이나 그 밖의 부정한 방법으로 장기요양급여를 받은 자와 같은 세대에 속하면서 해당 장기요양급여를 받은 자를 부양하고 있는 자
> ⓒ 수급자가 장기요양기관이 아닌 시설에서 시설급여에 상당한 장기요양급여를 받은 경우 해당 급여를 제공한 기관
> ⓔ 수급자가 장기요양급여의 월 한도액을 초과하여 장기요양급여를 제공받은 경우 해당 급여를 제공한 기관

① ⊙, ⓒ
② ⊙, ⓒ
③ ⓒ, ⓔ
④ ⓒ, ⓔ

05. A의 과실로 인한 사고로 장기요양급여의 수급자가 된 B가 A로부터 손해배상금을 받은 경우 B에게 제공되는 장기요양급여에 미치는 영향으로 옳은 것은?

① 「노인장기요양보험법」 제35조의5의 전문인 배상책임보험의 약관에 따른다.
② A로부터 받은 손해배상금은 B에게 제공되는 장기요양급여에 영향을 주지 않는다.
③ B에게 제공될 장기요양급여 전체를 A로부터 받은 손해배상금에 갈음한다.
④ B가 받은 손해배상액을 한도 안에서 장기요양급여를 하지 않는다.

제 8 장 장기요양위원회 등

법조문 익히기

제45조(장기요양위원회의 설치 및 기능), 제46조(장기요양위원회의 구성), 제47조(장기요양위원회의 운영), 제47조의2(장기요양요원지원센터의 설치 등)

제45조(장기요양위원회의 설치 및 기능)
다음 각 호의 사항을 심의하기 위하여 보건복지부장관 소속으로 장기요양위원회를 둔다.
1. 제9조 제2항에 따른 장기요양보험료율
2. 제24조부터 제26조까지의 규정에 따른 가족요양비, 특례요양비 및 요양병원간병비의 지급기준
3. 제39조에 따른 재가 및 시설 급여비용
4. 그 밖에 대통령령으로 정하는 주요 사항

제46조(장기요양위원회의 구성)
① 장기요양위원회는 위원장 1인, 부위원장 1인을 포함한 16인 이상 22인 이하의 위원으로 구성한다.
② 위원장이 아닌 위원은 다음 각 호의 자 중에서 보건복지부장관이 임명 또는 위촉한 자로 하고, 각 호에 해당하는 자를 각각 동수로 구성하여야 한다.
1. 근로자단체, 사용자단체, 시민단체(「비영리민간단체 지원법」 제2조에 따른 비영리민간단체를 말한다), 노인단체, 농어업인단체 또는 자영자단체를 대표하는 자
2. 장기요양기관 또는 의료계를 대표하는 자
3. 대통령령으로 정하는 관계 중앙행정기관의 고위공무원단 소속 공무원, 장기요양에 관한 학계 또는 연구계를 대표하는 자, 공단 이사장이 추천하는 자

③ 위원장은 보건복지부차관이 되고, 부위원장은 위원 중에서 위원장이 지명한다.
④ 장기요양위원회 위원의 임기는 3년으로 한다. 다만, 공무원인 위원의 임기는 재임기간으로 한다.

제47조(장기요양위원회의 운영)
① 장기요양위원회 회의는 구성원 과반수의 출석으로 개의하고 출석위원 과반수의 찬성으로 의결한다.
② 장기요양위원회의 효율적 운영을 위하여 분야별로 실무위원회를 둘 수 있다.
③ 이 법에서 정한 것 외에 장기요양위원회의 구성·운영, 그 밖에 필요한 사항은 대통령령으로 정한다.

제47조의2(장기요양요원지원센터의 설치 등)
① 국가와 지방자치단체는 장기요양요원의 권리를 보호하기 위하여 장기요양요원지원센터를 설치·운영할 수 있다.
② 장기요양요원지원센터는 다음 각 호의 업무를 수행한다.
1. 장기요양요원의 권리 침해에 관한 상담 및 지원
2. 장기요양요원의 역량강화를 위한 교육지원
3. 장기요양요원에 대한 건강검진 등 건강관리를 위한 사업
4. 그 밖에 장기요양요원의 업무 등에 필요하여 대통령령으로 정하는 사항

③ 장기요양요원지원센터의 설치·운영 등에 필요한 사항은 보건복지부령으로 정하는 바에 따라 해당 지방자치단체의 조례로 정한다.

조문확인 OX 문제

제45조(장기요양위원회의 설치 및 기능), 제46조(장기요양위원회의 구성), 제47조(장기요양위원회의 운영), 제47조의2(장기요양요원지원센터의 설치 등)

■ 다음 조문을 읽고 맞는 것은 O, 틀린 것은 X에 V 표시하시오.

01 장기요양위원회는 장기요양보험료율과 특별현금급여의 지급기준, 재가 및 시설 급여 비용에 관한 사항을 심의한다. [O / X]

02 장기요양위원회는 위원장 1인, 부위원장 1인을 포함하여 16인 이상 22인 이하의 위원으로 구성한다. [O / X]

03 비영리민간단체, 노인단체, 농어업인단체에서 보건복지부장관이 위촉한 자는 장기요양위원회의 위원으로 참여할 수 있다. [O / X]

04 장기요양위원회의 위원장은 보건복지부장관이 되고, 부위원장은 위원 중에서 위원장이 지명한다. [O / X]

05 장기요양위원 중 중앙행정기관의 고위공무원단 소속 공무원의 임기는 3년으로 한다. [O / X]

06 장기요양위원회의 회의는 구성원 과반수의 출석으로 개의하고, 출석위원 과반수의 찬성으로 의결한다. [O / X]

07 국민건강보험공단은 장기요양요원의 권리를 보호하기 위해 장기요양요원지원센터를 설치·운영할 수 있다. [O / X]

08 장기요양요원지원센터는 장기요양요원에 대한 상담 및 지원 업무를 수행한다. [O / X]

09 장기요양요원지원센터에서는 장기요양요원의 역량강화를 위한 교육지원 업무를 수행한다. [O / X]

[정답] 01 O 02 O 03 O 04 X 05 X 06 O 07 X 08 O 09 O

제45조(장기요양위원회의 설치 및 기능), 제46조(장기요양위원회의 구성), 제47조(장기요양위원회의 운영), 제47조의2(장기요양요원지원센터의 설치 등)

01. 다음 중 장기요양위원회의 소속 기관은?

① 보건복지부장관
② 국민건강보험공단
③ 건강보험정책심의위원회
④ 장기요양등급판정위원회

02. 다음 중 장기요양위원회의 심의사항이 아닌 것은?

① 장기요양보험료율
② 장기요양등급의 판정기준
③ 특별현금급여의 지급기준
④ 재가 및 시설 급여비용

03. 다음 장기요양위원회의 구성에 대한 내용 중 빈칸 ㉠, ㉡에 들어갈 말은?

> 장기요양위원회는 위원장 1인, 부위원장 1인을 포함한 16인 이상 22인 이하의 위원으로 구성하며, 위원장은 (㉠)이 되고, 부위원장은 위원 중에서 위원장이 지명한다. 장기요양위원회의 임기는 (㉡)이며, 공무원인 위원의 임기는 재임기간으로 한다.

	㉠	㉡
①	보건복지부장관	3년
②	국민건강보험공단 이사장	5년
③	보건복지부차관	3년
④	보건복지부장관	5년

04. 다음 중 장기요양요원지원센터의 운영주체는?

① 보건복지부장관 ② 국민건강보험공단
③ 국가·지방자치단체 ④ 대통령

05. 다음 중 장기요양요원지원센터의 업무에 해당하지 않는 것은?

① 장기요양요원의 권리 침해에 관한 상담
② 장기요양요원의 역량 강화를 위한 교육지원
③ 장기요양요원의 건강검진 등의 건강관리를 위한 사업
④ 장기급여비용 중 장기요양요원의 인건비 지출비용의 산정

제 9 장 관리운영기관

법조문 익히기: 제48조(관리운영기관 등), 제49조(공단의 장기요양사업 조직 등), 제50조(장기요양사업의 회계), 제51조(권한의 위임 등에 관한 준용)

제48조(관리운영기관 등)

① 장기요양사업의 관리운영기관은 공단으로 한다.
② 공단은 다음 각 호의 업무를 관장한다.
1. 장기요양보험가입자 및 그 피부양자와 의료급여수급권자의 자격관리
2. 장기요양보험료의 부과·징수
3. 신청인에 대한 조사
4. 등급판정위원회의 운영 및 장기요양등급 판정
5. 장기요양인정서의 작성 및 개인별장기요양이용계획서의 제공
6. 장기요양급여의 관리 및 평가
7. 수급자 및 그 가족에 대한 정보제공·안내·상담 등 장기요양급여 관련 이용지원에 관한 사항
8. 재가 및 시설 급여비용의 심사 및 지급과 특별현금급여의 지급
9. 장기요양급여 제공내용 확인
10. 장기요양사업에 관한 조사·연구, 국제협력 및 홍보
11. 노인성질환예방사업
12. 이 법에 따른 부당이득금의 부과·징수 등
13. 장기요양급여의 제공기준을 개발하고 장기요양급여비용의 적정성을 검토하기 위한 장기요양기관의 설치 및 운영
14. 그 밖에 장기요양사업과 관련하여 보건복지부장관이 위탁한 업무

③ 공단은 제2항 제13호의 장기요양기관을 설치할 때 노인인구 및 지역특성 등을 고려한 지역 간 불균형 해소를 고려하여야 하고, 설치 목적에 필요한 최소한의 범위에서 이를 설치·운영하여야 한다.
④ 「국민건강보험법」 제17조에 따른 공단의 정관은 장기요양사업과 관련하여 다음 각 호의 사항을 포함·기재한다.
1. 장기요양보험료
2. 장기요양급여
3. 장기요양사업에 관한 예산 및 결산
4. 그 밖에 대통령령으로 정하는 사항

제49조(공단의 장기요양사업 조직 등)

공단은 「국민건강보험법」 제29조에 따라 공단의 조직 등에 관한 규정을 정할 때 장기요양사업을 수행하기 위하여 두는 조직 등을 건강보험사업을 수행하는 조직 등과 구분하여 따로 두어야 한다. 다만, 제48조 제2항 제1호 및 제2호의 자격관리와 보험료 부과·징수업무는 그러하지 아니하다.

제50조(장기요양사업의 회계)

① 공단은 장기요양사업에 대하여 독립회계를 설치·운영하여야 한다.
② 공단은 장기요양사업 중 장기요양보험료를 재원으로 하는 사업과 국가·지방자치단체의 부담금을 재원으로 하는 사업의 재정을 구분하여 운영하여야 한다. 다만, 관리운영에 필요한 재정은 구분하여 운영하지 아니할 수 있다.

제51조(권한의 위임 등에 관한 준용)

「국민건강보험법」 제32조 및 제38조는 이 법에 따른 이사장의 권한의 위임 및 준비금에 관하여 준용한다. 이 경우 "보험급여"는 "장기요양급여"로 본다.

조문확인 OX 문제

제48조(관리운영기관 등), 제49조(공단의 장기요양사업 조직 등), 제50조(장기요양사업의 회계), 제51조(권한의 위임 등에 관한 준용)

■ 다음 조문을 읽고 맞는 것은 O, 틀린 것은 X에 V 표시하시오.

01 국민건강보험공단은 장기요양사업의 관리운영기관이다. [O | X]

02 의료급여수급권자의 자격관리에 관한 업무는 국민건강보험공단의 관장사항이 아니다. [O | X]

03 국민건강보험공단은 장기요양보험료의 부과·징수업무를 관장한다. [O | X]

04 「노인장기요양보험법」에 따른 부당이득금의 부과 및 징수에 관한 업무는 국민건강보험공단의 관장사항이 아니다. [O | X]

05 국민건강보험공단은 장기요양기관을 설치할 때 그 설치 목적에 필요한 최소한의 범위에서 이를 설치하고 운영해야 한다. [O | X]

06 국민건강보험공단 정관에는 장기요양보험료, 장기요양급여, 장기요양사업에 관한 예산 및 결산에 대한 사항을 포함·기재한다. [O | X]

07 국민건강보험공단은 공단의 조직 등에 관한 규정을 정할 때 장기요양사업과 건강보험사업을 수행하는 조직을 통합하여 운영한다. [O | X]

08 국민건강보험공단은 장기요양사업과 건강보험사업의 자격관리와 보험료 부과·징수 업무에 관해서는 이를 구분하여 따로 두어야 한다. [O | X]

09 국민건강보험공단은 장기요양사업에 대한 독립회계를 설치·운영하여야 한다. [O | X]

10 국민건강보험공단은 장기요양사업 중 장기요양보험료를 재원으로 하는 사업과 국가·지방자치단체의 부담금을 재원으로 하는 사업의 재정을 구분하여 운영하여야 한다. [O | X]

[정답] 01 O 02 X 03 O 04 X 05 O
       06 O 07 X 08 X 09 O 10 O

제48조(관리운영기관 등), 제49조(공단의 장기요양사업 조직 등), 제50조(장기요양사업의 회계), 제51조(권한의 위임 등에 관한 준용)

01. 다음 중 장기요양사업의 관리운영기관인 국민건강보험공단이 권장하는 업무에 해당하는 것을 모두 고르면?

> ㉠ 장기요양보험료의 부과 및 징수
> ㉡ 장기요양보험가입자의 자격관리
> ㉢ 장기요양급여의 관리 및 평가
> ㉣ 개인별장기요양이용계획서의 제공
> ㉤ 재가 및 시설 급여비용의 심사 및 지급

① ㉠, ㉡
② ㉢, ㉣, ㉤
③ ㉠, ㉡, ㉢, ㉤
④ ㉠, ㉡, ㉢, ㉣, ㉤

02. 다음 중 장기요양사업과 관련하여 국민건강보험공단 정관에 기재하도록 규정하고 있는 사항에 해당하지 않는 것은?

① 재정운영위원회
② 장기요양보험료
③ 장기요양급여
④ 장기요양사업에 관한 예산 및 결산

03. 다음은 장기요양사업의 회계관리에 관한 내용이다. 빈칸에 들어갈 말은?

> 국민건강보험공단은 장기요양사업 중 장기요양보험료를 재원으로 하는 사업과 국가·지방자치단체의 부담금을 재원으로 하는 사업의 재정을 구분하여 운영하여야 한다. 다만, ( )에 필요한 재정은 구분하여 운영하지 아니할 수 있다.

① 등급판정
② 관리운영
③ 자격관리
④ 노인성질환예방사업

04. 다음은 장기요양기관의 설치기준에 관한 내용이다. 빈칸 ㉠, ㉡에 들어갈 말은?

> 국민건강공단은 장기요양기관을 설치할 때 노인인구 및 지역특성 등 (㉠)을/를 고려해야 하고, 설치 목적에 필요한 (㉡)의 범위에서 이를 설치·운영하여야 한다.

	㉠	㉡		㉠	㉡
①	지역사회의 요구	최소한	②	지역 간 불균형 해소	최소한
③	지역사회의 요구	최대한	④	지역 간 불균형 해소	최대한

05. 다음은 「노인장기요양보험법」 제51조에서 준용하고 있는 「국민건강보험법」 제32조의 내용을 노인장기요양사업에 맞게 수정한 것이다. 빈칸에 들어갈 내용은?

> 국민건강보험공단 이사장의 권한 중 장기요양급여의 제한, 장기요양보험료의 납입고지 등 대통령령으로 정하는 사항은 정관으로 정하는 바에 따라 ( )에게 위임할 수 있다.

① 특별시장·광역시장·도지사 또는 특별자치도지사
② 금융기관
③ 다른 법령에 따른 사회보험 업무를 수행하는 법인
④ 분사무소의 장

법조문 익히기

제52조(등급판정위원회의 설치), 제53조(등급판정위원회의 운영), 제53조의2(장기요양급여심사위원회의 설치), 제54조(장기요양급여의 관리·평가)

제52조(등급판정위원회의 설치)

① 장기요양인정 및 장기요양등급 판정 등을 심의하기 위하여 공단에 장기요양등급판정위원회를 둔다.

② 등급판정위원회는 특별자치시·특별자치도·시·군·구 단위로 설치한다. 다만, 인구 수 등을 고려하여 하나의 특별자치시·특별자치도·시·군·구에 2 이상의 등급판정위원회를 설치하거나 2 이상의 특별자치시·특별자치도·시·군·구를 통합하여 하나의 등급판정위원회를 설치할 수 있다.

③ 등급판정위원회는 위원장 1인을 포함하여 15인의 위원으로 구성한다.

④ 등급판정위원회 위원은 다음 각 호의 자 중에서 공단 이사장이 위촉한다. 이 경우 특별자치시장·특별자치도지사·시장·군수·구청장이 추천한 위원은 7인, 의사 또는 한의사가 1인 이상 각각 포함되어야 한다.
1. 「의료법」에 따른 의료인
2. 「사회복지사업법」에 따른 사회복지사
3. 특별자치시·특별자치도·시·군·구 소속 공무원
4. 그 밖에 법학 또는 장기요양에 관한 학식과 경험이 풍부한 자

⑤ 등급판정위원회 위원의 임기는 3년으로 하되, 한 차례만 연임할 수 있다. 다만, 공무원인 위원의 임기는 재임기간으로 한다.

제53조(등급판정위원회의 운영)

① 등급판정위원회 위원장은 위원 중에서 특별자치시장·특별자치도지사·시장·군수·구청장이 위촉한다. 이 경우 제52조 제2항 단서에 따라 2 이상의 특별자치시·특별자치도·시·군·구를 통합하여 하나의 등급판정위원회를 설치하는 때 해당 특별자치시장·특별자치도지사·시장·군수·구청장이 공동으로 위촉한다.

② 등급판정위원회 회의는 구성원 과반수의 출석으로 개의하고 출석위원 과반수의 찬성으로 의결한다.

③ 이 법에 정한 것 외에 등급판정위원회의 구성·운영, 그 밖에 필요한 사항은 대통령령으로 정한다.

제53조의2(장기요양급여심사위원회의 설치)

① 다음 각 호의 사항을 심의하기 위하여 공단에 장기요양급여심사위원회(이하 "급여심사위원회"라 한다)를 둔다.
1. 장기요양급여 제공 기준의 세부사항 설정 및 보완에 관한 사항
2. 장기요양급여비용 및 산정방법의 세부방향 설정 및 보완에 관한 사항
3. 장기요양급여비용 심사기준 개발 및 심사조정에 관한 사항
4. 그 밖에 공단 이사장이 필요하다고 인정한 사항

② 급여심사위원회는 위원장 1명을 포함하여 10명 이하의 위원으로 구성한다.

③ 이 법에서 정한 것 외에 급여심사위원회의 구성·운영, 그 밖에 필요한 사항은 대통령령으로 정한다.

제54조(장기요양급여의 관리·평가)

① 공단은 장기요양기관이 제공하는 장기요양급여 내용을 지속적으로 관리·평가하여 장기요양급여의 수준이 향상되도록 노력하여야 한다.

② 공단은 장기요양기관이 제23조 제5항에 따른 장기요양급여의 제공 기준·절차·방법 등에 따라 적정하게 장기요양급여를 제공하였는지 평가를 실시하고 그 결과를 공단의 홈페이지 등에 공표하는 등 필요한 조치를 할 수 있다.

③ 제2항에 따른 장기요양급여 제공내용의 평가 방법 및 평가 결과의 공표 방법, 그 밖에 필요한 사항은 보건복지부령으로 정한다.

조문확인 OX 문제

제52조(등급판정위원회의 설치), 제53조(등급판정위원회의 운영), 제53조의2(장기요양급여심사위원회의 설치), 제54조(장기요양급여의 관리·평가)

■ 다음 조문을 읽고 맞는 것은 O, 틀린 것은 X에 V 표시하시오.

01 등급판정위원회는 각 특별자치시·특별자치도·시·군·구 단위로 설치한다.

02 하나의 특별자치시·특별자치도·시·군·구에는 둘 이상의 등급판정위원회를 설치할 수 없다.

03 하나의 등급판정위원회는 둘 이상의 특별자치시·특별자치도·시·군·구를 관할할 수 없다.

04 등급판정위원회의 위원은 위원장 1인을 포함하여 15인의 위원으로 구성한다.

05 등급판정위원회의 위원에서 특별자치시장·특별자치도지사·시장·군수·구청장이 추천한 위원은 7인 이상이 포함되어야 한다.

06 등급판정위원회의 위원에는 의사 또는 한의사가 1명 이상 포함되어야 한다.

07 공무원이 아닌 등급판정위원회의 임기는 2년으로 하되, 한 차례만 연임할 수 있다.

08 등급판정위원회의 위원장은 위원 중에서 국민건강보험공단 이사장이 위촉한다.

09 등급판정위원회의 회의는 구성원 과반수의 출석으로 개의하고 출석의원 과반수의 찬성으로 의결한다.

10 국민건강보험공단은 장기요양기관이 장기요양급여의 제공 기준·절차·방법 등에 따라 적정하게 장기요양급여를 제공하였는지의 평가를 실시하고 그 결과를 국민건강보험공단 홈페이지에 공표할 수 있다.

[정답] 01 O 02 X 03 X 04 O 05 O
      06 O 07 X 08 X 09 O 10 O

제52조(등급판정위원회의 설치), 제53조(등급판정위원회의 운영), 제53조의2(장기요양급여심사위원회의 설치), 제54조(장기요양급여의 관리·평가)

01. 다음은 장기요양등급판정위원회의 구성에 관한 내용이다. 빈칸 ㉠~㉢에 들어갈 말은?

> 장기요양등급판정위원회의 위원은 (㉠)이 위촉하며, 여기에는 특별자치시장·특별자치도지사·시장·군수·구청장이 추천한 위원 7인과 (㉡) 1인 이상이 각각 포함되어야 한다. 공무원이 아닌 장기요양등급판정위원회 위원의 임기는 (㉢)이다.

	㉠	㉡	㉢
①	보건복지부장관	사회복지사	3년
②	보건복지부장관	의사 또는 한의사	5년
③	국민건강보험공단 이사장	의사 또는 한의사	3년
④	국민건강보험공단 이사장	사회복지사	5년

02. 다음은 장기요양급여의 평가와 그 공개에 관한 내용이다. 빈칸 ㉠, ㉡에 들어갈 말은?

> (㉠)은 장기요양기관이 장기요양급여의 제공 기준·절차·방법 등에 따라 적정하게 장기요양급여를 제공하였는지 평가를 실시하고 그 결과를 공단의 (㉡) 등에 공표할 수 있다.

	㉠	㉡		㉠	㉡
①	국민건강보험공단	홈페이지	②	보건복지부	관보
③	국민건강보험공단	사보	④	보건복지부	홈페이지

03. 장기요양등급판정위원회의 설치와 그 기준에 대한 설명으로 옳지 않은 것은?

① 장기요양인정 및 장기요양등급 판정 등을 심의하기 위한 장기요양등급판정위원회는 특별자치시·특별자치도·시·군·구 단위로 설치한다.
② 장기요양등급판정위원회는 국민건강보험공단 소속으로 한다.
③ 둘 이상의 장기요양등급판정위원회가 하나의 특별자치시·특별자치도·시·군·구를 관할하도록 이를 설치할 수는 없다.
④ 장기요양등급판정위원회는 해당 지역의 인구를 고려하여 둘 이상의 특별자치시·특별자치도·시·군·구를 통합하여 관할하는 하나의 장기요양등급판정위원회를 설치할 수 있다.

04. 장기요양등급판정위원회의 구성과 그 운영에 대한 설명으로 옳은 것은?

① 장기요양등급판정위원회의 위원은 의료인과 사회복지사, 공무원으로만 구성되어야 한다.
② 장기요양등급판정위원회의 위원에는 특별자치시·특별자치도·시·군·구 소속 공무원이 포함되어야 하며, 이들의 임기는 모두 3년으로 한다.
③ 둘 이상의 특별자치시·특별자치도·시·군·구를 통합하여 관할하는 장기요양등급판정위원회의 위원장은 국민건강보험공단 이사장이 위촉한다.
④ 장기요양등급판정위원회의 위원은 한 차례만 연임할 수 있다.

05. 장기요양등급판정위원회의 회의 구성에 대한 설명으로 옳지 않은 것은?

① 장기요양응급판정위원회는 위원장 1인을 포함하여 총 15인의 위원으로 구성한다.
② 장기요양등급판정위원회의 회의는 구성원 과반수의 출석으로 개의한다.
③ 장기요양등급판정위원회는 구성원 전원의 찬성으로 의결한다.
④ 장기요양등급판정위원회의 회의 소집 절차 등에 관하여는 대통령령으로 정한다.

제 10 장 심사청구 및 재심사청구

법조문 익히기 제55조(심사청구), 제56조(재심사청구), 제56조의2(행정심판과의 관계), 제57조(행정소송)

제55조(심사청구)

① 장기요양인정 · 장기요양등급 · 장기요양급여 · 부당이득 · 장기요양급여비용 또는 장기요양보험료 등에 관한 공단의 처분에 이의가 있는 자는 공단에 심사청구를 할 수 있다.

② 제1항에 따른 심사청구는 그 처분이 있음을 안 날부터 90일 이내에 문서(「전자정부법」 제2조 제7호에 따른 전자문서를 포함한다)로 하여야 하며, 처분이 있은 날부터 180일을 경과하면 이를 제기하지 못한다. 다만, 정당한 사유로 그 기간에 심사청구를 할 수 없었음을 증명하면 그 기간이 지난 후에도 심사청구를 할 수 있다.

③ 제1항에 따른 심사청구 사항을 심사하기 위하여 공단에 장기요양심사위원회(이하 "심사위원회"라 한다)를 둔다.

④ 심사위원회는 위원장 1명을 포함한 50명 이내의 위원으로 구성한다.

⑤ 이 법에서 정한 것 외에 심사위원회의 구성 · 운영, 그 밖에 필요한 사항은 대통령령으로 정한다.

제56조(재심사청구)

① 제55조에 따른 심사청구에 대한 결정에 불복하는 사람은 그 결정통지를 받은 날부터 90일 이내에 장기요양재심사위원회(이하 "재심사위원회"라 한다)에 재심사를 청구할 수 있다.

② 재심사위원회는 보건복지부장관 소속으로 두고, 위원장 1인을 포함한 20인 이내의 위원으로 구성한다.

③ 재심사위원회의 위원은 관계 공무원, 법학, 그 밖에 장기요양사업 분야의 학식과 경험이 풍부한 자 중에서 보건복지부장관이 임명 또는 위촉한다. 이 경우 공무원이 아닌 위원이 전체 위원의 과반수가 되도록 하여야 한다.

④ 이 법에서 정한 것 외에 재심사위원회의 구성 · 운영, 그 밖에 필요한 사항은 대통령령으로 정한다.

제56조의2(행정심판과의 관계)

① 재심사위원회의 재심사에 관한 절차에 관하여는 「행정심판법」을 준용한다.

② 제56조에 따른 재심사청구 사항에 대한 재심사위원회의 재심사를 거친 경우에는 「행정심판법」에 따른 행정심판을 청구할 수 없다.

제57조(행정소송)

공단의 처분에 이의가 있는 자와 제55조에 따른 심사청구 또는 제56조에 따른 재심사청구에 대한 결정에 불복하는 자는 「행정소송법」으로 정하는 바에 따라 행정소송을 제기할 수 있다.

조문확인 OX 문제

제55조(심사청구), 제56조(재심사청구), 제56조의2(행정심판과의 관계), 제57조(행정소송)

■ 다음 조문을 읽고 맞는 것은 O, 틀린 것은 X에 V 표시하시오.

01 장기요양보험료 등에 관한 국민건강보험공단의 처분에 이의가 있는 자는 국민건강보험공단에 심사청구를 할 수 있다. | O | X |

02 장기요양인정에 대한 심사청구는 그 처분이 있음을 안 날부터 90일 이내에 문서로 하여야 한다. | O | X |

03 장기요양인정에 대한 심사청구는 처분이 있은 날부터 90일을 경과하면 이를 제기하지 못한다. | O | X |

04 정당한 사유로 장기요양인정에 대한 심사청구를 기간 내에 할 수 없었음을 증명한다면 기간 경과 후에도 심사청구를 할 수 있다. | O | X |

05 「노인장기요양보험법」상의 심사청구 사항을 심사하기 위해 보건복지부장관 소속으로 장기요양심사위원회를 둔다. | O | X |

06 「노인장기요양보험법」상의 심사청구에 대한 결정에 불복하는 사람은 그 결정통지를 받은 날부터 30일 이내에 재심사를 청구할 수 있다. | O | X |

07 재심사청구에 대한 심사는 보건복지부장관 소속의 장기요양재심사위원회가 관장한다. | O | X |

08 장기요양재심사위원회는 위원장 1인을 포함한 20인 이내의 위원으로 구성한다. | O | X |

09 장기요양재심사위원회의 위원은 관계 공무원, 법학, 그 밖에 장기요양사업 분야의 학식과 경험이 풍부한 자 중에서 보건복지부장관이 임명 또는 위촉한다. | O | X |

10 장기요양재심사위원회의 위원 구성에는 공무원이 아닌 위원이 전체 위원의 과반수가 되도록 하여야 한다. | O | X |

[정답] 01 O 02 O 03 X 04 O 05 X
06 X 07 O 08 O 09 O 10 O

제55조(심사청구), 제56조(재심사청구), 제56조의2(행정심판과의 관계), 제57조(행정소송)

01. 다음은 장기요양사업에 관한 국민건강보험공단의 청구에 이의를 제기하는 심사청구의 기간에 대한 내용이다. 빈칸 ㉠, ㉡에 들어갈 내용으로 옳은 것은?

> 심사청구는 그 처분이 있음을 안 날부터 (㉠) 이내에 제기해야 하며, 처분이 있은 날부터 (㉡)을 경과하면 이를 제기하지 못한다. 다만, 정당한 사유로 그 기간에 심사청구를 할 수 없었음을 증명하면 그 기간이 지난 후에도 심사청구를 할 수 있다.

	㉠	㉡		㉠	㉡
①	90일	180일	②	180일	180일
③	90일	270일	④	180일	270일

02. 장기요양심사위원회의 심사청구에 대한 결정에 불복하여 제기하는 재심사청구의 절차에 대한 설명으로 옳지 않은 것은?

① 재심사위원회는 위원장 1인을 포함한 20인 이내의 위원으로 구성한다.
② 재심사위원회의 위원 구성은 공무원이 아닌 위원이 전체 위원의 과반수가 되어야 한다.
③ 재심사에 관한 절차는 「행정심판법」을 준용한다.
④ 재심사위원회의 재심사청구에 대한 결정에 불복하는 자는 「행정심판법」에 따른 행정심판을 청구할 수 있다.

03. 다음 중 장기요양심사위원회와 장기요양재심사위원회의 소속을 순서대로 연결한 것은?

① 국민건강보험공단, 중앙행정심판위원회
② 국민건강보험공단, 보건복지부장관
③ 보건복지부장관, 중앙행정심판위원회
④ 보건복지부장관, 보건복지부장관

04. 다음 중 심사청구에 대한 결정에 불복하여 제기하는 재심사청구의 제기기간은 결정통지를 받은 날로부터 며칠인가?

① 90일 이내
② 60일 이내
③ 30일 이내
④ 15일 이내

05. 다음 중 노인장기요양사업에 관한 국민건강보험공단의 처분에 관해 행정소송을 제기할 수 있는 경우를 모두 고르면?

㉠ 국민건강보험공단의 처분에 이의가 있는 사람
㉡ 심사청구에 대한 위원회의 결정에 불복하는 사람
㉢ 재심사청구에 대한 위원회의 결정에 불복하는 사람

① ㉠
② ㉢
③ ㉠, ㉢
④ ㉠, ㉡, ㉢

제 11 장 보칙

> **법조문 익히기** 제58조(국가의 부담), 제59조(전자문서의 사용), 제60조(자료의 제출 등),

제58조(국가의 부담)
① 국가는 매년 예산의 범위 안에서 해당 연도 장기요양보험료 예상수입액의 100분의 20에 상당하는 금액을 공단에 지원한다.
② 국가와 지방자치단체는 대통령령으로 정하는 바에 따라 의료급여수급권자의 장기요양급여비용, 의사소견서 발급비용, 방문간호지시서 발급비용 중 공단이 부담하여야 할 비용(제40조 제2항 및 제4항 제1호에 따라 면제 및 감경됨으로 인하여 공단이 부담하게 되는 비용을 포함한다) 및 관리운영비의 전액을 부담한다.
③ 제2항에 따라 지방자치단체가 부담하는 금액은 보건복지부령으로 정하는 바에 따라 특별시·광역시·특별자치시·도·특별자치도와 시·군·구가 분담한다.
④ 제2항 및 제3항에 따른 지방자치단체의 부담액 부과, 징수 및 재원관리, 그 밖에 필요한 사항은 대통령령으로 정한다.

제59조(전자문서의 사용)
① 장기요양사업에 관련된 각종 서류의 기록, 관리 및 보관은 보건복지부령으로 정하는 바에 따라 전자문서로 한다.
② 공단 및 장기요양기관은 장기요양기관의 지정신청, 재가·시설 급여비용의 청구 및 지급, 장기요양기관의 재무·회계정보 처리 등에 대하여 전산매체 또는 전자문서교환방식을 이용하여야 한다.
③ 제1항 및 제2항에도 불구하고 정보통신망 및 정보통신서비스 시설이 열악한 지역 등 보건복지부장관이 정하는 지역의 경우 전자문서·전산매체 또는 전자문서교환방식을 이용하지 아니할 수 있다.

제60조(자료의 제출 등)
① 공단은 장기요양급여 제공내용 확인, 장기요양급여의 관리·평가 및 장기요양보험료 산정 등 장기요양사업 수행에 필요하다고 인정할 때 다음 각 호의 어느 하나에 해당하는 자에게 자료의 제출을 요구할 수 있다.
1. 장기요양보험가입자 또는 그 피부양자 및 의료급여수급권자
2. 수급자, 장기요양기관 및 의료기관
② 제1항에 따라 자료의 제출을 요구받은 자는 성실히 이에 응하여야 한다.

조문확인 OX 문제
제58조(국가의 부담), 제59조(전자문서의 사용), 제60조(자료의 제출 등)

■ 다음 조문을 읽고 맞는 것은 O, 틀린 것은 X에 V 표시하시오.

01 국가는 매년 예산의 범위 내에서 해당 연도 장기요양보험료 예상수입액의 100분의 20에 상당하는 금액을 국민건강보험공단에 지원한다. [O | X]

02 국가와 지방자치단체는 노인장기요양보험 가입자의 장기요양급여비용, 의사소견서 발급비용, 방문간호지시서 발급비용 중 국민건강보험공단이 부담하여야 할 비용 및 관리운영비의 전액을 부담한다. [O | X]

03 지방자치단체가 국민건강보험공단에 지원하는 금액은 보건복지부령으로 정하는 바에 따라 특별시·광역시·특별자치시·도·특별자치도와 시·군·구가 분담한다. [O | X]

04 장기요양사업에 관련된 각종 서류의 기록, 관리 및 보관은 전자문서로 한다. [O | X]

05 장기요양기관의 지정신청, 재가·시설 급여비용의 청구 및 지급, 장기요양기관의 재무·회계정보 처리 등에 대하여 전산매체 또는 전자문서교환방식을 이용하여야 한다. [O | X]

06 정보통신망 및 정보통신서비스 시설이 열악한 지역에서는 전자문서·전산매체 이외의 방식으로 장기요양기관에 관한 서류업무를 수행할 수 있다. [O | X]

07 국민건강보험공단은 장기요양사업 수행에 필요하다고 인정할 때 장기요양기관에게 자료의 제출을 요구할 수 있다. [O | X]

08 국민건강보험공단으로부터 장기요양사업 수행에 필요한 자료의 제출을 요구받은 의료기관은 성실히 이에 응하여야 한다. [O | X]

[정답] 01 O 02 X 03 O 04 O 05 O
       06 O 07 O 08 O

제11장 보칙

국민건강보험공단 직무시험

법조문 익히기 제61조(보고 및 검사)

제61조(보고 및 검사)
① 보건복지부장관, 특별시장·광역시장·도지사 또는 특별자치시장·특별자치도지사·시장·군수·구청장은 다음 각 호의 어느 하나에 해당하는 자에게 보수·소득이나 그 밖에 보건복지부령으로 정하는 사항의 보고 또는 자료의 제출을 명하거나 소속 공무원으로 하여금 관계인에게 질문을 하게 하거나 관계 서류를 검사하게 할 수 있다.
1. 장기요양보험가입자
2. 피부양자
3. 의료급여수급권자
② 보건복지부장관, 특별시장·광역시장·도지사 또는 특별자치시장·특별자치도지사·시장·군수·구청장은 다음 각 호의 어느 하나에 해당하는 자에게 장기요양급여의 제공 명세, 재무·회계에 관한 사항 등 장기요양급여에 관련된 자료의 제출을 명하거나 소속 공무원으로 하여금 관계인에게 질문을 하게 하거나 관계 서류를 검사하게 할 수 있다.
1. 장기요양기관 및 의료기관
2. 장기요양급여를 받은 자
③ 보건복지부장관, 특별시장·광역시장·도지사 또는 특별자치시장·특별자치도지사·시장·군수·구청장은 제1항 및 제2항에 따른 보고 또는 자료제출 명령이나 질문 또는 검사 업무를 효율적으로 수행하기 위하여 필요한 경우에는 공단에 행정응원(行政應援)을 요청할 수 있다. 이 경우 공단은 특별한 사유가 없으면 이에 따라야 한다.
④ 제1항 및 제2항의 경우에 소속 공무원은 그 권한을 표시하는 증표 및 조사기간, 조사범위, 조사담당자, 관계 법령 등 보건복지부령으로 정하는 사항이 기재된 서류를 지니고 이를 관계인에게 내보여야 한다.
⑤ 제1항 및 제2항에 따른 질문 또는 검사의 절차·방법 등에 관하여는 이 법에서 정하는 사항을 제외하고는 「행정조사기본법」에서 정하는 바에 따른다.
⑥ 제3항에 따른 행정응원의 절차·방법 등에 관하여 필요한 사항은 대통령령으로 정한다.

조문확인 OX 문제

제61조(보고 및 검사)

■ 다음 조문을 읽고 맞는 것은 O, 틀린 것은 X에 V 표시하시오.

01 특별시장·광역시장·도지사는 장기요양보험가입자에게 보수·소득에 관한 사항에 대해 자료의 제출을 명할 수 없다. [O] [X]

02 보건복지부장관은 의료급여수급권자의 보수·소득에 관하여 소속 공무원으로 하여금 관계인에게 질문을 하게 할 수 있다. [O] [X]

03 특별시장·광역시장·도지사는 장기요양기관에게 장기요양기관에 관련된 자료의 제출을 명할 수 없다. [O] [X]

04 보건복지부장관은 소속 공무원으로 하여금 의료기관이 보관하고 있는 장기요양급여의 제공 명세 관련 서류를 검사하게 할 수 있다. [O] [X]

05 보건복지부장관, 특별시장·광역시장·도지사 또는 특별자치시장·특별자치도지사·시장·군수·구청장은 보고 또는 자료제출 명령이나 질문 또는 검사 업무에 관해 국민건강보험공단에 행정응원을 요청할 수 있다. [O] [X]

06 특별시장·광역시장·도지사의 명을 받아 의료급여수급권자의 보수·소득에 관한 질문을 하려는 소속 공무원은 그 권한을 표시하는 증표를 관계인에게 내보여야 한다. [O] [X]

07 보건복지부장관이 장기요양기관을 대상으로 소속 공무원으로 하여금 관계 서류를 검사하게 할 때의 절차는 「노인장기요양보험법」에서 정하는 사항을 제외하고는 「행정조사기본법」을 따른다. [O] [X]

[정답] 01 X 02 O 03 X 04 O 05 O
06 O 07 O

제58조(국가의 부담), 제59조(전자문서의 사용), 제60조(자료의 제출 등), 제61조(보고 및 검사)

01. 장기요양보험사업에 대한 국가가 국민건강보험공단에 지원하는 금액의 기준은 해당 연도 장기요양보험료 예상 수입액의 얼마인가?

① 100분의 5
② 100분의 10
③ 100분의 14
④ 100분의 20

02. 다음 중 국민건강보험공단이 부담하여야 될 의료급여수급권자의 비용에 대해 국가와 지방자치단체가 전액 부담하는 사항이 아닌 것은?

① 장기요양급여비용
② 의사소견서 발급비용
③ 장기요양등급판정 신청 수수료
④ 방문간호지시서 발급비용

03. 다음 중 장기요양기관이 전산매체 또는 전자문서교환방식을 이용해서 처리해야 하는 업무에 해당하는 것을 모두 고르면?

㉠ 장기요양기관의 지정신청	㉡ 시설 급여비용의 지급
㉢ 재가 급여비용의 청구	㉣ 장기요양기관의 재무·회계정보 처리

① ㉠, ㉣
② ㉡, ㉢
③ ㉠, ㉢, ㉣
④ ㉠, ㉡, ㉢, ㉣

04. 다음 밑줄 친 ㉠에 해당하는 제도는?

> ㉠ ○○시장은 국민건강보험공단의 지원을 받아 A 기관의 장기요양급여비용 청구내역에 대한 현지조사를 실시하였다. 그 결과 A 기관 소속 요양보호사 B가 본래 수급자들의 자택에 부착되어야 할 전자관리시스템(태그카드)을 자신의 차량 내에 보관하고 다니면서 해당 수급자에게 제공된 실제 요양급여 시간을 허위로 입력하였고, 총 3,600만 원 상당의 급여비용이 부당하게 지급되었음을 확인하였다.

① 행정조사
② 행정응원
③ 행정집행
④ 행정보조

05. 다음 중 보건복지부장관, 특별시장·광역시장·도지사 또는 특별자치시장·특별자치도지사·시장·군수·구청장이 자료의 제출을 명할 수 있는 대상을 모두 고르면?

> ㉠ 장기요양기관
> ㉡ 보험자
> ㉢ 장기요양급여를 받은 자
> ㉣ 의료급여수급권자

① ㉠
② ㉡, ㉢, ㉣
③ ㉠, ㉢, ㉣
④ ㉠, ㉡, ㉢, ㉣

제62조(비밀누설금지), 제62조의2(유사명칭의 사용금지), 제63조(청문), 제64조(시효 등에 관한 준용), 제65조(다른 법률에 따른 소득 등의 의제금지), 제66조(수급권의 보호), 제66조의2(벌칙 적용에서 공무원 의제), 제66조의3(소액 처리)

제62조(비밀누설금지)
다음 각 호에 해당하는 자는 업무수행 중 알게 된 비밀을 누설하여서는 아니 된다.
1. 특별자치시·특별자치도·시·군·구, 공단, 등급판정위원회, 장기요양위원회, 제37조의3 제3항에 따른 공표심의위원회, 심사위원회, 재심사위원회 및 장기요양기관에 종사하고 있거나 종사한 자
2. 제24조부터 제26조까지의 규정에 따른 가족요양비·특례요양비 및 요양병원간병비와 관련된 급여를 제공한 자

제62조의2(유사명칭의 사용금지)
이 법에 따른 장기요양보험 사업을 수행하는 자가 아닌 자는 보험계약 또는 보험계약의 명칭에 노인장기요양보험 또는 이와 유사한 용어를 사용하지 못한다.

제63조(청문)
특별자치시장·특별자치도지사·시장·군수·구청장은 다음 각 호의 어느 하나에 해당하는 처분 또는 공표를 하려는 경우에는 청문을 하여야 한다.
1. 제37조 제1항에 따른 장기요양기관 지정취소 또는 업무정지명령
2. 삭제 〈2018. 12. 11.〉
3. 제37조의3에 따른 위반사실 등의 공표
4. 제37조의5 제1항에 따른 장기요양급여 제공의 제한 처분

제64조(시효 등에 관한 준용)
「국민건강보험법」제91조, 제92조, 제96조, 제103조, 제104조, 제107조, 제111조 및 제112조는 시효, 기간의 계산, 자료의 제공, 공단 등에 대한 감독, 권한의 위임 및 위탁, 업무의 위탁, 단수처리 등에 관하여 준용한다. 이 경우 "보험료"를 "장기요양보험료"로, "보험급여"를 "장기요양급여"로, "요양기관"을 "장기요양기관"으로, "건강보험사업"을 "장기요양사업"으로 본다.

제65조(다른 법률에 따른 소득 등의 의제금지)
이 법에 따른 장기요양급여로 지급된 현금 등은 「국민기초생활 보장법」제2조 제9호의 소득 또는 재산으로 보지 아니한다.

제66조(수급권의 보호)
① 장기요양급여를 받을 권리는 양도 또는 압류하거나 담보로 제공할 수 없다.
② 제27조의2 제1항에 따른 특별현금급여수급계좌의 예금에 관한 채권은 압류할 수 없다.

제66조의2(벌칙 적용에서 공무원 의제)
등급판정위원회, 장기요양위원회, 제37조의3 제3항에 따른 공표심의위원회, 심사위원회 및 재심사위원회 위원 중 공무원이 아닌 사람은 「형법」제129조부터 제132조까지의 규정을 적용할 때에는 공무원으로 본다.

제66조의3(소액 처리)

공단은 징수 또는 반환하여야 할 금액이 1건당 1,000원 미만인 경우(제38조 제5항 및 제43조 제4항 후단에 따라 각각 상계할 수 있는 지급금 및 장기요양보험료등은 제외한다)에는 징수 또는 반환하지 아니한다. 다만, 「국민건강보험법」 제106조에 따른 소액 처리 대상에서 제외되는 건강보험료와 통합하여 징수 또는 반환되는 장기요양보험료의 경우에는 그러하지 아니하다.

조문확인 OX문제

제62조(비밀누설금지), 제62조의2(유사명칭의 사용금지), 제63조(청문), 제64조(시효 등에 관한 준용), 제65조(다른 법률에 따른 소득 등의 의제금지), 제66조(수급권의 보호), 제66조의2(벌칙 적용에서 공무원 의제), 제66조의3(소액 처리)

■ 다음 조문을 읽고 맞는 것은 O, 틀린 것은 X에 V 표시하시오.

01 국민건강보험공단, 등급판정위원회 및 장기요양기관에 종사하고 있는 자는 업무수행 중 알게 된 비밀을 누설해서는 안 된다. O X

02 장기요양보험 사업을 수행하는 자가 아닌 자는 보험계약 또는 그 명칭에 '노인장기요양보험' 또는 이와 유사한 명칭을 사용하지 못한다. O X

03 특별자치시장·특별자치도지사·시장·군수·구청장은 장기요양기관의 지정취소를 하려는 경우에는 청문을 하여야 한다. O X

04 거짓으로 재가·시설급여를 청구한 행위에 가담한 해당 종사자에 대한 장기요양기관의 장기요양급여 제공의 제한 처분은 청문 대상에 포함되지 않는다. O X

05 「노인장기요양보험법」에 따라 장기요양급여로 지급된 현금 등은 「국민기초생활보장법」의 소득 및 재산에 포함된다. O X

06 장기요양급여를 받을 권리는 압류할 수 없다. O X

07 특별현금급여수급계좌의 예금에 관한 채권은 압류할 수 없다. O X

08 등급판정위원회, 장기요양위원회, 공표심의위원회 위원 중 공무원이 아닌 사람은 「형법」 제129조(수뢰죄)의 규정을 적용할 때에는 공무원으로 본다. O X

09 「국민건강보험법」에서 소액 처리 대상에서 제외되는 건강보험료와 통합하여 징수 또는 반환되는 장기요양보험료는 1건당 1,000원 미만인 경우에도 징수 또는 반환해야 한다. O X

10 수급자의 납부금 및 징수금과 상계되는 지급금 및 장기요양보험료가 1건당 1,000원 미만인 경우에는 이를 계산하지 않는다. O X

[정답] 01 O 02 O 03 O 04 X 05 X
06 O 07 O 08 O 09 O 10 X

제62조(비밀누설금지), 제62조의2(유사명칭의 사용금지), 제63조(청문), 제64조(시효 등에 관한 준용), 제65조(다른 법률에 따른 소득 등의 의제금지), 제66조(수급권의 보호), 제66조의2(벌칙 적용에서 공무원 의제), 제66조의3(소액 처리)

01. 다음 중 특별자치시장·특별자치도지사·시장·군수·구청장의 청문 대상에 해당하는 처분이 아닌 것은?

① 장기요양등급의 조정
② 장기요양기관의 지정취소
③ 위반사실의 공표
④ 장기요양급여 제공의 제한 처분

02. 다음 중 「노인장기요양보험법」에서 규정하는 비밀유지의무에 해당하지 않는 경우를 모두 고르면?

┌───┐
│ ㉠ 5년 전 ○○시 장기요양등급판정위원회 위원으로 재직한 경력이 있는 의료인 A 씨
│ ㉡ ○○시에 위치한 장기요양기관인 △△실버케어센터 직원 B 씨
│ ㉢ 국민건강보험공단 급여지급부에서 요양급여비 지급을 담당했던 전 직원 C 씨
└───┘

① ㉠
② ㉡
③ ㉠, ㉢
④ 없다.

03. 다음 중 공무원이 아니나 공무원 의제 규정에 따라 수뢰죄의 적용 대상에 포함되지 않는 사람은?

① 공표심의위원회의 위원
② 장기요양심사위원회의 위원
③ 장기요양위원회의 위원
④ 장기요양기관의 장

04. 다음은 「노인장기요양보험법」의 소액처리 규정이다. 다음 빈칸에 들어갈 소액처리 기준 금액은?

> 국민건강보험공단은 징수 또는 반환하여야 할 금액이 1건당 (   ) 미만인 경우에는 징수 또는 반환하지 않는다. 다만 「국민건강보험법」 제106조에 따른 소액 처리 대상에서 제외되는 건강보험료와 통합하여 징수 또는 반환되는 장기요양보험료의 경우에는 그러하지 아니하다.

① 10원
② 500원
③ 1,000원
④ 2,000원

05. 다음 내용과 관련된 「노인장기요양보험법」상의 규정으로 옳지 않은 것은?

> 사회복지급여를 받을 권리는 하나의 권리로 인정되고 있으며, 이 때문에 국가는 수급권을 가진 개인의 생활을 보장하는 목적으로 구체적 법률을 통해 이들에 대한 특별한 보호를 해야 할 필요를 가진다.

① 장기요양급여를 받을 권리는 임의로 양도할 수 없다.
② 장기요양급여를 받을 권리는 담보로 제공할 수 있어야 한다.
③ 장기요양급여를 받을 권리는 압류할 수 없다.
④ 특별현금급여수급계좌의 예금에 관한 채권은 압류할 수 없다.

제12장 벌칙

> **법조문 익히기** — 제67조(벌칙), 제68조(양벌규정)

제67조(벌칙)

① 다음 각 호의 어느 하나에 해당하는 자는 3년 이하의 징역 또는 3천만 원 이하의 벌금에 처한다.
1. 거짓이나 그 밖의 부정한 방법으로 장기요양급여비용을 청구한 자
2. 제33조의3 제2항 제1호를 위반하여 폐쇄회로 텔레비전의 설치 목적과 다른 목적으로 폐쇄회로 텔레비전을 임의로 조작하거나 다른 곳을 비추는 행위를 한 자
3. 제33조의3 제2항 제2호를 위반하여 녹음기능을 사용하거나 보건복지부령으로 정하는 저장장치 이외의 장치 또는 기기에 영상정보를 저장한 자

② 다음 각 호의 어느 하나에 해당하는 자는 2년 이하의 징역 또는 2천만 원 이하의 벌금에 처한다.
1. 제31조를 위반하여 지정받지 아니하고 장기요양기관을 운영하거나 거짓이나 그 밖의 부정한 방법으로 지정받은 자
2. 제33조의3 제3항에 따른 안전성 확보에 필요한 조치를 하지 아니하여 영상정보를 분실·도난·유출·변조 또는 훼손당한 자
3. 제35조 제5항을 위반하여 본인부담금을 면제 또는 감경하는 행위를 한 자
4. 제35조 제6항을 위반하여 수급자를 소개, 알선 또는 유인하는 행위를 하거나 이를 조장한 자
5. 제62조를 위반하여 업무수행 중 알게 된 비밀을 누설한 자

③ 다음 각 호의 어느 하나에 해당하는 자는 1년 이하의 징역 또는 1천만 원 이하의 벌금에 처한다.
1. 제35조 제1항을 위반하여 정당한 사유 없이 장기요양급여의 제공을 거부한 자
2. 거짓이나 그 밖의 부정한 방법으로 장기요양급여를 받거나 다른 사람으로 하여금 장기요양급여를 받게 한 자
3. 정당한 사유 없이 제36조 제3항 각 호에 따른 권익보호조치를 하지 아니한 사람
4. 제37조 제7항을 위반하여 수급자가 부담한 비용을 정산하지 아니한 자

④ 제61조 제2항에 따른 자료제출 명령에 따르지 아니하거나 거짓으로 자료제출을 한 장기요양기관 또는 의료기관이나 질문 또는 검사를 거부·방해 또는 기피하거나 거짓으로 답변한 장기요양기관 또는 의료기관은 1천만 원 이하의 벌금에 처한다.

제68조(양벌규정)

법인의 대표자, 법인이나 개인의 대리인·사용인 및 그 밖의 종사자가 그 법인 또는 개인의 업무에 관하여 제67조에 해당하는 위반행위를 한 때에는 그 행위자를 벌하는 외에 그 법인 또는 개인에 대하여도 해당 조의 벌금형을 과한다. 다만, 법인 또는 개인이 그 위반행위를 방지하기 위하여 해당 업무에 관하여 상당한 주의와 감독을 게을리하지 아니한 경우에는 그러하지 아니하다.

조문확인 문제 제67조(벌칙), 제68조(양벌규정)

■ 다음 조문을 읽고 맞는 것은 O, 틀린 것은 X에 V 표시하시오.

01 거짓이나 그 밖의 부정한 방법으로 장기요양급여비용을 청구한 자는 3년 이하의 징역 또는 3천만 원 이하의 벌금에 처한다. [O | X]

02 영리를 목적으로 수급자가 부담하는 본인부담금을 면제 또는 감경하는 행위를 한 자는 2년 이하의 징역 또는 2천만 원 이하의 벌금에 처한다. [O | X]

03 영리를 목적으로 금전, 물품, 노무, 향응, 그 밖의 이익을 제공하거나 제공할 것을 약속하는 방법으로 수급자를 장기요양기관에 소개, 알선 또는 유인하는 행위를 한 자는 1년 이하의 징역 또는 1천만 원 이하의 벌금에 처한다. [O | X]

04 특별자치시·특별자치도·시·군·구, 국민건강보험공단, 등급판정위원회 및 장기요양기관에 종사하고 있거나 종사한 자가 업무수행 중 알게 된 비밀을 누설한 경우 2년 이하의 징역 또는 2천만 원 이하의 벌금에 처한다. [O | X]

05 정당한 사유 없이 수급자의 장기요양급여신청을 거부한 장기요양기관은 2년 이하의 징역 또는 2천만 원 이하의 벌금에 처한다. [O | X]

06 장기요양기관을 폐업하려는 경우 다른 장기요양기관을 선택하여 이용할 수 있도록 계획을 수립하는 등의 수급자의 권익을 보호하기 위한 조치를 취하지 않은 장기요양기관의 장은 1년 이하의 징역 또는 1천만 원 이하의 벌금에 처한다. [O | X]

07 보건복지부장관의 자료제출 명령에 따르지 않거나 거짓으로 자료제출을 한 장기요양기관에 대해서는 1천만 원 이하의 벌금에 처한다. [O | X]

08 법인의 대표자가 법인의 업무에 관하여 「노인장기요양보험법」상 징역 혹은 벌금형을 규정한 벌칙조항에 해당하게 된 경우 그 법인에 대하여도 해당 조의 벌금형을 과한다. [O | X]

[정답] 01 O   02 O   03 X   04 O   05 X
       06 O   07 O   08 O

제67조(벌칙), 제68조(양벌규정)

01. 장기요양기관의 지정을 받지 않고 장기요양기관을 운영한 자에 대한 처벌규정으로 옳은 것은?

① 2년 이하의 징역 또는 2천만 원 이하의 벌금
② 1년 이하의 징역 또는 1천만 원 이하의 벌금
③ 500만 원 이하의 과태료
④ 100만 원 이하의 과태료

02. 자료제출 명령에 따르지 않거나 거짓으로 자료제출을 한 장기요양기관에 대한 처벌규정으로 옳은 것은?

① 500만 원 이하의 과태료
② 1천만 원 이하의 벌금
③ 2년 이하의 징역 또는 2천만 원 이하의 벌금
④ 3년 이하의 징역 또는 3천만 원 이하의 벌금

03. 장기요양기관에 설치한 폐쇄회로 텔레비전의 설치 목적과 다른 목적으로 폐쇄회로 텔레비전을 임의로 조작하거나 다른 곳을 비추는 행위를 한 폐쇄회로 텔레비전 관리자에 대한 처벌규정으로 옳은 것은?

① 3년 이하의 징역 또는 3천만 원 이하의 벌금
② 2년 이하의 징역 또는 2천만 원 이하의 벌금
③ 1년 이하의 징역 또는 1천만 원 이하의 벌금
④ 1천만 원 이하의 벌금

04. 장기요양기관에 설치한 폐쇄회로 텔레비전의 영상정보에 대한 안전성 확보에 필요한 조치를 취하지 않아 영상정보를 유출한 폐쇄회로 텔레비전 관리자에 대한 처벌규정으로 옳은 것은?

① 2년 이하의 징역 또는 2천만 원 이하의 벌금
② 1년 이하의 징역 또는 1천만 원 이하의 벌금
③ 6개월 이하의 징역 또는 500만 원 이하의 벌금
④ 500만 원 이하의 벌금

05. 다음의 빈칸에 들어갈 내용으로 적절한 것은?

> 법인의 대표자, 법인이나 개인의 대리인·사용인 및 그 밖의 종사자가 그 법인 또는 개인의 업무에 관하여 법 제67조(벌칙)에 해당하는 위반행위를 한 때에는 그 행위자를 벌하는 외에 그 법인 또는 개인에 대하여도 해당 조의 (   )을/를 과한다. 다만, 법인 또는 개인이 그 위반행위를 방지하기 위하여 해당 업무에 관하여 상당한 주의와 감독을 게을리 하지 아니한 경우에는 그러하지 아니하다

① 징역형
② 벌금형
③ 과태료
④ 자격정지 처분

법조문 익히기 — 제69조(과태료)

제69조(과태료)

① 정당한 사유 없이 다음 각 호의 어느 하나에 해당하는 자에게는 500만 원 이하의 과태료를 부과한다.
1. 삭제 〈2013. 8. 13.〉
2. 제33조를 위반하여 변경지정을 받지 아니하거나 변경신고를 하지 아니한 자 또는 거짓이나 그 밖의 부정한 방법으로 변경지정을 받거나 변경신고를 한 자
2의2. 제34조를 위반하여 장기요양기관에 관한 정보를 게시하지 아니하거나 거짓으로 게시한 자
2의3. 제35조 제3항을 위반하여 수급자에게 장기요양급여비용에 대한 명세서를 교부하지 아니하거나 거짓으로 교부한 자
3. 제35조 제4항을 위반하여 장기요양급여 제공 자료를 기록·관리하지 아니하거나 거짓으로 작성한 사람
3의2. 제35조의4 제2항 각 호의 어느 하나를 위반한 자
3의3. 제35조의4 제5항에 따른 적절한 조치를 하지 아니한 자
4. 제36조 제1항 또는 제6항을 위반하여 폐업·휴업 신고 또는 자료이관을 하지 아니하거나 거짓이나 그 밖의 부정한 방법으로 신고한 자
4의2. 제37조의4 제4항을 위반하여 행정제재처분을 받았거나 그 절차가 진행 중인 사실을 양수인등에게 지체 없이 알리지 아니한 자
5. 삭제 〈2013. 8. 13.〉
6. 거짓이나 그 밖의 부정한 방법으로 수급자에게 장기요양급여비용을 부담하게 한 자
7. 제60조, 제61조 제1항 또는 제2항(같은 항 제1호에 해당하는 자는 제외한다)에 따른 보고 또는 자료제출 요구·명령에 따르지 아니하거나 거짓으로 보고 또는 자료제출을 한 자나 질문 또는 검사를 거부·방해 또는 기피하거나 거짓으로 답변한 자
8. 거짓이나 그 밖의 부정한 방법으로 장기요양급여비용 청구에 가담한 사람
9. 제62조의2를 위반하여 노인장기요양보험 또는 이와 유사한 용어를 사용한 자

② 다음 각 호의 어느 하나에 해당하는 자에게는 300만 원 이하의 과태료를 부과한다.
1. 제33조의2에 따른 폐쇄회로 텔레비전을 설치하지 아니하거나 설치·관리의무를 위반한 자
2. 제33조의3 제1항 각 호에 따른 열람 요청에 응하지 아니한 자

③ 제1항 및 제2항에 따른 과태료는 대통령령으로 정하는 바에 따라 관할 특별자치시장·특별자치도지사·시장·군수·구청장이 부과·징수한다.

조문확인 OX 문제

제69조(과태료)

■ 다음 조문을 읽고 맞는 것은 O, 틀린 것은 X에 V 표시하시오.

01 국민건강보험공단 홈페이지에 장기요양기관에 관한 정보를 거짓으로 게시한 자에게는 500만 원 이하의 과태료를 부과한다. [O | X]

02 거짓이나 그 밖의 부정한 방법으로 수급자에게 장기요양급여 비용을 부담하게 한 자는 1년 이하의 징역 또는 1천만 원 이하의 벌금에 처한다. [O | X]

03 정당한 사유 없이 거짓이나 그 밖의 부정한 방법으로 장기요양급여비용 청구에 가담한 사람은 500만 원 이하의 과태료를 부과한다. [O | X]

04 장기요양급여를 받은 자가 정당한 사유 없이 보건복지부장관의 자료제출 명령에 따르지 않거나 거짓으로 자료제출을 한 경우 500만 원 이하의 과태료를 부과한다. [O | X]

05 장기요양급여 제공 자료를 거짓으로 작성한 자에게는 500만 원 이하의 과태료를 부과한다. [O | X]

06 수급자의 가족이 장기요양요원에게 급여외행위를 제공하는 것을 요구할 경우 500만 원 이하의 과태료를 부과한다. [O | X]

07 폐쇄회로 텔레비전을 설치하지 않은 장기요양기관에 대해서는 300만 원 이하의 과태료를 부과한다. [O | X]

08 폐쇄회로 텔레비전의 영상정보에 대한 정당한 열람 요청에 불응하는 관리자는 100만 원 이하의 과태료를 부과한다. [O | X]

09 폐업한 장기요양기관이 그 사실을 특별자치시장·특별자치도지사·시장·군수·구청장에게 신고하지 않은 경우 100만 원 이하의 과태료를 부과한다. [O | X]

10 「노인장기요양보험법」에서 규정하는 과태료는 대통령령으로 정하는 바에 따라 관할 특별자치시장·특별자치도지사·시장·군수·구청장이 부과·징수한다. [O | X]

[정답] 01 O 02 X 03 O 04 O 05 O
06 O 07 O 08 X 09 X 10 O

제12장 벌칙

제69조(과태료)

01. 장기요양기관의 시설에 관한 변경이 있음에도 정당한 이유 없이 관할 특별자치시장·특별자치도지사·시장·군수·구청장의 변경지정을 받지 않은 장기요양기관에 대한 처벌규정은?

① 1,000만 원 이하의 벌금
② 500만 원 이하의 과태료
③ 300만 원 이하의 과태료
④ 100만 원 이하의 과태료

02. 다음 중 500만 원 이하의 과태료 부과대상에 해당하지 않는 경우는?

① 국민건강보험공단 인터넷 홈페이지에 장기요양기관에 대한 자료를 거짓으로 게시한 경우
② 장기요양기관 휴업 시 국민건강보험공단의 허가 없이 장기요양급여 제공 자료를 이관하지 않은 경우
③ 장기요양보험사업을 수행하지 않는 자가 보험계약의 명칭에 '노인장기요양보험'을 사용한 경우
④ 장기요양기관 종사자가 업무수행 중 알게 된 비밀을 누설한 경우

03. 범죄의 수사를 목적으로 장기요양기관에 설치된 폐쇄회로 텔레비전의 영상정보에 대한 정당한 열람 요청을 하였음에도 이에 응하지 않을 경우에 대한 처벌규정은?

① 처벌되지 않는다.
② 1,000만 원 이하의 과태료
③ 500만 원 이하의 과태료
④ 300만 원 이하의 과태료

04. 장기요양급여의 제공 명세와 관련된 보건복지부장관의 자료제출 명령에 정당한 사유 없이 따르지 않은 장기요양기관에 대한 처벌규정은?

① 500만 원 이하의 과태료
② 300만 원 이하의 과태료
③ 100만 원 이하의 과태료
④ 50만 원 이하의 과태료

05. 「노인장기요양보험법」에서 과태료의 부과·징수권자는?

① 대법원
② 보건복지부장관
③ 특별자치시장·특별자치도지사·시장·군수·구청장
④ 국민건강보험공단 징수이사

국민 건강보험 공단

직무시험

키워드 >>> 장기요양인정신청의 절차
장기요양급여의 종류
급여외행위의 제공 금지
장기요양기관의 지정
장기요양급여비용 청구 및 지급
장기요양등급판정위원회

분석 >>> 노인장기요양보험법은 크게 장기요양기관을 통해 장기요양급여를 제공받기 위한 절차와 그 내용, 장기요양급여를 제공하는 사업을 운영하는 장기요양기관이 준수해야 하는 규정, 그리고 장기요양기관을 관리하는 관리기관이자 장기요양보험사업의 보험자인 국민건강보험공단의 관리운영에 관한 규정을 주요 내용으로 한다. 필기시험에서는 특히 장기요양사업과 관련된 다양한 용어 정의, 장기요양사업과 관련된 절차규정의 숙지 여부 등을 중점적으로 측정한다.

노인장기요양보험법

파트 2 기출예상모의고사

1회 기출예상문제
2회 기출예상문제
3회 기출예상문제
4회 기출예상문제
5회 기출예상문제

1회 기출예상문제

시험시간: 20분 문항수: 20문항
▶ 정답과 해설 24쪽

01. 다음 중 장기요양급여제공의 기본원칙에 해당하지 않는 것은?

① 장기요양급여는 재가급여를 우선적으로 제공하여야 한다.
② 장기요양급여는 의료서비스와 연계하여 제공하여야 한다.
③ 장기요양급여율은 노인등의 심신상태, 생활환경만을 고려하여 이를 제공하여야 한다.
④ 장기요양급여는 노인등이 자신의 의사와 능력에 따라 최대한 자립적으로 일상생활을 수행할 수 있도록 제공하여야 한다.

02. 장기요양보험료에 대한 설명으로 옳지 않은 것은?

① 장기요양보험료와 국민건강보험료는 통합하여 징수하고 고지한다.
② 공단은 장기요양보험료와 국민건강보험료를 각각의 회계로 관리하여야 한다.
③ 장기요양보험료율은 장기요양위원회의 심의를 거쳐 대통령령으로 정한다.
④ 장기요양보험료의 징수업무는 공단 내 국민건강보험료의 징수업무를 담당하는 조직이 수행한다.

03. 국민건강보험공단 직원 A 씨는 장기요양인정신청 방문조사를 위한 주의사항을 메모하고 있다. 다음 밑줄 친 ㉠ ~ ㉣의 내용 중 옳지 않은 것은?

방문조사 준비	→	방문조사 진행	→	조사결과서 작성
장소 파악 (조사 장소의 지리상 문제로 ㉠ 해당 시청에 공동조사를 요청할 수 있음) 신청인에게 통보 (조사일시, 장소, ㉡ 담당자의 인적사항 등)		주요 조사사항 - 신청인의 심신상태는? - ㉢ 신청인에게 어떤 장기요양급여가 필요할까?		조사결과서 제출 - ㉣ 조사 완료 후 해당 소재지 시청에 조사결과서를 송부할 것. - 조사결과서는 다른 심의자료와 같이 등급판정위원회에 제출

① ㉠
② ㉡
③ ㉢
④ ㉣

04. 다음 장기요양인정에 대한 설명으로 옳지 않은 것은?

① 등급판정에 따른 장기요양인정 유효기간은 1년 이상이다.
② 국민건강보험공단은 장기요양등급판정위원회의 심의 결과 수급자로 판정받지 못한 신청인에게 해당 내용을 통보해야 한다.
③ 장기요양인정의 갱신을 위해 수급자는 장기요양인정의 유효기간이 만료되기 전 30일까지 국민건강보험공단에 갱신 신청을 완료하여야 한다.
④ 장기요양급여를 받고 있는 수급자의 장기요양등급 변경은 장기요양인정기간 갱신 시에만 가능하다.

05. 다음 「노인장기요양보험법」상 장기요양급여의 제공 관련 문의에 대한 답변으로 옳지 않은 것은?

① Q : 거주지 이외의 지역에 있는 요양시설에 입소하여 급여를 받을 수 있나요?
　A : 장기요양보험도 건강보험과 마찬가지로 전국 어느 장기요양기관에서나 급여를 받을 수 있습니다.
② Q : 저희 아들이 이번에 새 사업을 하겠다고 사업자금이 필요하다는데, 특별현금급여로 받은 현금도 제 돈이니까 아들한테 줘도 되죠?
　A : 장기요양급여는 수급자의 일상생활을 보조하기 위한 목적으로 제공되는 것입니다. 특별현금급여를 수급자의 가족을 지원하는 목적으로 사용하실 수는 없습니다.
③ Q : 장기요양급여의 한도액이 있나요?
　A : 네. 장기요양급여는 장기요양등급과 장기요양급여의 종류 등을 고려하여 1년 단위로 산정한 연 한도액의 범위 내에서 제공됩니다.
④ Q : 저희 딸과 함께 두 달 동안 해외여행을 떠나는데 급여 지급은 어떻게 되죠?
　A : 수급자분이 국외에 여행 중인 기간에는 장기요양급여의 지급이 정지됩니다.

06. 다음 구입 및 대여품목 목록과 관련된 장기요양급여는?

구입품목	이동변기, 목욕의자, 성인용 보행기, 안전손잡이, 미끄럼방지용품, 간이변기, 지팡이, 욕창예방방석, 자세변환용구, 요실금팬티
대여품목	수동휠체어, 전동침대, 이동욕조, 목욕리프트, 배회감지기, 경사로
구입 또는 대여품목	욕창예방매트리스

① 방문요양
② 방문목욕
③ 시설급여
④ 기타재가급여

07. 다음 장기요양기관의 지정에 대한 설명으로 옳지 않은 것은?

① 시설급여를 제공하는 장기요양기관을 운영하려는 자는 소재지를 관할로 하는 국민건강보험공단의 본사나 지사로부터 지정을 받아야 한다.
② 장기요양기관의 지정 시 그 기관을 운영하려는 자가 「노인장기요양보험법」에 따라 받은 행정처분의 내용을 검토해야 한다.
③ 장기요양기관의 지정을 희망하는 자는 장기요양에 필요한 시설 및 인력을 갖추어야 한다.
④ 재가급여를 제공하면서 의료기관이 아닌 자가 설치·운영하는 장기요양기관이 방문간호를 제공할 경우에는 방문간호의 관리책임자로서 간호사를 둘 것을 요구한다.

08. 다음 중 장기요양기관의 지정결격사유에 해당하지 않는 사람은?

① 미성년자
② 「마약류 관리에 관한 법률」상의 마약류에 중독된 사람
③ 파산선고를 받고 복권된 지 3년이 경과되지 아니한 사람
④ 금고 이상의 실형을 선고받고 그 집행이 종료된 날부터 3년이 지난 사람

09. 다음 중 장기요양요원의 보호에 관한 규정사항으로 옳지 않은 것은?

   ① 국민건강보험공단은 장기요양요원의 권리를 보호하기 위해 장기요양요원지원센터를 설치하여 운영할 수 있다.
   ② 장기요양요원에게 수급자가 부담해야 할 본인부담금의 전부를 부담하도록 요구하는 것은 지정취소 및 과태료 부과 대상에 해당한다.
   ③ 장기요양기관의 장은 수급자의 가족에게 폭행을 당한 장기요양요원에 대해 업무전환 등의 적절한 조치를 취해야 한다.
   ④ 장기요양기관은 지급받은 장기요양급여비용 중 일정 비율을 장기요양요원의 인건비로 지출하여야 한다.

10. 다음에서 설명하고 있는 「노인장기요양보험법」상의 용어는?

   약칭 'PI보험'이라고 부르는 이 보험은 특정 사업에 종사하는 전문가가 법률상의 손해를 발생시킨 경우 그에 대한 배상을 책임지는 손해보험이다. 「노인장기요양보험법」은 장기요양기관의 종사자가 이 보험을 선택적으로 가입할 수 있음을 명시하고, 미가입자에 대해 장기요양급여비용의 일부 감액이라는 불이익을 함께 규정하면서 사실상 의무적으로 이 보험에 가입할 것을 요청하고 있다.

   ① 산업재해보상보험　　　　　　　② 징수위탁보험
   ③ 전문인 배상책임보험　　　　　④ 영업배상책임보험

11. 다음 상황에 대한 설명으로 적절한 것은?

   A 씨로부터 장기요양기관을 인수받은 B 씨는 양도 당시 해당 장기요양기관이 지정취소된 기관이었음을 알지 못한 상태로 장기요양기관 지정을 신청하였다.

   ① 지정취소의 효과는 승계되지 않으므로 B 씨는 특별한 조치 없이 정상적으로 장기요양기관의 지정을 받을 수 있다.
   ② B 씨는 양도 당시 그 사실을 알지 못했음을 증명하여 행정제재처분의 승계에 대항할 수 있다.
   ③ 의도적으로 장기요양기관의 지정취소사실을 알리지 않은 A 씨에게는 1천만 원 이하의 벌금에 처한다.
   ④ 양도 당시 해당 장기요양기관이 지정취소를 받은 후 1년이 경과하였다면 B 씨는 특별한 조치 없이 정상적으로 장기요양기관의 지정을 받을 수 있다.

12. 장기요양급여의 본인부담금에 대한 설명으로 옳지 않은 것은?

　① 재가급여의 월 한도액을 초과하는 요양급여의 15%는 본인부담임을 원칙으로 한다.
　② 천재지변으로 인해 생계가 곤란한 자는 본인부담금의 60%의 범위에서 차등하여 감경할 수 있다.
　③ 본인부담금은 장기요양급여를 받는 수급자의 장기요양등급에 따라 수준을 달리 정할 수 있다.
　④ 「노인장기요양보험법」 범위 외의 장기요양급여는 100% 본인부담으로 한다.

13. 다음 국민건강보험공단의 장기요양급여의 부당이득 징수 등에 대한 설명으로 옳지 않은 것은?

　① 국민건강보험공단은 월 한도액 범위를 초과하여 장기요양급여를 받은 기관에게 부당이득을 이유로 장기요양급여 또는 그 장기요양급여비용에 상당하는 금액을 징수할 수 있다.
　② 거짓 보고 또는 증명이나 거짓 진단에 의해 장기요양급여가 제공된 경우 국민건강보험공단은 이에 관여한 자에 대하여 장기요양급여를 받은 자와 연대하여 징수금을 납부하게 할 수 있다.
　③ 부정한 방법으로 장기요양급여를 받은 자를 부양할 의무를 지고 있는 자에게 연대납부를 요구하는 것은 연좌제 금지의 원칙에 반하여 허용되지 않는다.
　④ 장기요양기관이 수급자로부터 거짓이나 그 밖의 부정한 방법으로 장기요양급여 비용을 받았다면 국민건강보험공단은 해당 기관으로부터 이를 징수하여 수급자에게 지체 없이 지급하여야 한다.

14. 국민건강보험공단의 장기요양보험사업 운영에 관한 설명으로 옳지 않은 것은?

　① 국민건강보험공단은 장기요양사업을 수행하기 위한 조직을 건강보험사업을 수행하는 조직 등과 구분하여 두어야 한다.
　② 국민건강보험공단은 장기요양사업의 관리운영 재정은 장기요양보험료를 재원으로 하는 사업과 국가·지방자치단체의 부담금을 재원으로 하는 사업의 재정으로 구분하여 운영하여야 한다.
　③ 국민건강보험공단은 매 회계연도마다 결산상의 잉여금 중에서 그 연도의 장기요양급여에 든 비용의 일정 비율을 부족한 장기요양급여 비용에 충당하기 위한 목적의 준비금으로 적립하여야 한다.
　④ 국민건강보험공단은 장기요양보험료, 장기요양급여, 장기요양사업에 관한 예산 및 결산 등을 정관에 명시하여야 한다.

15. 다음 중 국민건강보험 홈페이지 및 관련 사이트에서 확인할 수 있는 내용을 모두 고른 것은?

> ㉠ 장기요양급여 대상자 조회
> ㉡ 현재 운영 중인 장기요양기관의 시설과 인력현황
> ㉢ 국민건강공단의 장기요양기관 평가 결과

① ㉠
② ㉠, ㉡
③ ㉡, ㉢
④ ㉠, ㉡, ㉢

16. 다음은 장기요양급여에 관한 국민건강보험공단 처분의 구제절차를 도식화한 것이다. 이에 대한 설명으로 옳지 않은 것은?

① ㉠에 들어갈 절차는 심사청구나 재심사청구 없이도 제기할 수도 있다.
② ㉡에 들어갈 기관은 국민건강보험공단 소속으로 한다.
③ 재심사청구 사항에 대한 재심사를 거친 경우 ㉠과 별도로 행정심판을 청구할 수 있다.
④ 심사청구는 원칙상 그 처분이 있음을 안 날부터 90일, 처분이 있은 날부터 180일 이내에 제기해야 한다.

17. 다음 〈보기〉 중 의료급여수급권자에 대해 국민건강보험공단이 부담해야 할 비용을 국가와 지방자치단체가 전액 부담하는 경우는 모두 몇 개인가?

보기
ㄱ. 재가급여
ㄴ. 의사소견서 발급비용
ㄷ. 방문간호지시서 발급비용
ㄹ. 시설급여

① 1개
② 2개
③ 3개
④ 4개

18. 장기요양급여에 관한 자료제출 명령 및 서류검사, 관계인 질문에 대한 설명으로 옳지 않은 것은?

① 보건복지부장관은 장기요양보험가입자에게 가입자의 보수·소득에 관한 자료 제출을 명할 수 있다.
② 특별자치시장·특별자치도지사·시장·군수·구청장은 관할 장기요양기관을 대상으로 장기요양급여의 제공 명세에 대한 자료 제출을 명할 수 있다.
③ 국민건강보험공단의 장기요양급여 관련 서류의 검사절차에 대해서는 「행정조사기본법」에서 정하는 바에 따른다.
④ 보건복지부 소속 공무원의 관계인 질문에 대해 정당한 사유 없이 이를 거부·방해하거나 거짓으로 답변한 장기요양보험가입자에 대해서는 500만 원 이하의 과태료를 부과한다.

19. 「노인장기요양보험법」상 과태료의 부과에 대한 설명으로 옳은 것은?

① 과태료는 대통령령이 정하는 바에 따라 보건복지부장관이 부과·징수한다.
② 과태료 처분에 불복하는 자는 그 처분을 고지받은 날부터 30일 이내에 보건복지부장관에게 이의를 제기할 수 있다.
③ 보건복지부장관에게 이의를 제기한 때에 보건복지부장관은 관할 법원에 그 사실을 통보하고, 법원은 이를 비송사건으로 분류하여 재판한다.
④ 장기요양보험 사업을 수행하지 않으면서 보험계약에 노인장기요양보험 혹은 이와 유사한 용어를 사용하는 자는 과태료 부과 대상에 해당한다.

20. 다음 글을 읽은 학생들의 대화에서 빈칸에 들어갈 용어로 옳은 것은?

> 「공무원연금법」상 각종 급여는 기본적으로 사법상의 급여와 달리 퇴직공무원 및 그 유족의 생활안정과 복리향상을 위한 사회보장적 급여로서의 성질을 가지므로, 본질상 일신전속성이 강하여 권리자로부터 분리되기 어렵고, 사적 거래의 대상으로 삼기에 적합하지 아니할 뿐만 아니라, 압류를 금지할 필요성이 훨씬 크며, (중략) 「공무원연금법」상의 각종 급여수급권 전액에 대하여 압류를 금지한 것은 기본권 제한의 입법적 한계를 넘어서 재산권의 본질적 내용을 침해한 것이거나 헌법상의 경제질서에 위반된다고 볼 수 없다.
>
> 헌법재판소 2000. 3. 30. 98헌마401, 99헌바53, 2000헌바9(병합) 전원재판부

학생 A : 연금을 받을 권리는 양도도, 압류도 못 한다 이 말이네.
학생 B : 기본적인 생활을 보장하기 위한 사회보장의 목적으로 지급되는 거잖아. 이걸 다른 채권들처럼 거래할 수 있게 하면 안 되겠지.
학생 C : 이거랑 비슷한 내용을 「노인장기요양보험법」에서 본 거 같은데?
학생 B : 제66조에 있을걸?
학생 A : 제66조에서는 장기요양급여를 받을 권리는 양도 또는 압류하거나 (　　)(으)로 제공할 수 없다고 나와 있네. 그리고 특별현금급여 수급계좌의 예금에 관한 채권도 압류할 수 없대.

① 명의신탁　　② 담보
③ 포상금　　　④ 경매의 대상

2회 기출예상문제

시험시간 : 20분 문항수 : 20문항
▶ 정답과 해설 28쪽

01. 다음 「노인장기요양보험법」상 장기요양급여에 대한 설명 중 옳지 않은 것은?

① 「노인장기요양보험법」상 "장기요양급여"란 1년 이상 동안 혼자서 일상생활을 수행하기 어렵다고 인정되는 자에게 신체활동·가사활동의 지원 또는 간병 등의 서비스나 이에 갈음하여 지급하는 현금 등을 말한다.
② 「노인장기요양보험법」상 "노인등"은 65세 이상의 노인 또는 65세 미만의 자로서 치매·뇌혈관성질환 등의 노인성 질병을 가진 자를 말한다.
③ 보건복지부장관은 장기요양기본계획을 수립·시행하고, 지방자치단체의 장은 장기요양기본계획에 따라 세부시행계획을 수립·시행해야 한다.
④ 국가는 노인뿐만 아니라 장애인 등 일상생활을 혼자서 수행하기 어려운 모든 국민이 장기요양급여를 제공받을 수 있도록 노력해야 하며, 이를 위해 장기요양급여가 원활히 제공될 수 있도록 국민건강보험공단에 필요한 행정적 또는 재정적 지원을 할 수 있다.

02. 다음 「노인장기요양보험법」상 장기요양요원에 대한 설명 중 옳지 않은 것은?

① 장기요양요원은 장기요양기관에 소속되어 있지 않으나 노인등의 신체활동 또는 가사활동 지원 등의 업무를 수행하는 자를 말한다.
② 국가 및 지방자치단체는 장기요양요원의 처우를 개선하고 복지를 증진하며 지위를 향상시키기 위하여 적극적으로 노력하여야 한다.
③ 보건복지부장관은 5년마다 장기요양기본계획을 통해 장기요양요원의 처우에 관한 사항을 수립·시행하여야 한다.
④ 보건복지부장관은 3년마다 장기요양요원의 근로조건, 처우 및 규모에 관한 사항을 정기적으로 조사하고 그 결과를 공표해야 한다.

03. 다음 장기요양보험료를 산정하는 산술식의 ㉠, ㉡에 대한 설명으로 옳지 않은 것은?

> 장기요양보험료 = {(국민건강보험료액 – 국민건강보험료 면제·경감액) × 건강보험료율 대비 ㉠ 장기요양보험료율} – ㉡ 장기요양보험료 감면액

① ㉠은 장기요양위원회의 심의를 거쳐 대통령령으로 정한다.
② ㉠을 심의하는 심의기관의 위원장은 보건복지부차관으로 한다.
③ 국가유공자는 ㉡의 적용대상에 해당한다.
④ 장기요양인정을 받지 못한 장애인은 ㉡의 적용대상에 해당한다.

04. 다음 장기요양인정 및 장기요양급여 제공절차와 이에 관한 서류와의 연결로 옳지 않은 것은?

장기요양인정 신청	방문조사	장기요양 인정 및 등급판정	장기요양급여 제공
장기요양인정신청서 ㉠ 의사소견서 ㉡ 개인별장기요양 이용계획서	조사결과서	㉢ 장기요양인정서	㉣ 장기요양급여 제공 계획서

① ㉠ ② ㉡
③ ㉢ ④ ㉣

05. 다음 중 장기요양기관 내에서 제공되는 장기요양급여가 아닌 것은?

① 시설급여 ② 방문간호
③ 단기보호 ④ 주·야간보호

06. 아래는 「노인장기요양보험법 시행규칙」 별지 제9호 서식의 일부이다. 다음 설명 중 옳지 않은 것은?

대리인 지정서

신청인 (본인)	성 명		주민등록번호	-
	주 소			
	전화번호	(휴대전화)		

대리인	성 명		주민등록번호	-
	주 소			
	전화번호	(휴대전화)		

「노인장기요양보험법」 제22조 및 같은 법 시행규칙 제10조에 따라 위의 사람을 장기요양인정의 신청, (㉠) 또는 장기요양등급의 변경신청, 급여종류 또는 내용의 변경신청 등에 대한 대리인으로 지정합니다.

○○○ (㉡   ) (직인)

국민건강보험공단 이사장 귀하

① 특별자치시장이 지정한 자가 장기요양급여 수급자를 대리하여 장기요양인정신청을 하기 위해서는 대리인 지정서를 제출하여야 한다.
② ㉠에는 '갱신신청'이 들어간다.
③ ㉡에는 '특별자치시장·특별자치도지사·시장·군수·구청장'이 들어간다.
④ 대리를 위해 국민건강보험공단에 제출할 때에는 위 대리인 지정서에 신청인 가족의 동의서를 첨부해야 한다.

07. 다음 상황에 적용할 수 있는 장기요양급여로 가장 적절한 것은?

> 올해 일흔이 된 저희 남편이 치매에 걸려서 아내인 저랑 자식들만 겨우 알아봐요. 그래서 요양보호를 신청해야 되는데, 마침 집 근처에 좋은 치매안심센터가 있더라고요. 그런데 그렇게나 친구들이랑 어디 놀러 다니는 걸 좋아하던 양반이 집 밖으로 나가기 싫어하고, 특히 어디 낯선 사람 만나는 걸 그렇게나 무서워해요. 어쩔 수 없이 집에서 돌보긴 해야 할 텐데, 어떻게 지원을 받을 방법이 있을까요?

① 가족요양비 ② 방문간호
③ 기타재가급여 ④ 특례요양비

08. 다음 급여외행위에 대한 설명으로 옳지 않은 것은?

① 장기요양기관의 장기요양급여 제공은 수급자의 일상생활에 지장이 없는 범위 내에서 실시되어야 한다.
② 장기요양기관의 장은 장기요양요원으로 하여금 수급자의 생업을 지원하는 행위를 하도록 요구하여서는 안 된다.
③ 장기요양기관은 수급자가 아닌 수급자의 가족만을 위한 장기요양급여를 제공하여서는 안 된다.
④ 수급자는 장기요양기관에 장기요양급여로 수급자의 가족의 생업을 지원해줄 것을 요청해서는 안 된다.

09. 다음 장기요양기관에 대한 설명으로 옳지 않은 것은?

① 장기요양기관 지정의 갱신 신청은 유효기간 만료 30일 전까지 이를 완료하여야 한다.
② 장기요양기관 지정의 갱신 신청을 하였으나 유효기간 내에 심사결정이 이루어지지 않은 경우에는 그 결정이 완료될 때까지 지정이 유효한 것으로 본다.
③ 폐업 또는 휴업 신고를 하지 않고 1년 이상 장기요양급여를 제공하지 아니한 장기요양기관은 지정취소사유에 해당한다.
④ 물품제공을 약속하는 방법으로 수급자를 장기요양기관으로 유인하는 행위는 장기요양기관 지정취소 또는 업무정지사유에 해당한다.

10. 다음 안내문에 제시된 제도에 대한 설명으로 옳지 않은 것은?

> **노인복지시설 및 재가장기요양기관 20XX년 노인인권 법정의무교육**
>
> - 교육명 : 찾아가는 노인인권교육(방문교육)
> - 교육목표
>   - 찾아가는 교육 고도화를 통한 교육 사각지대 해소 강화
>   - 교육서비스 혁신을 통한 정책과 현장의 연결고리 역할 강화
> - 법적근거
>   - 「노인장기요양보험법」 제35조의3, 동법 시행령 제14조의2, 시행규칙 제27조의2
>   - 「재가장기요양기관 대상 인권교육 운영 및 교육기관 지정 등에 관한 고시」
> - 신청대상
>   - 재가장기요양기관 · 협회

① 인권교육은 법정의무교육으로 교육대상자에게 무료로 제공되어야 한다.
② 보건복지부장관은 인권교육기관을 지정하여 인권교육에 필요한 비용을 지원할 수 있다.
③ 보건복지부장관은 인권교육의 수행능력 부족을 이유로 인권교육기관에 업무정지를 명할 수 있다.
④ 부정한 방법으로 지정을 받은 인권교육기관은 그 지정이 취소된다.

11. 다음 요양기관의 업무정지에 대한 설명으로 옳지 않은 것은?

① 업무정지 중인 요양기관은 장기요양급여를 제공할 수 없다.
② 업무정지처분이 해당 장기요양기관을 이용하는 수급자에게 심한 불편을 줄 우려가 있다면 업무정지명령에 갈음한 과징금을 부과할 수 있다.
③ 요양기관의 행정제재처분의 효력은 처분을 한 날부터 3년 이내에 이를 합병한 법인에게 항상 승계된다.
④ 행정제재처분을 받은 요양기관을 운영하는 자는 이를 합병한 양수인등에게 행정제재처분에 관한 사실을 지체 없이 알려야 한다.

12. 다음 「노인장기요양보험법」상 본인부담금에 대한 설명으로 옳지 않은 것은?

① 의료급여를 지급받는 경우나 수급권자의 소득·재산금액 혹은 거주지에 따라 본인부담금을 면제하거나 차등 감경할 수 있다.
② 수급자가 장기요양인정서에 기재된 장기요양급여의 종류와 내용과 다르게 선택하여 장기요양급여를 받은 경우 그 비용의 차액은 수급자 본인이 부담한다.
③ 장기요양급여를 받은 금액의 총액이 일정 금액 이하에 해당하는 수급자가 가족 등으로부터 방문요양에 상당한 장기요양을 받은 경우 보건복지부령에 따라 본인부담금의 일부를 감면할 수 있다.
④ 수급자가 이미 낸 본인부담금이 장기요양기관이 청구한 본인부담금보다 더 많으면 국민건강보험공단은 그 차액을 장기요양기관에 지급할 금액에서 공제하여 수급자에게 지급하여야 한다. 이 지급금은 수급자가 납부하여야 하는 장기요양보험료와 상계할 수는 없다.

13. 다음 부당이득의 징수에 대한 설명으로 옳지 않은 것은?

① 국민건강보험공단은 장기요양급여를 지급받은 자가 월 한도액을 초과하여 장기요양급여를 지급받은 경우 초과한 급여 혹은 그에 상당하는 금액을 징수한다.
② 국민건강보험공단은 거짓이나 그 밖의 부정한 방법으로 장기요양급여를 받은 자와 같은 세대에 속한 자에게 징수금 납부에 대한 연대책임을 지울 수 있다.
③ 국민건강보험공단은 거짓 진단으로 장기요양급여가 제공된 경우 그에 따른 징수금에 대해 이에 관여한 자들에게 연대책임을 부과할 수 있다.
④ 장기요양기관이 수급자로부터 부정한 방법으로 장기요양급여비용을 받은 때에는 국민건강보험공단이 장기요양기관에게 이를 환급해줄 것을 명령해야 한다.

국민건강보험공단 직무시험

14. 다음 중 장기요양위원회의 업무에 해당하는 것을 모두 고르면?

> ㄱ. 장기요양보험료율 설정에 대한 심의
> ㄴ. 가족요양비의 지급기준 설정에 대한 심의
> ㄷ. 장기요양요원의 권리침해에 대한 상담 및 지원
> ㄹ. 시설 급여비용에 대한 심의
> ㅁ. 장기요양등급의 판정

① ㄱ, ㄴ, ㄹ
② ㄱ, ㄴ, ㅁ
③ ㄴ, ㄷ, ㄹ
④ ㄷ, ㄹ, ㅁ

15. 다음 장기요양사업의 관리운영기관인 국민건강보험공단에 대한 설명으로 옳지 않은 것은?

① 국민건강보험공단은 장기요양기관이 장기요양급여를 적정하게 제공하였는지 평가하고, 그 결과에 따라 장기요양기관에 지급할 장기요양급여비용을 가산 또는 감액할 수 있다.
② 국민건강보험공단은 국민건강보험가입자의 자격관리와 장기요양보험가입자의 자격관리를 전담하는 조직을 구분하여 따로 두어야 한다.
③ 국민건강보험공단 정관에는 장기요양사업에 대한 예산 및 결산에 관한 사항을 포함한다.
④ 국민건강보험공단은 장기요양사업에 대하여 독립회계를 설치·운영해야 한다.

16. 다음은 「노인장기요양보험법」상 국민건강보험공단의 처분에 관한 이의제기 절차를 도식화한 것이다. 이에 대한 설명으로 옳지 않은 것은?

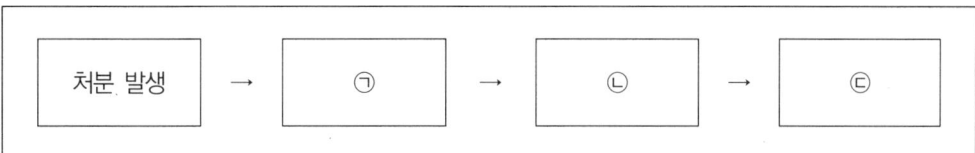

① ㉠은 심사청구, ㉡은 재심사청구, ㉢은 행정소송이다.
② 처분이 발생한 후 ㉠을 거치지 않고 바로 ㉢으로 갈 수 있다.
③ 처분이 발생한 후 ㉠을 거치지 않고 바로 ㉡으로 갈 수는 없다.
④ 처분이 발생한 후 ㉡을 거치지 않고 바로 ㉢으로 갈 수는 없다.

17. 다음 전자문서의 사용에 대한 설명으로 옳지 않은 것은?

① 장기요양사업에 관한 각종 서류의 기록과 관리는 전자문서로 한다.
② 장기요양기관의 지정신청은 특히 전자문서의 이용을 반드시 요구한다.
③ 국민건강보험공단의 처분에 이의를 제기하는 심사청구는 전자문서로의 제출이 허용된다.
④ 장기요양기관의 재무·회계정보 처리는 전산매체를 이용할 것을 원칙으로 한다.

18. 다음 〈보기〉의 글을 읽은 학생들의 대화에서 빈칸에 들어갈 내용으로 옳은 것을 모두 고르면?

> **보기**
>
> 위탁·대행·지정을 통해 공공성이 높은 업무를 수행하는 법인이나 단체의 임직원과 개인 또는 위원회 위원 등이 업무와 관련하여 금품의 수수(授受) 등 불법행위를 한 경우에 이들을 공무원과 같이 다루어 처벌할 수 있도록 하는 것을 '벌칙 적용 시의 공무원 의제'라고 한다.
> 이렇게 공무원이 아닌 자를 공무원으로 의제하여 처벌할 수 있도록 하는 것은 다루는 업무의 공공성이 크기 때문에 그 업무수행을 할 때 공정성과 책임성을 확보하기 위해서이다. 벌칙 적용 시의 공무원 의제 규정은 공무원이 아닌 사람을 공무원으로 보아 처벌을 강화하는 것이므로 반드시 법률에 규정해야 한다.
>
> 『법령 입안·심사 기준』, 법제처, 2017

학생 A : 공무원 의제? 공무원이 아닌데 공무원이라고? 무슨 소리야?
학생 B : 공공사업을 수행하는 사람들이 하는 뇌물 수수는 사실상 공무원의 뇌물 수수랑 다를 게 없잖아. 그러니까 그 경우에서만큼은 그 사람을 공무원과 같은 기준으로 취급해야 한다 이 말이지.
학생 C : 「노인장기요양보험법」에도 그 내용이 있어. 법 제66조의2에서 수뢰죄의 경우에는 공무원 의제가 적용되는 사람이 있대.
학생 B : 그렇지. 예를 들면 (   )라던가, 이런 사람들한테 적용되겠지.
학생 C : 뭐? 그 자리는 공무원만 들어갈 수 있잖아. 그 사람은 굳이 공무원 의제를 할 필요 없지.

> ㉠ 사회복지사이면서 장기요양등급판정위원회의 위원인 자
> ㉡ 장기요양위원회의 위원장
> ㉢ 국민건강보험 이사장이 추천한 장기요양위원회의 부위원장

① ㉠
② ㉡
③ ㉡, ㉢
④ ㉠, ㉡, ㉢

19. 다음 「노인장기요양보험법」상 자료의 제출과 보고 및 검사에 대한 설명으로 옳은 것은?

① 국민건강보험공단은 장기요양사업 수행에 필요하다고 인정되는 경우 장기요양보험가입자 또는 그 피부양자 및 의료급여수급권자에게 자료의 제출을 명령할 수 있다.
② 보건복지부장관 또는 관할 특별자치시장·특별자치도지사·시장·군수·구청장은 장기요양보험가입자의 피부양자에게 장기요양급여의 제공 명세에 관한 자료의 제출을 명할 수 있다.
③ 보건복지부장관은 보건복지부 소속 공무원으로 하여금 장기요양급여를 받은 자에게 장기요양급여에 관한 질문을 하게 할 수 있는데, 이 질문의 절차 및 방법은 행정조사의 성격을 띤다.
④ 장기요양급여에 관한 조사를 하는 소속 공무원은 조사의 권한을 표시하는 증표를 질문 대상인 관계인에게 내보일 필요 없다.

20. 다음 중 「노인장기요양보험법」의 벌칙규정에 따른 양형기준이 다르게 적용되는 사람은?

① 장기요양에 관한 업무수행에 관한 비밀을 누설한 등급판정위원회 소속 위원 A 씨
② 정당한 사유 없이 장기요양급여의 제공을 거부한 장기요양기관장 B 씨
③ 부정한 방법으로 장기요양급여를 받은 C 씨
④ 지정취소된 장기요양기관에 수급자가 부담한 비용을 정산하지 않은 장기요양기관장 D 씨

3회 기출예상문제

시험시간 : 20분 | 문항수 : 20문항

▶ 정답과 해설 33쪽

01. 다음 중 「노인장기요양보험법」상 용어의 정의로 옳은 것은?

① '장기요양급여'는 6개월 이상 혼자서 일상생활을 수행하기 어렵다고 인정되는 자에게 제공되는 현금 지급 외의 서비스 제공을 의미한다.
② '장기요양기관'은 보건복지부장관의 지정을 받아 장기요양급여를 제공하는 기관을 말한다.
③ '장기요양요원'은 국민건강보험공단에 소속되어 노인 등의 신체활동 및 가사활동 지원 등의 업무를 수행하는 자를 말한다.
④ '전문인 배상책임보험'은 장기요양기관 종사자가 장기요양급여를 제공하는 과정에서 발생할 수 있는 수급자의 상해 등 법률상 손해를 배상하는 보험을 의미한다.

02. 다음 〈보기〉에서 국가와 지방자치단체의 책무에 대한 내용으로 틀린 것은 몇 개인가?

보기

ㄱ. 국가와 지방자치단체는 노인성질환예방사업을 실시하여야 한다.
ㄴ. 국가와 지방자치단체는 장기요양급여가 원활하게 제공될 수 있도록 적정한 수의 장기요양기관을 확충하고 그 설립을 지원해야 한다.
ㄷ. 국가는 장기요양급여가 원활히 제공될 수 있도록 지방자치단체와 공단에 대한 무조건적인 재정지원을 보장해야 한다.
ㄹ. 국가와 지방자치단체는 지역의 특성에 맞는 장기요양사업의 표준을 개발할 수 있다.

① 없음.
② 1개
③ 2개
④ 3개

03. 블로거 K 씨는 자신이 작성한 장기요양보험에 대한 글의 내용이 틀렸다는 댓글을 보고 아래와 같이 수정하였다. 다음 중 바르게 수정된 부분이 아닌 것을 모두 고르면?

- 장기요양보험의 가입에 관하여

　　장기요양보험사업은 「노인장기요양보험법」 제7조를 근거로 국민건강관리공단이 관장하고 보건복지부장관을 보험자로 하는 사회보험사업입니다.

　　국민건강보험의 가입자는 장기요양보험의 가입자가 됩니다. 즉, 장기요양보험만 별도로 가입할 수 있는 것이 아니라, 국민건강보험에 가입하게 되면 동시에 장기요양보험에도 강제로 가입되어 모든 국민건강보험 가입자는 장기요양보험 가입자가 됩니다.

　　그래서 장기요양보험료도 '건강보험료 × 장기요양보험료율'로 산정하여 국민건강보험료와 통합하여 납부하면 됩니다. 하지만 외국인근로자의 경우 예외로 국민건강보험의 가입자지만 노인장기요양보험에는 가입할 수 없으니 주의하시기 바랍니다.

⇓

- 장기요양보험의 가입에 관하여

　　장기요양보험사업은 「노인장기요양보험법」 제7조를 근거로 ㉠보건복지부장관이 관장하고 ㉡국민건강관리공단을 보험자로 하는 사회보험사업입니다.

　　국민건강보험의 가입자는 장기요양보험의 가입자가 됩니다. 즉, 장기요양보험만 별도로 가입할 수 있는 것이 아니라, 국민건강보험에 가입하게 되면 동시에 장기요양보험에도 강제로 가입되어 모든 국민건강보험 가입자는 장기요양보험 가입자가 됩니다.

　　그래서 장기요양보험료도 '㉢가입자의 재산×장기요양보험료율'로 산정하여 국민건강보험료와 ㉣별도의 절차로 납부하면 됩니다. 하지만 외국인근로자의 경우 예외로 국민건강보험의 가입자지만 ㉤신청을 통해 장기요양가입자에서 제외될 수 있습니다.

① ㉠, ㉡
② ㉠, ㉡, ㉢
③ ㉢, ㉣
④ ㉢, ㉣, ㉤

04. 다음 P 씨에게 적용될 「노인장기요양보험법」상의 내용으로 옳지 않은 것은?

> 노인장기요양급여를 받고자 하는 P 씨는 인근에 방문요양기관과 특별한 의료시설이 없고, 내륙과 연결된 다리가 없으며 정기여객선의 일일 운행도 많지 않은 경상남도의 한 외진 섬에 거주하고 있다.

① P 씨는 필요에 따라 방문요양을 위해 찾아온 장기요양요원에게 생업을 지원받을 수 있다.
② P 씨는 도서·벽지 지역에 거주하므로 의사소견서를 제출하지 않을 수 있다.
③ P 씨에게 장기요양요원을 대신하여 P 씨를 찾아가 직접 요양활동을 하는 가족이 있다면 가족요양비를 지급받을 수 있다.
④ P 씨는 시설급여비용에서 본인부담금 감경대상에 해당될 경우, 다른 감경대상자와 별도의 기준이 적용될 수도 있다.

05. 다음 빈칸 ㉠ ~ ㉢에 들어갈 「노인장기요양보험법」상의 서류 명칭으로 바르게 연결된 것은?

> 국민건강보험공단은 장기요양등급판정위원회가 장기요양인정 및 등급판정의 심의를 완료한 경우 지체 없이 (㉠)를 작성하여 수급자에게 송부하여야 한다. 이때 국민건강보험공단은 장기요양급여를 원활히 이용할 수 있도록 월 한도액 범위 안에서 (㉡)를 작성하여 수급자에게 송부하여야 한다.
> 수급자는 장기요양기관에 (㉠)과 (㉡)를 제시하여 장기요양급여를 받을 수 있으며, 장기요양기관은 수급자가 제시한 서류를 바탕으로 (㉢)를 작성하고 수급자의 동의를 받아 그 내용을 국민건강보험공단에 통보해야 한다.

	㉠	㉡	㉢
①	장기요양인정서	개인별장기요양이용계획서	장기요양급여 제공 계획서
②	장기요양인정서	장기요양급여 제공 계획서	개인별장기요양이용계획서
③	개인별장기요양이용계획서	장기요양인정서	장기요양급여 제공 계획서
④	장기요양급여 제공 계획서	장기요양인정서	개인별장기요양이용계획서

06. 다음은 장기요양인정서에 있는 〈수급자 안내사항〉이다. 다음 ㉠ ~ ㉣에 대한 설명으로 옳지 않은 것은?

〈수급자 안내사항〉

1 ~ 3. (생략)
4. 장기요양보험료를 6회 이상 납부하지 아니하면 장기요양급여를 받을 수 없습니다.
5. 장기요양인정 등급판정결과에 대해 이의가 있는 경우 통보를 받은 날로부터 (㉠) 이내에 국민건강보험공단에 증명서류를 첨부하여 ㉡심사청구할 수 있습니다.
6. 장기요양인정의 갱신 신청을 하려는 경우에는 유효기간이 끝나기 90일 전부터 (㉢) 전까지의 기간 동안에 국민건강보험공단에 신청해야 합니다.
7. 장기요양급여의 종류 및 내용이 "가족요양비"인 경우 「노인장기요양보험법」 제27조의2 및 같은 법 시행규칙 제21조의3에 따라 지급계좌를 ㉣특별현금급여수급계좌로 신청·변경할 수 있습니다.
8. 「노인장기요양보험법」 제15조 제4항에 따라 거짓이나 그 밖의 부정한 방법 등으로 장기요양인정을 받은 것으로 의심되는 경우 공단은 인정조사를 실시하여 다시 등급판정을 할 수 있습니다.

「노인장기요양보험법 시행규칙」 별지 제6호 서식 (장기요양인정서)

---

① ㉠에 들어갈 내용은 '180일'이다.
② ㉡은 전자문서를 포함한 문서로만 제기할 수 있다.
③ ㉢에 들어갈 내용은 '30일'이다.
④ ㉣에는 오직 특별현금급여만이 입금되어야 하며, ㉣의 예금채권은 압류할 수 없다.

07. 다음 중 주·야간급여와 단기보호의 비교에 대한 설명으로 옳지 않은 것은?

① 주·야간보호와 단기보호 모두 장기요양기관의 보호를 받는다는 점에서 시설급여로 구분한다.
② 장기요양기관에서의 보호에는 신체활동의 지원뿐만 아니라 심신기능의 유지·향상을 위해 기관이 제공하는 훈련 프로그램의 진행을 포함한다.
③ 주·야간보호는 수급자를 하루 중 일정한 시간 동안 장기요양기관에 보호한다.
④ 단기보호는 수급자를 보건복지부령으로 정하는 단기간에 걸쳐 장기요양기관에 보호한다.

08. 다음 중 특별현금급여가 아닌 것은?

① 특례요양비 ② 요양병원간병비
③ 가족요양비 ④ 장기이식비

09. 다음 기사에서 빈칸 ㉠에 들어갈 용어는?

> 65세 이상 노인이나 치매·뇌혈관성 질환 등 노인성 질병을 앓고 있는 65세 미만 고령자는 6개월 이상 일상생활이 어렵다고 판단되면 장기요양보험을 통해 지원을 받을 수 있다. 지난해 말 기준 전체 노인인구의 8.8%인 67만여 명이 방문요양·목욕·간호 등 재가급여와 노인요양시설·공동생활가정 등 시설급여 지원을 받고 있다.
> 그런데 이때 일부 수급자나 가족이 장기요양요원에게 김장이나 밭일 등 (㉠)을/를 요구하는 경우가 있어 요원들이 고충을 토로해왔다. 장기요양기관장이 (㉠)을/를 요구하는 경우도 있었다.
> 이에 복지부는 요원이 고충을 토로하는 경우 상담을 통해 업무전환 조치 등을 취하도록 하고 장기요양기관장이 (㉠) 제공을 요구하면 과태료를 부과하기로 했다.
> 『노인장기요양 급여로 김장·밭일까지?…"과도한 요구 제한"』, 뉴시스, 2019. 06. 04.

① 특별현금급여 ② 방문요양
③ 급여외행위 ④ 단기보호

10. 다음 중 「노인장기요양보험법」상 장기요양기관의 지정에 대한 설명으로 옳은 것은?

① 장기요양급여를 제공하고자 하는 자는 시설 및 인력을 갖추어 재가장기요양기관을 설치하여 특별자치도지사·시장·군수·구청장에게 이를 신고해야 한다.
② 금고 이상의 형의 집행유예를 선고받고 그 유예기간 중에 있는 사람이나 파산선고를 받고 복권되지 아니한 사람 혹은 이를 대표자(중 하나)로 하고 있는 법인은 장기요양기관의 지정을 받을 수 없다.
③ 장기요양기관 지정의 유효기간인 6년이 끝난 후에도 계속하여 지정을 유지하려는 경우 국민건강보험공단에 유효기간 만기 90일 전까지 지정 갱신을 신청해야 한다.
④ 정신질환 이력이 있는 자는 전문의의 장기요양기관 설립·운영 업무에 종사하는 것이 적합하다는 인정이 있더라도 지정을 받을 수 없다.

11. 다음 중 장기요양기관의 폐업에 대한 설명으로 옳은 것은?

① 장기요양기관의 장이 장기요양기관을 폐업하기 위해서는 폐업 전 30일까지 국민건강보험공단에 직접 신고해야 한다.
② 국민건강보험공단은 폐업 예정인 장기요양기관의 인근지역에 대체 장기요양기관이 없는 경우 폐업을 금지할 수 있다.
③ 장기요양기관을 폐업하고자 하는 장기요양기관의 장은 장기요양급여 제공 자료를 국민건강보험공단으로 이관해야 한다.
④ 폐업 예정인 장기요양기관의 장에게 해당 장기요양기관의 이용자가 다른 장기요양기관을 선택하고 이용하도록 조치를 취할 의무는 없다.

12. 다음 중 장기요양기관의 지정취소 사유에 해당하지 않는 것은?

① 업무정지기간 중 장기요양급여를 제공한 경우
② 정당한 이유 없이 전문인 배상책임보험 가입을 거부한 경우
③ 수급자를 위해 급여된 금품을 목적 외의 용도로 사용한 경우
④ 장기요양기관을 운영하는 법인대표에게 징역형의 집행유예가 선고된 후 3개월 내에 해당 대표를 교체하지 않은 경우

13. 다음 중 장기요양기관 행정제재처분의 승계에 대한 설명으로 옳은 것은?

① 지정취소처분을 받고 폐업한 장기요양기관의 장의 배우자가 폐업 1년 후 다른 장소에서 다시 장기요양기관을 설립할 경우, 해당 행정제재처분은 신설된 장기요양기관에 승계된다.
② 업무정지 6개월 처분을 받아 진행 중인 장기요양기관을 합병하여 신설된 장기요양기관은 해당 행정제재처분의 존재를 알지 못했더라도 그 효과를 승계한다.
③ 업무정지 중에 있다는 사실이 공시되어 있더라도 업무정지 중인 장기요양기관을 양도하고자 하는 양도인은 양수인에게 해당 사실을 알릴 의무를 면할 수 없다.
④ 국민건강보험공단이 업무정지상태의 장기요양기관을 승계한 양수인의 장기요양기관에게 업무정지효과를 승계시키기 위해서는 양수인이 그 사실을 알고 양도받았음을 증명해야 한다.

14. 다음 장기요양기관의 재무 · 회계에 대한 설명으로 옳지 않은 것은?

① 보건복지부장관은 장기요양기관에 재무 · 회계에 관한 사항을 포함한 자료 제출을 명할 수 있다.
② 장기요양기관 중 국가나 지방자치단체 외의 자가 설치한 사회복지시설은 「노인장기요양보험법」의 재무 · 회계기준을 따를 것을 요구한다.
③ 특별자치시장 · 특별자치도지사 · 시장 · 군수 · 구청장은 장기요양기관 재무 · 회계기준을 위반한 장기요양기관에 대해 6개월 이내의 기간을 정하여 시정명령을 할 수 있다.
④ 장기요양기관의 재무 · 회계정보 처리는 전산매체 또는 전자문서교환방식이용을 원칙으로 한다.

15. 다음 중 수급자의 본인부담금에 대한 설명으로 옳지 않은 것은?

① 국민건강보험공단은 장기요양기관이 청구한 시설 급여비용 중 본인부담금을 공제한 금액을 장기요양기관에 지급하여야 한다.
② 장기요양기관의 장은 수급자의 본인부담금의 전부 혹은 일부를 장기요양요원이 부담할 것을 요구해서는 아니 된다.
③ 장기요양기관이 영리를 목적으로 수급자가 부담하는 본인부담금을 면제하거나 감경하는 것은 업무정지 혹은 지정취소 사유에 해당한다.
④ 수급자가 매월 부담하는 본인부담금의 총액이 대통령령으로 정하는 금액을 초과할 경우 국민건강보험공단이 그 초과분을 부담한다.

16. 다음 장기요양요원지원센터에 대한 설명으로 옳지 않은 것은?

   ① 국민건강보험공단은 장기요양요원의 권리를 보장하기 위하여 장기요양요원지원센터를 설치·운영할 수 있다.
   ② 장기요양요원지원센터는 장기요양요원의 권리 침해에 관한 상담 및 지원을 수행한다.
   ③ 장기요양요원지원센터는 장기요양요원에 대한 건강검진 등 건강관리를 위한 사업을 수행한다.
   ④ 장기요양요원지원센터에 관한 구체적인 사항은 각 지방자치단체의 조례로 정한다.

17. 〈보기〉에서 「노인장기요양보험법」상 국민건강보험공단이 관장하는 업무를 모두 고른 것은?

   보기
   ㉠ 장기요양보험료율의 심의
   ㉡ 장기요양급여의 월 한도액 심의
   ㉢ 장기요양등급판정위원회의 운영 및 장기요양등급의 판정
   ㉣ 장기요양보험료의 부과·징수
   ㉤ 재가 및 시설 급여비용 심의
   ㉥ 재가 및 시설 급여비용의 심사 및 지급과 특별현금급여의 지급
   ㉦ 장기요양요원의 건강검진 등 건강관리를 위한 사업
   ㉧ 장기요양요원의 역량강화를 위한 교육지원
   ㉨ 노인성질환예방사업

   ① ㉠, ㉡, ㉤
   ② ㉢, ㉣, ㉥, ㉨
   ③ ㉣, ㉥, ㉨
   ④ ㉤, ㉥, ㉦, ㉧

18. 다음은 〈보기〉와 「노인장기요양보험법」에서의 행정구제절차를 배운 학생들의 대화이다. 내용을 잘못 이해하고 있는 학생을 모두 고른 것은?

> **보기**
>
> 「행정소송법」 제18조(행정심판과의 관계) ① 취소소송은 법령의 규정에 의하여 당해 처분에 대한 행정심판을 제기할 수 있는 경우에도 이를 거치지 아니하고 제기할 수 있다. 다만, 다른 법률에 당해 처분에 대한 행정심판의 재결을 거치지 아니하면 취소소송을 제기할 수 없다는 규정이 있는 때에는 그러하지 아니하다.

> 학생 A : 「노인장기요양보험법」 제56조의2에서는 행정심판의 절차에 관한 규정을 준용한다는 내용이 있대. 그럼 장기요양보험료에 관한 이의제기 절차도 다른 행정법들의 권리구제절차랑 비슷할까?
> 학생 B : 맞아. 「노인장기요양보험법」도 「국민건강보험법」과 「국민연금법」과 같이 심사청구, 재심사청구, 행정소송 제도가 있어.
> 학생 C : 그중에서 재심사청구가 「행정심판법」에서 말하는 행정심판이지?
> 학생 D : 그런데 「노인장기요양보험법」에는 다른 행정법들과 달리 심사청구제도를 '이의신청'이라는 용어로 부르고 있어. 혼동하지 않게 조심해야겠는걸.
> 학생 E : 그리고 제57조에서 행정소송을 제기할 수 있다고 했으니까 장기요양보험료에 관해 이의제기를 할 때 원한다면 「행정소송법」 제18조에 나온 대로 심사청구나 재심사청구 절차를 안 거치고 바로 법원에 행정소송을 제기해도 되는 거겠네.
> 학생 F : 아니, 「노인장기요양보험법」에는 행정심판의 재결을 거치지 않으면 행정소송을 제기할 수 없다는 규정이 있어서 안 돼.

① 학생 B, 학생 F ② 학생 C, 학생 E
③ 학생 D, 학생 E ④ 학생 D, 학생 F

19. 다음 〈보기〉의 기관단체들의 소속을 올바르게 분류한 것은?

〈보기〉
㉠ 장기요양위원회
㉡ 장기요양등급판정위원회
㉢ 장기요양재심사위원회

	보건복지부장관	국민건강보험공단		보건복지부장관	국민건강보험공단
①	㉠, ㉡	㉢	②	㉠, ㉢	㉡
③	㉡	㉠, ㉢	④	㉡, ㉢	㉠

20. 「노인장기요양보험법」 제62조에는 업무수행 중 알게 된 비밀을 누설하면 안 된다는 비밀누설금지 규정이 있다. 이에 대한 설명으로 옳지 않은 것은?

① 장기요양기관에 종사하고 있거나 종사한 자는 업무수행 중 알게 된 비밀을 누설하여서는 아니 된다.
② 「노인장기요양보험법」 제62조를 위반하여 비밀을 누설한 자는 2년 이하의 징역 또는 2천만 원 이하의 벌금에 처한다.
③ 「노인장기요양보험법」 제62조 위반은 장기요양기관 지정취소의 직접적인 사유가 되지 않으나, 이로 인해 금고 이상의 형이 확정된다면 이를 이유로 장기요양기관의 지정이 취소될 수 있다.
④ 가족요양비 지급 업무를 수행하는 자는 비밀누설금지의 의무를 지지 않는다.

4회 기출예상문제

시험시간 : 20 분 | 문항수 : 20 문항

▶ 정답과 해설 38쪽

01. 다음 중 「노인장기요양보험법」상 장기요양에 관한 용어의 정의로 옳지 않은 것은?

① '노인등'이란 만 65세 이상의 노인 또는 65세 미만 중 대통령령으로 정하는 노인성 질병을 가진 자를 말한다.
② '장기요양기관'은 노인등의 신체활동 또는 가사활동 지원 등의 업무를 수행하는 자를 말한다.
③ '장기요양급여'는 6개월 이상 혼자서 일상생활을 수행하기 어렵다고 인정되는 자에게 지원되는 신체활동·가사활동의 지원, 간병 등의 서비스 또는 이에 갈음하여 지급하는 현금 등을 말한다.
④ '장기요양사업'은 장기요양보험료, 국가 및 지방자치단체의 부담금 등을 재원으로 하여 노인등에게 장기요양급여를 제공하는 사업을 말한다.

02. 다음은 노인장기요양사업에 관한 국가 및 지방자치단체의 책무(제4조)에 관한 내용이다. ㉠ ~ ㉣에 관한 「노인장기요양보험법」의 내용으로 잘못된 것은?

> 1. 국가 및 지방자치단체는 ㉠노인이 일상생활을 혼자서 수행할 수 있는 온전한 심신상태를 유지하는데 필요한 사업(이하 "노인성질환예방사업"이라 한다)을 실시하여야 한다.
> 2. 국가는 노인성질환예방사업을 수행하는 지방자치단체 또는 「국민건강보험법」에 따른 ㉡국민건강보험공단(이하 "공단"이라 한다)에 대하여 이에 소요되는 비용을 지원할 수 있다.
> 3. 국가 및 지방자치단체는 ㉢노인인구 및 지역특성 등을 고려하여 장기요양급여가 원활하게 제공될 수 있도록 적정한 수의 장기요양기관을 확충하고 장기요양기관의 설립을 지원하여야 한다.
> 4. 국가 및 지방자치단체는 장기요양급여가 원활히 제공될 수 있도록 공단에 필요한 행정적 또는 재정적 지원을 할 수 있다.
> 5. 국가 및 지방자치단체는 ㉣장기요양요원의 처우를 개선하고 복지를 증진하며 지위를 향상시키기 위하여 적극적으로 노력하여야 한다.
> 6. 국가 및 지방자치단체는 지역의 특성에 맞는 장기요양사업의 표준을 개발·보급할 수 있다.

① ㉠ : 장기요양급여는 노인이 자신의 의사와 능력에 따라 최대한 자립적으로 일상생활을 수행할 수 있도록 제공하여야 한다.
② ㉡ : 국가는 매년 예산의 범위 안에서 직전 연도 장기요양보험료 수입액의 100분의 20에 상당하는 금액을 공단에 지원한다.
③ ㉢ : 공단은 장기요양기관을 설치할 때 노인인구 및 지역특성 등을 고려한 지역 간 불균형 해소를 고려하여야 하고, 설치 목적에 필요한 최소한의 범위에서 이를 설치·운영하여야 한다.
④ ㉣ : 국가와 지방자치단체는 장기요양요원의 권리를 보호하기 위하여 장기요양요원지원센터를 설치·운영할 수 있다.

03. 〈자료〉는 2013년에 결정된 한 위헌법률심판 제청에서 청구인이 주장한 내용의 일부이다. 이를 참고하여 「노인장기요양보험법」을 바르게 이해하고 있는 학생을 모두 고른 것은? (단, 다툼이 있는 경우 판례에 의한다)

자료

(1) 이 사건 강제가입조항(국민건강보험의 강제가입조항)은 소득 유무 및 규모에 따른 예외나 선택의 여지를 두지 않고 모든 국민을 단일 보험자에 의한 건강보험에 강제로 가입시켜 보험료를 징수함으로써 행복추구권에서 파생하는 일반적 행동의 자유의 하나인 공법상의 단체에 강제로 가입하지 않을 자유와 재산권을 침해한다.

(2) (생략)

(3) 이 사건 위임조항에서는 지역가입자의 보험료부과점수의 산정방법·기준 그 밖에 필요한 사항을 법률이 아닌 대통령령으로 규정하도록 위임하고 있고, 지역가입자의 보험료부과점수당 금액 및 장기요양보험료율도 법률에 의하지 않고 대통령령으로 정하도록 위임하고 있는데, 건강보험료가 준조세에 해당함에도 구체적인 보험료 산정을 법률이 아니라 대통령령에 의하도록 한 것은 법률유보원칙 및 포괄위임입법금지원칙에 반한다.

헌법재판소 2013. 7. 25. 2010헌바51 전원재판부

학생 A : 장기요양보험의 가입자는 「국민건강보험법」의 가입자인데 지금도 국민건강보험은 지금 국민이면 의무적으로 가입해야 되고, 노인장기요양보험도 같이 의무가입하고 있잖아. 그럼 저 주장은 결국 안 받아들여진 거야?

학생 B : 응. 건강보험에 강제로 가입하게 하는 건 경제적 약자에게 기본적인 의료 서비스를 제공하고 소득재분배, 위험분산의 효과를 위해서 반드시 필요한 조치거든.

학생 C : 그런데 보험료율은 급여를 받아야 하는 대상자의 수나 물가 변동 등을 고려해야 하니까 보험료율은 탄력적으로 규율할 수 있게 대통령령으로 위임해야 되는 거 아닐까?

학생 D : (3)의 주장은 받아들여졌나 봐. 저 말대로 국민이면 의무적으로 가입해야 하는 만큼 사실상 세금과 같은 위치에 있는 거니까. 그래서 지금 노인장기요양보험의 보험료율은 대통령령이 아니라 법률로 직접 규정하고 있어.

① 학생 C
② 학생 D
③ 학생 A, 학생 B, 학생 C
④ 학생 A, 학생 B, 학생 D

04. 다음 장기요양인정의 신청에 대한 설명으로 옳지 않은 것을 모두 고르면?

> ㄱ. 모든 장기요양급여의 수급자는 장기요양인정서가 도달한 날로부터 장기요양기관에 장기요양급여를 받을 수 있다.
> ㄴ. 장기요양인정의 유효기간은 최소 1년이다.
> ㄷ. 의료급여수급권자는 장기요양보험가입 여부를 불문하고 장기요양인정을 신청할 수 있다.
> ㄹ. 사회복지전담공무원은 필요시 본인 또는 가족의 동의가 없어도 장기요양인정의 신청을 대리할 수 있다.

① ㄱ, ㄷ
② ㄱ, ㄹ
③ ㄴ, ㄷ
④ ㄴ, ㄹ

05. 다음 상황에 대한 공단의 대처사항으로 적절하지 않은 것은?

> 교통사고의 외상후유증으로 장기요양등급판정 2등급 판정을 받은 P 씨가 등급판정을 받은 후 2년 동안 20여 차례에 걸쳐 해외출입국을 한 사실이 확인되어, P 씨의 건강 상태와 P 씨가 장기요양인정신청 당시 P 씨와 개인적으로 친분이 있는 의사 D 씨가 작성하여 제출한 의사소견서 등에 대한 재조사에 착수하였다.

① 조사 결과 P 씨가 거짓으로 등급판정을 받은 사실이 확인된 경우 공단은 P 씨에게 등급조정신청을 할 것을 요청해야 한다.
② 만약 P 씨가 공단의 조사요구에 정당한 이유 없이 불응할 경우, 공단은 P 씨에 대한 장기요양급여의 제공을 중지할 수 있다.
③ P 씨가 거짓으로 등급판정을 받은 사실이 확인되어 장기요양등급을 재조정한 경우, 공단은 P 씨에 대해 재설정된 장기요양급여비용의 차액만큼을 환수할 수 있다.
④ 조사 결과 P 씨의 의사소견서를 작성한 의사 D 씨가 진단내용을 조작한 사실이 밝혀진 경우, 공단은 D 씨에 대해 P 씨가 받은 부당이득금 징수금을 연대납부하게 할 수 있다.

06. 다음 중 재가급여에 대한 설명으로 옳은 것은?

① 방문요양은 장기요양요원인 간호사 등이 의사의 지시서에 따라 수급자의 가정을 방문하여 간호, 진료보조, 요양상담 등을 제공하는 장기요양급여를 의미한다.
② 장기요양기관에 장기간 입소한 수급자에 대한 교육·훈련을 제공하는 시설급여는 재가급여에 해당한다.
③ 수급자를 하루 중 일정한 시간 동안 장기요양기관에 보호하는 주·야간보호는 재가급여에 해당하지 않는다.
④ 수급자를 보건복지부령으로 정하는 일정 기간 동안 장기요양기관에 보호하는 단기보호는 재가급여에 해당한다.

07. 다음 중 특별현금급여에 대한 설명으로 옳지 않은 것은?

① 공단은 수급자의 신체·정신상의 특수성에 의해 가족 등으로부터의 장기요양이 반드시 요구되는 경우에는 수급자에게 특별현금급여를 지급할 수 있다.
② 특별현금급여는 수급자 본인 명의의 지정 계좌로 입금하는 것이 원칙이나, 가족요양비는 요양을 제공한 수급자 가족 명의의 지정 계좌로 입금해야 한다.
③ 특별현금급여계좌의 예금채권은 압류할 수 없다.
④ 특별현금급여로 지급된 현금은 「국민기초생활 보장법」상 소득 또는 재산으로 분류되지 않는다.

08. 다음 빈칸 ㉠에 들어갈 이 문서의 명칭은?

(㉠)					
본 서식은 수급자가 장기요양급여를 원활히 이용할 수 있도록 발급하는 이용계획서로 장기요양기관과 급여계약 체결 시 제시하시기 바랍니다.					
성 명		○○○	생년월일	1948. XX. XX.	
장기요양등급		2 등급	인정유효기간	3년	
재가급여(월 한도액)		1개월당 1,331,800원	본인부담율(%) ※ 발급일 기준	재가	15 %
시설급여	노인요양시설 일반	1일당 70,990 원		시설	20 %
장기요양 필요영역	장기요양 목표				장기요양 필요내용
신체기능 의사소통 인지기능	신체기능상태의 유지 기초체력의 유지 및 질병 예방 의사소통능력의 유지				신체활동지원 정서지원 기능평가 및 훈련
수급자 희망급여					
유의사항	이동 시 낙상의 위험이 있으니 주의가 필요합니다.				
장기요양 이용계획 및 비용 (급여비용 기준일 : 20XX - XX - XX)					
급여종류	횟 수			장기요양급여비용	본인부담금
노인요양시설	월	31	회	2,129,700 원	425,940 원
	합계			2,129,700 원	425,940 원
복지용구					

① 의사소견서
② 장기요양인정신청서
③ 장기요양급여제공계획서
④ 개인별장기요양이용계획서

09. 다음 〈보기〉 중 「노인장기요양보험법」상 장기요양기관으로 지정받을 수 없는 사람(혹은 이를 대표자 중 하나로 하고 있는 법인)을 모두 고른 것은?

보기
㉠ 평소 노인복지사업에 관심이 많은 만 14세 중학생 B 씨
㉡ 대마 중독으로 현재 마약 중독치료를 받고 있는 G 씨
㉢ 10년 전 징역 5년을 선고받고 만기출소한 전직 조직폭력배 K 씨
㉣ 파산선고를 받고 아직 복권되지 않은 사업가 P 씨
㉤ 작년에 징역 1년 집행유예 3년을 선고받고 석방된 J 씨

① ㉠, ㉡, ㉢
② ㉡, ㉢, ㉣, ㉤
③ ㉠, ㉢, ㉣
④ ㉠, ㉡, ㉣, ㉤

10. 다음 중 장기요양기관 지정의 갱신절차에 대한 설명으로 옳은 것은?

① 장기요양기관의 지정의 유효기간은 3년이며, 갱신을 하지 않으면 지정이 취소된다.
② 갱신 심사가 완료되어 지정 갱신이 결정된 경우 그 결과를 해당 장기요양기관의 장에게 통보할 필요는 없다.
③ 장기요양기관의 갱신 심사에 필요하다고 판단될 경우 국민건강보험공단 직원으로 하여금 현장 심사를 하게 할 수 있다.
④ 장기요양기관의 갱신 심사에 필요하다고 판단될 경우 특별자치시장·특별자치도지사·시장·군수·구청장은 장기요양기관에 추가자료 제출을 요구할 수 있다.

11. 다음 중 장기요양기관의 운영에 따른 의무사항에 관한 대화의 내용으로 옳지 않은 것은?

① 장기요양기관 입소정원에 여유가 없으면 장기요양급여를 거부할 수는 있어.
② 장기요양기관 직원이 아닌 사람이면 수급자를 장기요양기관에 소개시켜주고 사은품을 제공해주는 것 정도는 괜찮아.
③ 재무·회계기준을 위반한 장기요양기관에 대해서는 6개월 이내의 시정명령이 내려질 수 있어.
④ 장기요양기관 현황 자료는 국민건강보험공단 홈페이지에서 누구나 찾아볼 수 있어.

12. 다음 「노인장기요양보험법」상 장기요양요원의 처우 보장에 관한 설명으로 옳지 않은 것은?

   ① 장기요양기관의 장은 수급자가 부담해야 할 본인부담금을 장기요양요원에게 부담하도록 요구하여서는 아니 된다.
   ② 장기요양요원은 수급자에게 성희롱·성폭력 행위를 당한 경우 장기요양기관의 장에게 업무의 전환 등의 조치를 받을 수 있다.
   ③ 국가와 지방자치단체는 장기요양요원의 권리침해사실에 대한 직접수사권을 보유한 장기요양요원지원센터를 설치할 수 있다.
   ④ 장기요양요원에게 급여외행위를 제공할 것을 요구한 장기요양기관의 장에 대해서는 장기요양기관 지정취소를 명할 수 있다.

13. 다음 중 장기요양기관의 지정취소에 따른 특별자치시장·특별자치도지사·시장·군수·구청장의 조치사항으로 적절하지 않은 것은?

   ① 관할 시장·군수·구청장은 관할 특별시장·광역시장 또는 도지사를 거쳐 보건복지부장관에게 관할구역 내 장기요양기관의 지정취소사실을 통보해야 한다.
   ② 특별자치시장·특별자치도지사·시장·군수·구청장은 장기요양기관의 지정취소사실을 수급자와 그 보호자에게 우편 또는 정보통신망 등의 방법으로 통보해야 한다.
   ③ 특별자치시장·특별자치도지사·시장·군수·구청장은 장기요양기관의 지정취소가 있을 것임을 국민건강보험공단에 사전 통보해야 한다.
   ④ 특별자치시장·특별자치도지사·시장·군수·구청장 장기요양기관을 이용하는 수급자가 다른 장기요양기관을 선택하여 이용할 수 있도록 조치해야 한다.

14. 다음 중 장기요양기관의 위반사실 공표에 대한 설명으로 옳지 않은 것은?

① 거짓으로 시설급여비용을 청구한 금액이 1,000만 원 이상인 장기요양기관은 위반사실 공표 대상이 될 수 있다.
② 특별자치시장·특별자치도지사·시장·군수·구청장은 공표를 심의하기 위한 공표심의위원회를 설치·운영할 수 있다.
③ 위반사실 공표는 위반사실, 처분내용뿐만 아니라 다른 장기요양기관과의 구별을 위해 장기요양기관의 명칭과 주소와 장기요양기관장의 성명까지 함께 공표된다.
④ 특별자치시장·특별자치도지사·시장·군수·구청장은 필요한 경우 위반사실 공표를 하기 전 청문을 실시할 수 있다.

15. 다음은 장기요양 부당청구에 가담한 장기요양종사자의 사례이다. 이에 대한 처분으로 옳지 않은 것은?

〈부당청구 가담종사자 처분사례〉
- A 사회복지사는 실제 서비스를 제공하지 않고 서비스를 제공한 것처럼 B 요양보호사 몰래 B 요양보호사의 이름으로 급여제공기록지를 허위로 작성하여 급여비용을 청구하였다.
- B 요양보호사는 각각 다른 지방자치단체 관할 장기요양기관 두 개소에 소속되어 실제 서비스는 제공하지 않고 제공한 것처럼 급여제공기록지를 허위 작성하고 자격증을 빌려준 대가를 받는 등 부당청구에 적극 가담하였다.
- C 요양보호사는 주 2일만 서비스를 제공하고 나머지 3일은 서비스를 제공하지 않고 태그(RFID*)를 떼어 소지하고 다니면서 요양보호시 본인 집에서 태그(RFID) 전송 후 급여비용을 청구하였다.

* RFID(재가급여 전자관리시스템) : 서비스 제공시간을 실시간으로 전송하는 시스템

① 해당 장기요양종사자에게는 1년 이하의 장기요양급여 제공 제한처분과 더불어 500만 원 이하의 과태료가 부과된다.
② 해당 급여제공제한처분을 한 관할 지방자치단체장은 그 내용을 국민건강보험공단에 통보해야 한다.
③ 해당 장기요양종사자 소속 법인은 행위자의 처벌과 별도로 벌금 부과대상이 될 수 있다.
④ 관할 지방자치단체장은 해당 장기요양종사자의 장기요양급여 제공 제한처분에 대한 청문을 실시하여야 한다.

16. 다음 중 장기요양급여의 월 한도액에 대한 설명으로 옳지 않은 것은?

① 장기요양급여의 월 한도액을 초과하는 급여비용은 수급자 본인이 전부 부담한다.
② 월 한도액을 초과하여 지급된 장기요양급여는 부당이득에 해당하여 국민건강보험공단이 이에 상당한 금액을 징수한다.
③ 장기요양인정신청서는 급여별 월 한도액을 감안하여 작성한다.
④ 장기요양급여의 월 한도액은 장기요양등급과 장기요양급여의 종류 등을 고려하여 산정한다.

17. 다음 장기요양위원회에 대한 설명으로 옳은 것은?

① 장기요양위원회는 보건복지부장관을 위원장으로 하여 위원장 1인과 위원 중에서 호선(互選)한 부위원장 1인을 포함한 16인 이상 22인 이하의 위원으로 구성한다.
② 농어업인단체의 대표는 장기요양위원회의 위원이 될 수 있다.
③ 장기요양위원회 위원의 임기는 위원이 공무원인 경우를 포함하여 3년으로 한다.
④ 장기요양위원회의 회의는 재적의원 과반수의 출석으로 개의하고 재적의원 과반수의 찬성으로 의결한다.

18. 다음 장기요양등급판정위원회에 대한 설명으로 옳은 것은?

① 국민건강보험공단은 「노인장기요양보험법」 제6조의2에 의해 장기요양등급판정위원회의 판정에 따라 장기요양급여를 받을 사람의 규모에 대한 조사를 정기적으로 실시하고 그 결과를 공표해야 한다.
② 서울특별시 소속 공무원은 서울시장에 의해 장기요양등급판정위원회의 위원으로 국민건강보험공단에 3년간 파견될 수 있다.
③ 장기요양등급판정위원회의 등급판정을 위해 의사소견서를 발급한 의사의 의견을 청취할 수 없는 대신, 위원회의 구성에는 반드시 의사 또는 한의사를 1인 이상 포함해야 한다.
④ 장기요양등급판정위원회의 위원 중 공무원이 아닌 사람이 장기요양등급판정에 관해 뇌물을 수수하여 적발된 경우 그 경우에 한하여 해당 위원은 공무원으로 본다.

19. 다음 「노인장기요양보험법」상 심사청구와 재심사청구의 절차에 관한 설명으로 옳지 않은 것은?

① 심사청구는 처분이 있음을 안 날로부터 90일, 처분이 있은 날로부터 180일 이내에 하여야 한다. 다만, 정당한 사유로 그 기간에 심사청구를 할 수 없었음을 증명한다면 그 기간이 지난 후에도 심사청구를 할 수 있다.
② 심사청구를 심사하기 위한 장기요양심사위원회를 국민건강보험공단에 둔다.
③ 심사청구에 대한 결정에 불복하는 사람은 결정통지를 받은 날로부터 90일 이내에 장기요양재심사위원회에 재심사를 청구할 수 있다. 다만, 정당한 사유로 그 기간에 심사청구를 할 수 없었음을 증명한다면 그 기간이 지난 후에도 재심사청구를 할 수 있다.
④ 재심사위원회는 위원장 1명을 포함한 20인 이내의 위원으로 구성된, 보건복지부장관 소속의 기관이다.

20. 다음 「국민건강보험법」 규정 중 「노인장기요양보험법」에서 준용하고 있지 않은 내용은?

① 국민건강보험공단이 가입자에게 보험료를 징수할 권리는 3년 동안 행사하지 않으면 시효완성으로 소멸한다(제91조 제1항 제1호).
② 국민건강보험공단은 보험급여를 받을 수 있는 사람이 업무 또는 공무로 생긴 질병·부상·재해로 다른 법령에 따른 보험급여나 보상(報償) 또는 보상(補償)을 받게 되는 경우에 해당하는 사람에게 보험급여를 하지 않는다(제53조 제1항 제4호).
③ 보험료는 가입자의 자격을 취득한 날이 속하는 달의 다음 달부터 가입자의 자격을 잃은 날의 전날이 속하는 달까지 징수한다(제69조 제2항).
④ 요양급여비용은 국민건강보험공단의 이사장과 대통령령으로 정하는 의약계를 대표하는 사람들의 계약으로 정한다(제45조 제1항).

5회 기출예상문제

시험시간 : 20분   문항수 : 20문항

▶ 정답과 해설 43쪽

01. 다음 빈칸 ㉠ ~ ㉣에 들어갈 「노인장기요양보험법」상의 용어를 바르게 나열한 것은?

- (㉠)란 등급판정위원회에 의해 6개월 이상 동안 혼자서 일상생활을 수행하기 어렵다고 인정되는 자에게 신체활동·가사활동의 지원 또는 간병 등의 서비스나 이에 갈음하여 지급하는 현금 등을 말한다.
- (㉡)이란 장기요양보험료, 국가 및 지방자치단체의 부담금 등을 재원으로 하여 노인등에게 장기요양급여를 제공하는 사업을 말한다.
- (㉢)이란 특별자치시장·특별자치도지사·시장·군수·구청장으로부터 지정을 받은 기관으로서 장기요양급여를 제공하는 기관을 말한다.
- (㉣)(이)란 장기요양기관에 소속되어 노인등의 신체활동 또는 가사활동 지원 등의 업무를 수행하는 자를 말한다.

	㉠	㉡	㉢	㉣
①	장기요양급여	복지용구사업	국민건강보험공단	요양보호사
②	장기요양급여	장기요양사업	장기요양기관	장기요양요원
③	특별현금급여	장기요양사업	국민건강보험공단	요양보호사
④	특별현금급여	복지용구사업	장기요양기관	장기요양요원

02. 다음 중 노인장기요양사업을 위한 국가 및 지방자치단체의 책무 등에 대한 설명으로 옳지 않은 것은?

① 국가와 지방자치단체는 장기요양급여의 제공을 위해 국민건강보험공단에 필요한 행정적·재정적 지원을 할 수 있다.
② 국가와 지방자치단체는 장기요양급여의 원활한 제공을 위해 가능한 최대한도 수의 장기요양기관의 설립을 확보할 의무를 진다.
③ 국가와 지방자치단체는 지역의 특성에 맞는 장기요양사업의 표준을 개발·보급할 수 있다.
④ 국가의 장기요양기본계획 시행은 노인뿐만 아니라 장애인 등 일상생활을 혼자서 수행하기 어려운 모든 국민을 대상으로 한다.

03. 다음 중 장기요양인정의 신청자격을 충족하지 못한 경우를 모두 고른 것은? (단, 제시된 내용 외의 조건은 모두 충족한 것으로 본다)

> ㉠ 노인장기요양보험에 가입하지 않은 의료급여수급권자
> ㉡ 도서·벽지 지역에 거주하여 의사소견서를 발급받지 못한 자
> ㉢ 치매환자인 신청인의 가족의 동의서를 받은 치매안심센터장

① ㉠
② ㉢
③ ㉠, ㉡
④ 없다.

04. 다음 중 장기요양인정을 신청하는 자가 첨부하는 의사소견서를 발급할 수 있는 사람은?

① 한의사
② 물리치료사
③ 간호사
④ 작업치료사

05. 다음 중 장기요양인정 신청 절차에 대한 설명으로 옳지 않은 것은?

① 장기요양인정을 신청하기 위해 장기요양인정신청서에 첨부해야 하는 의사소견서는 필요시 장기요양등급판정위원회에 자료가 제출되기 전까지 이를 별도로 제출할 수 있다.
② 장기요양급여를 받고자 하는 자 또는 수급자가 신체적·정신적인 사유로 신청절차를 직접 수행할 수 없는 경우, 수급자 본인의 가족이나 친족, 기타 이해관계인이 신청을 대리할 수 있다.
③ 장기요양인정신청서를 접수한 후 신청인의 심신 상태와 신청인에게 필요한 장기요양급여의 종류 및 내용의 조사에는 반드시 2명 이상의 국민건강보험공단 소속 직원의 참여를 요구한다.
④ 지리적 사정으로 국민건강보험공단의 자체적인 직접 조사가 어려운 경우, 국민건강보험공단은 특별자치도·시·군·구에 해당 조사를 의뢰하거나 공동조사를 요청할 수 있다.

06. 다음 중 장기요양인정서와 개인별장기요양이용계획서에 대한 설명으로 옳은 것은?

① 장기요양인정서는 장기요양기관이 작성하여 수급자에게 송부한다.
② 개인별장기요양이용계획서는 수급자가 작성하여 장기요양기관에 제출한다.
③ 장기요양인정서의 작성에는 수급자 가족의 욕구 및 선택을 반영해서는 안 된다.
④ 장기요양인정서에는 수급자의 장기요양등급과 제공받을 수 있는 장기요양급여의 종류 및 내용을 기재한다.

07. 다음 중 특별현금급여에 대한 설명으로 옳은 것은?

① 신체·정신적 이유로 대인과의 접촉을 기피하여 가족으로부터 장기요양을 받아야 함을 이유로 국민건강보험공단으로부터 특별현금급여로 가족요양비를 지급받을 수는 없다.
② 수급자가 장기요양기관이 아닌 노인요양시설 등의 기관 또는 시설에서 재가급여 또는 시설급여에 상당한 장기요양급여를 받은 경우 장기요양급여비용의 일부를 특별현금급여로 지급받을 수 있다.
③ 천재지변으로 인해 해당 지역의 장기요양기관의 이용이 어려워짐을 이유로는 특별현금급여의 지급대상이 되지는 않는다.
④ 수급자가 장기요양기관이 아닌 종합병원에 입원한 경우에도 병원비의 일부를 요양병원간병비로 지급받을 수 있다.

08. 다음 중 장기요양기관의 지정에 대한 설명으로 옳은 것은?

① 의료기관이 아닌 자가 방문간호를 제공하는 장기요양기관을 설치할 경우 그 관리책임자인 의사를 두어야 한다.
② 장기요양기관을 지정한 국민건강보험공단은 지체 없이 그 명세를 특별자치시장·특별자치도지사·시장·군수·구청장에게 통보하여야 한다.
③ 장기요양기관의 지정을 받지 않고 장기요양기관을 운영한 경우 2년 이하의 징역 또는 2천만 원 이하의 벌금에 처한다.
④ 장기요양기관의 지정취소를 받은 자는 그 취소를 받은 후 10년 동안 장기요양기관의 지정을 받을 수 없다.

09. 다음 〈자료〉는 한 '데이케어센터'의 서비스 내용이다. 이에 해당하는 장기요양급여제도는?

자료

- 대상
  - 장기요양급여 수급자(1 ~ 5등급), 인지지원등급
  - 심신이 허약하거나 장애가 있어 주간 또는 야간 동안의 보호가 필요한 65세 이상의 어르신
- 내용

시간/요일	월	화	수	목	금	토
08:00	오전송영					오전송영
09:00	어르신 맞이(출결파악 안부확인 Vital(활력징후)체크) & 오전간식					
11:00	도구체조 (외부강사)	목욕 (10:30) 미술활동	미술활동	매일체조 & 현실감각 훈련	목욕 (10:30) 미술활동	미술활동/ 음악활동
12:00	중식					
13:00	휴식(담소, 명상, 음악감상 등)					
14:00	인지회상 훈련 (외부강사)	실버체조 (외부강사)	놀이활동	웃음치료 (외부강사)	음악치료 (외부강사)	인지활동/ 음악활동
15:00	오후간식					
15:10	음악활동	인지회상 활동	음악활동 / 인지활동	음악활동 / 인지활동	사회적응 훈련	어르신 건강체조
16:10	오후 귀가 송영준비					

시간/요일	월	화	수	목	금
16:30	휴식(독서, TV시청, 명상, 음악감상 등)				
17:00	석식				
18:00	족욕 및 발 관리(수, 목)				
	인지회상훈련				사회적응훈련
18:40	저녁간식				
19:00	야간 귀가 준비 및 송영 1차, 2차				

① 방문요양　　　　　　　② 단기보호
③ 주·야간보호　　　　　④ 시설급여

10. 다음 중 장기요양기관의 의무 및 권한으로 옳은 것은?

① 어떠한 이유로도 수급자의 장기요양급여신청을 거부해서는 안 된다.
② 수급자가 부담해야 할 본인부담금을 임의로 감경할 수 있다.
③ 수급자가 생업의 지원을 요청할 경우 이를 성실히 이행해야 한다.
④ 영리를 목적으로 금전 등의 제공을 약속하는 방법으로 수급자를 장기요양으로 유인하는 행위를 하여서는 안 된다.

11. 장기요양기관장 B 씨는 기관 내 시설확장공사를 위해 자신이 운영하는 장기요양기관을 임시 휴업하고자 한다. 다음 중 B 씨가 취해야 할 조치사항으로 적절하지 않은 것은?

① B 씨는 휴업 예정일 전 30일까지 관할 지방자치단체장에게 해당 사실을 신고해야 한다.
② 만일 해당 장기요양기관을 이용하고 있는 수급자가 부담한 비용 중 정산할 비용이 있다면 이를 정산해야 한다.
③ 해당 장기요양기관의 인근에 대체 장기요양기관이 없다는 이유로 국민건강보험공단으로부터 휴업 철회 권고를 받은 B 씨는 공사계획을 다시 검토하기로 하였다.
④ B 씨는 휴업 예정일 전 국민건강보험공단의 허가를 받아 장기요양급여 제공 자료를 직접 보관하기로 하였다.

12. 다음 중 노인장기요양에 관한 특별자치시장·특별자치도지사·시장·군수·구청장의 권한에 해당하지 않는 것은?

① 각 특별자치시·특별자치도·시·군·구 단위 장기요양등급판정위원회의 설치 및 운영
② 장기요양기관의 지정갱신 신청에 대한 현장심사 실시명령
③ 장기요양기관의 사항에 관한 변경지정 및 변경신고의 수리
④ 장기요양기관이 거짓으로 1천만 원 이상의 시설급여비용을 청구한 이유로 지정취소처분이 확정된 경우 해당 장기요양기관의 명칭·주소의 공표

13. 다음 중 장기요양기관의 행정제재처분에 대한 설명으로 옳지 않은 것은?

① 행정제재처분을 받은 지 3년 이내에 해당 기관을 양도받은 양수인은 해당 행정제재처분의 효과를 승계한다.
② 행정제재처분을 받은 자가 장기요양기관 폐업 후 3년 이내에 같은 장소에서 그 배우자나 직계혈족이 장기요양기관을 설립한 경우, 해당 행정제재처분의 사실을 알지 못하였음을 증명하더라도 그 효과를 승계한다.
③ 장기요양기관이 거짓으로 시설급여를 청구하였다는 이유로 행정제재처분을 받은 경우, 그 청구금액에 따라 장기요양기관의 명칭 등의 내용을 공표할 수 있다.
④ 행정제재를 받은 법인이 합병되어 기존 법인이 소멸하더라도 행정처분의 효과는 합병으로 신설된 법인에 승계되는 행정제재처분 효과의 승계제도는「노인장기요양보험법」에도 존재한다.

14. 다음 자료의 내용에 해당하는 기관에 관한 설명으로 옳지 않은 것은?

> 1. 설치근거 :「노인장기요양보험법」제45조 ~ 제47조, 동법 시행령 제16조 ~ 제18조
> 2. 설치목적
>   노인장기요양보험제도의 가입자, 공급자 등 이해관계자들의 참여하에 보험료율과 현금·현물 급여에 관한 사항을 심의
> 3. 구성
>   (1) 위원장 : 보건복지부차관
>   (2) 부위원장 : 위원장이 위원 중에서 지명
>   (3) 위원 : 16인 이상 22인 이하, 다음 (가) ~ (다)에 해당하는 자를 각각 동수로 구성
>   (가) 근로자단체, 사용자단체, 시민단체(비영리민간단체), 노인단체, 농어업인단체 또는 자영자단체를 대표하는 자
>   (나) 장기요양기관 또는 의료계를 대표하는 자
>   (다) 대통령령으로 정하는 관계 중앙행정기관의 고위공무원단 소속 공무원, 장기요양에 관한 학계 또는 연구계를 대표하는 자, 국민건강보험공단 이사장이 추천하는 자

① 국민건강보험종합계획 및 그 시행계획에 대한 사항을 심의한다.
② 특례요양비의 지급기준에 대한 사항을 심의한다.
③ 공무원이 아닌 소속 위원의 임기는 3년이다.
④ 위원회의 효율적인 운영을 위해 각 분야별로 실무위원회를 둘 수 있다.

15. 다음 중 〈보기〉에 제시된 규정의 적용을 받는 사람을 모두 고른 것은?

> **보기**
>
> 제129조(수뢰, 사전수뢰) ① 공무원 또는 중재인이 그 직무에 관하여 뇌물을 수수, 요구 또는 약속한 때에는 5년 이하의 징역 또는 10년 이하의 자격정지에 처한다.

> ㉠ 장기요양등급판정위원회 소속 위원인 의료인
> ㉡ 장기요양위원회 소속 위원인 비영리민간단체 대표
> ㉢ 보건복지부장관이 위촉한 재심사위원회 위원
> ㉣ 공표심의위원회 소속 위원으로서 변호사 자격이 있는 법률전문가

① 없다.
② ㉢
③ ㉠, ㉡, ㉣
④ ㉠, ㉡, ㉢, ㉣

16. 다음 중 국민건강보험공단 내 장기요양사업 관련 조직 구성에 대한 설명으로 옳지 않은 것은?

① 공단의 정관에 장기요양보험료와 장기요양급여에 관한 사항을 기재한다.
② 공단은 재가 및 시설급여비용에 대한 심의업무를 수행한다.
③ 공단은 장기요양사업에 대한 독립회계를 설치·운영하여야 한다.
④ 공단 내 국민건강보험과 장기요양보험의 가입자격관리는 동일한 부서에서 수행한다.

17. 다음 중 등급판정위원회에 대한 설명으로 옳지 않은 것은?

① 등급판정위원회의 위원장은 보건복지부장관이 위촉한다.
② 등급판정위원회는 특별자치시·특별자치도·시·군·구 단위로 설치하되, 인구수를 고려하여 둘 이상의 지역을 통합 관할하도록 할 수 있다.
③ 공무원이 아닌 등급판정위원회의 위원 임기는 3년으로 한다.
④ 등급판정위원회의 회의는 구성원 과반수의 출석으로 개의하고 출석위원 과반수의 찬성으로 의결한다.

18. 다음 중 「노인장기요양보험법」상 심사청구에 대한 설명으로 옳지 않은 것은?

    ① 심사청구를 담당하는 장기요양심사위원회는 국민건강보험공단의 소속으로 한다.
    ② 심사청구는 그 처분이 있음을 안 날부터 90일, 처분이 있은 날부터 180일 이내에 제기하여야 한다.
    ③ 재심사청구는 심사청구에 대한 불복절차이므로 반드시 심사청구의 절차를 거쳐야 한다.
    ④ 행정소송을 제기하기 위해서는 반드시 심사청구와 재심사청구의 절차를 거쳐야 한다.

19. 다음 중 내용과 그 기간과의 연결이 잘못된 것을 모두 고르면?

    ⊙ 보건복지부장관의 장기요양기본계획 시행기간 → 5년
    ⓒ 부정하게 재가급여비용을 청구한 행위에 가담한 장기요양종사자의 급여제공정지처분 → 최대 2년
    ⓒ 장기요양기관 지정의 유효기간 → 지정일부터 6년
    ⓔ 등급판정위원회의 장기요양등급판정기간 → 신청서 제출일부터 최장 60일
    ⓜ 장기요양에 관한 국민건강보험공단의 처분에 대해 이의를 제기한 심사청구 결과에 불복하는 재심사청구 → 결정통지를 받은 날부터 90일 이내

    ① ⓒ
    ② ⊙, ⓒ
    ③ ⓒ, ⓔ
    ④ ⊙, ⓔ, ⓜ

20. 다음 중 「노인장기요양보험법」상 벌칙규정의 적용대상이 아닌 경우는?

    ① 수급자에게 장기요양급여명세서를 교부하지 않는 경우
    ② 장기요양기관 지정 갱신 신청 권고에 응하지 않을 경우
    ③ 장기요양보험사업과 관련이 없는 자가 '노인장기요양보험'이라는 이름의 사보험을 판매한 경우
    ④ 폐업할 장기요양기관의 장이 정당한 사유 없이 해당 기관의 수급자가 부담한 비용을 정산하지 않은 경우

국민
건강보험
공단

직무시험

노인장기요양보험법

파트 3 법조문 빈칸 채우기

- 제1장 총칙
- 제2장 장기요양보험
- 제3장 장기요양인정
- 제4장 장기요양급여의 종류
- 제5장 장기요양급여의 제공
- 제6장 장기요양기관
- 제7장 재가 및 시설 급여비용 등
- 제8장 장기요양위원회 등
- 제9장 관리운영기관
- 제10장 심사청구 및 재심사청구
- 제11장 보칙
- 제12장 벌칙

제1장 총칙

▶ 정답과 해설 48쪽

제1조(목적) 이 법은 고령이나 ▢ 질병 등의 사유로 ▢ 을 혼자서 수행하기 어려운 노인등에게 제공하는 신체활동 또는 가사활동 지원 등의 ▢ 에 관한 사항을 규정하여 노후의 건강증진 및 생활안정을 도모하고 그 가족의 부담을 덜어줌으로써 국민의 삶의 질을 향상하도록 함을 목적으로 한다.

답

제2조(정의) 이 법에서 사용하는 용어의 정의는 다음과 같다.
1. "노인등"이란 ▢ 이상의 노인 또는 ▢ 미만의 자로서 치매·뇌혈관성질환 등 대통령령으로 정하는 ▢ 질병을 가진 자를 말한다.
2. "장기요양급여"란 제15조 제2항에 따라 ▢ 이상 동안 혼자서 일상생활을 수행하기 어렵다고 인정되는 자에게 신체활동·가사활동의 지원 또는 간병 등의 서비스나 이에 갈음하여 지급하는 현금 등을 말한다.
3. "장기요양사업"이란 ▢, 국가 및 지방자치단체의 부담금 등을 재원으로 하여 노인등에게 장기요양급여를 제공하는 사업을 말한다.
4. "장기요양기관"이란 제31조에 따른 지정을 받은 기관으로서 장기요양급여를 제공하는 기관을 말한다.
5. "장기요양요원"이란 ▢ 에 소속되어 노인등의 신체활동 또는 가사활동 지원 등의 업무를 수행하는 자를 말한다.

답

제3조(장기요양급여 제공의 기본원칙) ① 장기요양급여는 노인등이 자신의 의사와 능력에 따라 최대한 자립적으로 ▩▩▩을 수행할 수 있도록 제공하여야 한다.
② 장기요양급여는 노인등의 심신상태·생활환경과 노인등 및 그 ▩▩▩의 욕구·선택을 종합적으로 고려하여 필요한 범위 안에서 이를 적정하게 제공하여야 한다.
③ 장기요양급여는 노인등이 가족과 함께 생활하면서 가정에서 장기요양을 받는 ▩▩▩를 우선적으로 제공하여야 한다.
④ 장기요양급여는 노인등의 심신상태나 건강 등이 악화되지 아니하도록 ▩▩▩와 연계하여 이를 제공하여야 한다.

답

제4조(국가 및 지방자치단체의 책무 등) ① 국가 및 지방자치단체는 노인이 ▩▩▩을 혼자서 수행할 수 있는 온전한 심신상태를 유지하는데 필요한 사업(이하 "노인성질환예방사업"이라 한다)을 실시하여야 한다.
② 국가는 노인성질환예방사업을 수행하는 지방자치단체 또는 「국민건강보험법」에 따른 국민건강보험공단(이하 "공단"이라 한다)에 대하여 이에 소요되는 비용을 지원할 수 있다.
③ 국가 및 지방자치단체는 노인인구 및 ▩▩▩ 등을 고려하여 장기요양급여가 원활하게 제공될 수 있도록 적정한 수의 장기요양기관을 확충하고 장기요양기관의 설립을 지원하여야 한다.
④ 국가 및 지방자치단체는 국·공립 장기요양기관을 확충하기 위하여 노력하여야 한다.
⑤ 국가 및 지방자치단체는 장기요양급여가 원활히 제공될 수 있도록 공단에 필요한 ▩▩▩ 또는 재정적 지원을 할 수 있다.
⑥ 국가 및 지방자치단체는 ▩▩▩의 처우를 개선하고 복지를 증진하며 지위를 향상시키기 위하여 적극적으로 노력하여야 한다.
⑦ 국가 및 지방자치단체는 지역의 특성에 맞는 장기요양사업의 ▩▩▩을 개발·보급할 수 있다.

답

국민건강보험공단 직무시험

제5조(장기요양급여에 관한 국가정책방향) 국가는 제6조의 ▨▨▨을 수립·시행함에 있어서 노인뿐만 아니라 장애인 등 일상생활을 혼자서 수행하기 어려운 모든 국민이 장기요양급여, 신체활동지원 서비스 등을 제공받을 수 있도록 노력하고 나아가 이들의 생활안정과 ▨▨▨을 지원할 수 있는 시책을 강구하여야 한다.

🗹 답

제6조(장기요양기본계획) ① ▨▨▨은 노인등에 대한 장기요양급여를 원활하게 제공하기 위하여 ▨▨▨ 단위로 다음 각 호의 사항이 포함된 장기요양기본계획을 수립·시행하여야 한다.
1. 연도별 장기요양급여 대상인원 및 재원조달 계획
2. 연도별 장기요양기관 및 장기요양전문인력 관리 방안
3. ▨▨▨의 처우에 관한 사항
4. 그 밖에 노인등의 장기요양에 관한 사항으로서 대통령령으로 정하는 사항
② ▨▨▨은 제1항에 따른 장기요양기본계획에 따라 세부시행계획을 수립·시행하여야 한다.

🗹 답

제6조의2(실태조사) ① _____ 은 장기요양사업의 실태를 파악하기 위하여 _____ 마다 다음 각 호의 사항에 관한 조사를 정기적으로 실시하고 그 결과를 공표하여야 한다.
1. 장기요양인정에 관한 사항
2. 제52조에 따른 장기요양등급판정위원회(이하 "등급판정위원회"라 한다)의 판정에 따라 _____ 를 받을 사람(이하 "수급자"라 한다)의 규모, 그 급여의 수준 및 만족도에 관한 사항
3. 장기요양기관에 관한 사항
4. 장기요양요원의 근로조건, 처우 및 규모에 관한 사항
5. 그 밖에 장기요양사업에 관한 사항으로서 보건복지부령으로 정하는 사항
② 제1항에 따른 실태조사의 방법과 내용 등에 필요한 사항은 보건복지부령으로 정한다.

답

제2장 장기요양보험

▶ 정답과 해설 48쪽

제7조(장기요양보험) ① 장기요양보험사업은 ▭ 이 관장한다.
② 장기요양보험사업의 보험자는 ▭ 으로 한다.
③ 장기요양보험의 가입자(이하 "장기요양보험가입자"라 한다)는 「▭」 제5조 및 제109조에 따른 가입자로 한다.
④ 공단은 제3항에도 불구하고 「외국인근로자의 고용 등에 관한 법률」에 따른 외국인근로자 등 대통령령으로 정하는 외국인이 신청하는 경우 보건복지부령으로 정하는 바에 따라 장기요양보험가입자에서 ▭ 할 수 있다.

 답

제8조(장기요양보험료의 징수) ① 공단은 장기요양사업에 사용되는 비용에 충당하기 위하여 장기요양보험료를 징수한다.
② 제1항에 따른 장기요양보험료는 「국민건강보험법」 제69조에 따른 보험료(이하 이 조에서 "건강보험료"라 한다)와 ▭ 하여 징수한다. 이 경우 공단은 장기요양보험료와 건강보험료를 ▭ 하여 고지하여야 한다.
③ 공단은 제2항에 따라 ▭ 징수한 장기요양보험료와 건강보험료를 각각의 독립회계로 관리하여야 한다.

답

제9조(장기요양보험료의 산정) ① 장기요양보험료는 「국민건강보험법」 제69조 제4항·제5항 및 제109조 제9항 단서에 따라 산정한 보험료액에서 같은 법 제74조 또는 제75조에 따라 경감 또는 면제되는 비용을 [   ]한 금액에 같은 법 제73조 제1항에 따른 [   ] 대비 장기요양보험료율의 비율을 곱하여 산정한 금액으로 한다.
② 제1항에 따른 장기요양보험료율은 제45조에 따른 [   ]의 심의를 거쳐 대통령령으로 정한다.
③ 제1항에도 불구하고 장기요양보험의 특성을 고려하여 「국민건강보험법」 제74조 또는 제75조에 따라 경감 또는 면제되는 비용을 달리 적용할 필요가 있는 경우에는 대통령령으로 정하는 바에 따라 경감 또는 면제되는 비용의 [   ] 수준을 달리 정할 수 있다.

답

제10조(장애인 등에 대한 장기요양보험료의 감면) 공단은 「장애인복지법」에 따른 장애인 또는 이와 유사한 자로서 대통령령으로 정하는 자가 장기요양보험가입자 또는 그 [   ]인 경우 제15조 제2항에 따른 [   ]로 결정되지 못한 때 대통령령으로 정하는 바에 따라 장기요양보험료의 전부 또는 일부를 감면할 수 있다.

답

제11조(장기요양보험가입 자격 등에 관한 준용) 「[   ]」 제5조, 제6조, 제8조부터 제11조까지, 제69조 제1항부터 제3항까지, 제76조부터 제86조까지, 제109조 제1항부터 제9항까지 및 제110조는 장기요양보험가입자·피부양자의 자격취득·상실, 장기요양보험료 등의 납부·징수 및 결손처분 등에 관하여 이를 준용한다. 이 경우 "보험료"는 "장기요양보험료"로, "건강보험"은 "장기요양보험"으로, "가입자"는 "[   ]"로 본다.

답

제3장 장기요양인정

제12조(장기요양인정의 신청자격) 장기요양인정을 신청할 수 있는 자는 [　　　]등으로서 다음 각 호의 어느 하나에 해당하는 자격을 갖추어야 한다.
1. 장기요양보험가입자 또는 그 [　　　]
2. 「의료급여법」 제3조 제1항에 따른 수급권자(이하 "의료급여수급권자"라 한다)

답

제13조(장기요양인정의 신청) ① 장기요양인정을 신청하는 자(이하 "신청인"이라 한다)는 공단에 보건복지부령으로 정하는 바에 따라 장기요양인정신청서(이하 "신청서"라 한다)에 의사 또는 [　　　]가 발급하는 소견서(이하 "의사소견서"라 한다)를 첨부하여 제출하여야 한다. 다만, 의사소견서는 공단이 제15조 제1항에 따라 [　　　]에 자료를 제출하기 전까지 제출할 수 있다.
② 제1항에도 불구하고 거동이 현저하게 불편하거나 도서·벽지 지역에 거주하여 [　　　]을 방문하기 어려운 자 등 대통령령으로 정하는 자는 [　　　]를 제출하지 아니할 수 있다.
③ 의사소견서의 발급비용·비용부담방법·발급자의 범위, 그 밖에 필요한 사항은 보건복지부령으로 정한다.

답

제14조(장기요양인정 신청의 조사) ① 공단은 제13조 제1항에 따라 신청서를 접수한 때 보건복지부령으로 정하는 바에 따라 소속 직원으로 하여금 다음 각 호의 사항을 조사하게 하여야 한다. 다만, 지리적 사정 등으로 직접 조사하기 어려운 경우 또는 조사에 필요하다고 인정하는 경우 특별자치시·특별자치도·시·군·구(자치구를 말한다. 이하 같다)에 대하여 조사를 의뢰하거나 공동으로 조사할 것을 요청할 수 있다.
1. 신청인의 [　　　]
2. 신청인에게 필요한 장기요양급여의 종류 및 내용
3. 그 밖에 장기요양에 관하여 필요한 사항으로서 보건복지부령으로 정하는 사항
② 공단은 제1항 각 호의 사항을 조사하는 경우 [　　　] 이상의 소속 직원이 조사할 수 있도록 노력하여야 한다.

③ 제1항에 따라 조사를 하는 자는 조사일시, 장소 및 조사를 담당하는 자의 인적사항 등을 미리 신청인에게 통보하여야 한다.
④ 공단 또는 제1항 단서에 따른 조사를 의뢰받은 특별자치시·특별자치도·시·군·구는 조사를 완료한 때   를 작성하여야 한다. 조사를 의뢰받은 특별자치시·특별자치도·시·군·구는 지체 없이 공단에   를 송부하여야 한다.

답

제15조(등급판정 등) ① 공단은 제14조에 따른 조사가 완료된 때 조사결과서, 신청서,   , 그 밖에 심의에 필요한 자료를 등급판정위원회에 제출하여야 한다.
② 등급판정위원회는 신청인이 제12조의 신청자격요건을 충족하고   이상 동안 혼자서 일상생활을 수행하기 어렵다고 인정하는 경우 심신상태 및 장기요양이 필요한 정도 등 대통령령으로 정하는 등급판정기준에 따라 수급자로 판정한다.
③ 등급판정위원회는 제2항에 따라 심의·판정을 하는 때 신청인과 그   , 의사소견서를 발급한 의사 등 관계인의 의견을 들을 수 있다.
④ 공단은 장기요양급여를 받고 있거나 받을 수 있는 자가 다음 각 호의 어느 하나에 해당하는 것으로 의심되는 경우에는 제14조 제1항 각 호의 사항을 조사하여 그 결과를 등급판정위원회에 제출하여야 한다.
1. 거짓이나 그 밖의 부정한 방법으로 장기요양인정을 받은 경우
2.   로 사고를 발생하도록 하거나 본인의   에 기인하여 장기요양인정을 받은 경우
⑤ 등급판정위원회는 제4항에 따라 제출된 조사 결과를 토대로 제2항에 따라 다시 수급자 등급을 조정하고 수급자 여부를 판정할 수 있다.

답

제16조(장기요양등급판정기간) ① 등급판정위원회는 신청인이 신청서를 제출한 날부터 ▢▢▢ 이내에 제15조에 따른 장기요양등급판정을 완료하여야 한다. 다만, 신청인에 대한 정밀조사가 필요한 경우 등 기간 이내에 등급판정을 완료할 수 없는 부득이한 사유가 있는 경우 ▢▢▢ 이내의 범위에서 이를 연장할 수 있다.
② 공단은 등급판정위원회가 제1항 단서에 따라 장기요양인정심의 및 등급판정기간을 연장하고자 하는 경우 신청인 및 ▢▢▢ 에게 그 내용·사유 및 기간을 통보하여야 한다.

[답]

제17조(장기요양인정서) ① 공단은 등급판정위원회가 장기요양인정 및 등급판정의 심의를 완료한 경우 지체 없이 다음 각 호의 사항이 포함된 장기요양인정서를 작성하여 수급자에게 송부하여야 한다.
1. ▢▢▢
2. 장기요양급여의 종류 및 내용
3. 그 밖에 장기요양급여에 관한 사항으로서 보건복지부령으로 정하는 사항
② 공단은 등급판정위원회가 장기요양인정 및 등급판정의 심의를 완료한 경우 수급자로 판정받지 못한 신청인에게 그 내용 및 ▢▢▢ 를 통보하여야 한다. 이 경우 특별자치시장·특별자치도지사·시장·군수·구청장(자치구의 구청장을 말한다. 이하 같다)은 공단에 대하여 이를 통보하도록 요청할 수 있고, 요청을 받은 공단은 이에 응하여야 한다.
③ 공단은 제1항에 따라 장기요양인정서를 송부하는 때 장기요양급여를 원활히 이용할 수 있도록 제28조에 따른 월 한도액 범위 안에서 ▢▢▢ 를 작성하여 이를 함께 송부하여야 한다.
④ 제1항 및 제3항에 따른 장기요양인정서 및 ▢▢▢ 의 작성방법에 관하여 필요한 사항은 보건복지부령으로 정한다.

[답]

제18조(장기요양인정서를 작성할 경우 고려사항) 공단은 장기요양인정서를 작성할 경우 제17조 제1항 제2호에 따른 장기요양급여의 종류 및 내용을 정하는 때 다음 각 호의 사항을 고려하여 정하여야 한다.
1. 수급자의 장기요양등급 및 생활환경
2. 수급자와 그 ▒▒▒ 의 욕구 및 선택
3. ▒▒▒ 를 제공하는 경우 장기요양기관이 운영하는 시설 현황

> 답

제19조(장기요양인정의 유효기간) ① 제15조에 따른 장기요양인정의 유효기간은 최소 ▒▒▒ 이상으로서 대통령령으로 정한다.
② 제1항의 유효기간의 산정방법과 그 밖에 필요한 사항은 ▒▒▒ 으로 정한다.

> 답

제20조(장기요양인정의 갱신) ① 수급자는 제19조에 따른 장기요양인정의 유효기간이 만료된 후 장기요양급여를 계속하여 받고자 하는 경우 ▒▒▒ 에 장기요양인정의 갱신을 신청하여야 한다.
② 제1항에 따른 장기요양인정의 갱신 신청은 유효기간이 만료되기 전 ▒▒▒ 까지 이를 완료하여야 한다.
③ 제12조부터 제19조까지의 규정은 장기요양인정의 갱신절차에 관하여 준용한다.

> 답

제21조(장기요양등급 등의 변경) ① 장기요양급여를 받고 있는 수급자는 장기요양등급, 장기요양급여의 [   ] 또는 내용을 변경하여 장기요양급여를 받고자 하는 경우 [   ]에 변경신청을 하여야 한다.

② 제12조부터 제19조까지의 규정은 장기요양등급의 변경절차에 관하여 준용한다.

답

제22조(장기요양인정 신청 등에 대한 대리) ① 장기요양급여를 받고자 하는 자 또는 수급자가 신체적·정신적인 사유로 이 법에 따른 장기요양인정의 신청, 장기요양인정의 갱신신청 또는 장기요양등급의 변경신청 등을 직접 수행할 수 없을 때 본인의 가족이나 친족, 그 밖의 [   ]은 이를 대리할 수 있다.

② 다음 각 호의 어느 하나에 해당하는 사람은 관할 지역 안에 거주하는 사람 중 장기요양급여를 받고자 하는 사람 또는 수급자가 제1항에 따른 장기요양인정신청 등을 직접 수행할 수 없을 때 본인 또는 [   ]의 동의를 받아 그 신청을 대리할 수 있다.

1. 「사회보장급여의 이용·제공 및 수급권자 발굴에 관한 법률」 제43조에 따른 [   ]
2. 「치매관리법」 제17조에 따른 [   ]의 장(장기요양급여를 받고자 하는 사람 또는 수급자가 같은 법 제2조 제2호에 따른 치매환자인 경우로 한정한다)

③ 제1항 및 제2항에도 불구하고 장기요양급여를 받고자 하는 자 또는 수급자가 제1항에 따른 장기요양인정신청 등을 할 수 없는 경우 특별자치시장·특별자치도지사·시장·군수·구청장이 지정하는 자는 이를 대리할 수 있다.

④ 제1항부터 제3항까지의 규정에 따른 장기요양인정신청 등의 방법 및 절차 등에 관하여 필요한 사항은 보건복지부령으로 정한다.

답

제4장 장기요양급여의 종류

▶ 정답과 해설 49쪽

제23조(장기요양급여의 종류) ① 이 법에 따른 장기요양급여의 종류는 다음 각 호와 같다.
1. 재가급여
   가. _____ : 장기요양요원이 수급자의 가정 등을 방문하여 신체활동 및 가사활동 등을 지원하는 장기요양급여
   나. _____ : 장기요양요원이 목욕설비를 갖춘 장비를 이용하여 수급자의 가정 등을 방문하여 목욕을 제공하는 장기요양급여
   다. _____ : 장기요양요원인 _____ 등이 의사, 한의사 또는 치과의사의 지시서(이하 "방문간호지시서"라 한다)에 따라 수급자의 가정 등을 방문하여 간호, 진료의 보조, 요양에 관한 상담 또는 구강위생 등을 제공하는 장기요양급여
   라. _____ : 수급자를 하루 중 일정한 시간 동안 장기요양기관에 보호하여 신체활동 지원 및 심신기능의 유지·향상을 위한 교육·훈련 등을 제공하는 장기요양급여
   마. _____ : 수급자를 보건복지부령으로 정하는 범위 안에서 일정 기간 동안 장기요양기관에 보호하여 신체활동 지원 및 심신기능의 유지·향상을 위한 교육·훈련 등을 제공하는 장기요양급여
   바. _____ : 수급자의 일상생활·신체활동 지원 및 인지기능의 유지·향상에 필요한 용구(소프트웨어를 포함한다)를 제공하거나 가정을 방문하여 재활에 관한 지원 등을 제공하는 장기요양급여로서 대통령령으로 정하는 것
2. _____ : 장기요양기관에 장기간 입소한 수급자에게 신체활동 지원 및 심신기능의 유지·향상을 위한 교육·훈련 등을 제공하는 장기요양급여
3. _____
   가. 가족요양비 : 제24조에 따라 지급하는 가족장기요양급여
   나. 특례요양비 : 제25조에 따라 지급하는 특례장기요양급여
   다. 요양병원간병비 : 제26조에 따라 지급하는 요양병원장기요양급여

② 제1항 제1호 및 제2호에 따라 장기요양급여를 제공할 수 있는 장기요양기관의 종류 및 기준과 장기요양급여 종류별 장기요양요원의 범위·업무·보수교육 등에 관하여 필요한 사항은 대통령령으로 정한다.
③ 장기요양기관은 제1항 제1호 가목에서 마목까지의 재가급여 전부 또는 일부를 통합하여 제공하는 서비스(이하 이 조에서 "통합재가서비스"라 한다)를 제공할 수 있다.
④ 제3항에 따라 통합재가서비스를 제공하는 장기요양기관은 보건복지부령으로 정하는 인력, 시설, 운영 등의 기준을 준수하여야 한다.
⑤ 장기요양급여의 제공 기준·절차·방법·범위, 그 밖에 필요한 사항은 보건복지부령으로 정한다.

답

제24조(가족요양비) ① 공단은 다음 각 호의 어느 하나에 해당하는 수급자가 가족 등으로부터 제23조 제1항 제1호 가목에 따른 방문요양에 상당한 장기요양급여를 받은 때 대통령령으로 정하는 기준에 따라 해당 수급자에게 가족요양비를 지급할 수 있다.
1. ▨▨ 등 장기요양기관이 현저히 부족한 지역으로서 보건복지부장관이 정하여 고시하는 지역에 거주하는 자
2. ▨▨ 이나 그 밖에 이와 유사한 사유로 인하여 장기요양기관이 제공하는 장기요양급여를 이용하기가 어렵다고 보건복지부장관이 인정하는 자
3. 신체·정신 또는 ▨▨ 등 대통령령으로 정하는 사유로 인하여 가족 등으로부터 장기요양을 받아야 하는 자
② 제1항에 따른 가족요양비의 지급절차와 그 밖에 필요한 사항은 보건복지부령으로 정한다.

제25조(특례요양비) ① 공단은 수급자가 장기요양기관이 아닌 ▨▨ 등의 기관 또는 시설에서 재가급여 또는 ▨▨ 에 상당한 장기요양급여를 받은 경우 대통령령으로 정하는 기준에 따라 해당 장기요양급여비용의 일부를 해당 수급자에게 특례요양비로 지급할 수 있다.
② 제1항에 따라 장기요양급여가 인정되는 기관 또는 시설의 범위, 특례요양비의 지급절차, 그 밖에 필요한 사항은 보건복지부령으로 정한다.

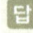

제26조(요양병원간병비) ① 공단은 수급자가 「의료법」 제3조 제2항 제3호 라목에 따른 ▨▨ 에 입원한 때 대통령령으로 정하는 기준에 따라 장기요양에 사용되는 비용의 일부를 요양병원간병비로 지급할 수 있다.
② 제1항에 따른 요양병원간병비의 지급절차와 그 밖에 필요한 사항은 보건복지부령으로 정한다.

제5장 장기요양급여의 제공

▶ 정답과 해설 49쪽

제27조(장기요양급여의 제공) ① 수급자는 제17조 제1항에 따른 ▨▨▨와 같은 조 제3항에 따른 ▨▨▨가 도달한 날부터 장기요양급여를 받을 수 있다.

② 제1항에도 불구하고 수급자는 돌볼 ▨▨▨이 없는 경우 등 대통령령으로 정하는 사유가 있는 경우 신청서를 제출한 날부터 ▨▨▨가 도달되는 날까지의 기간 중에도 장기요양급여를 받을 수 있다.

③ 수급자는 장기요양급여를 받으려면 장기요양기관에 장기요양인정서와 개인별장기요양이용계획서를 제시하여야 한다. 다만, 수급자가 장기요양인정서 및 개인별장기요양이용계획서를 제시하지 못하는 경우 장기요양기관은 공단에 전화나 ▨▨▨ 등을 통하여 그 자격 등을 확인할 수 있다.

④ 장기요양기관은 제3항에 따라 수급자가 제시한 장기요양인정서와 개인별장기요양이용계획서를 바탕으로 ▨▨▨를 작성하고 수급자의 동의를 받아 그 내용을 공단에 통보하여야 한다.

⑤ 제2항에 따른 장기요양급여 인정 범위와 절차, 제4항에 따른 장기요양급여 제공 계획서 작성 절차에 관한 구체적인 사항 등은 대통령령으로 정한다.

답

제27조의2(특별현금급여수급계좌) ① 공단은 특별현금급여를 받는 수급자의 신청이 있는 경우에는 특별현금급여를 ▨▨▨ 명의의 지정된 계좌(이하 "특별현금급여수급계좌"라 한다)로 입금하여야 한다. 다만, 정보통신장애나 그 밖에 대통령령으로 정하는 불가피한 사유로 특별현금급여수급계좌로 이체할 수 없을 때에는 ▨▨▨ 지급 등 대통령령으로 정하는 바에 따라 특별현금급여를 지급할 수 있다.

② 특별현금급여수급계좌가 개설된 ▨▨▨은 특별현금급여만이 특별현금급여수급계좌에 입금되도록 관리하여야 한다.

③ 제1항에 따른 신청방법·절차와 제2항에 따른 특별현금급여수급계좌의 관리에 필요한 사항은 대통령령으로 정한다.

답

제28조(장기요양급여의 월 한도액) ① 장기요양급여는 월 한도액 범위 안에서 제공한다. 이 경우 월 한도액은 ▨▨ 및 ▨▨ 의 종류 등을 고려하여 산정한다.
② 제1항에 따른 월 한도액의 산정기준 및 방법, 그 밖에 필요한 사항은 보건복지부령으로 정한다.

답

제28조의2(급여외행위의 제공 금지) ① 수급자 또는 장기요양기관은 장기요양급여를 제공받거나 제공할 경우 다음 각 호의 행위(이하 "급여외행위"라 한다)를 요구하거나 제공하여서는 아니 된다.
1. 수급자의 ▨▨ 만을 위한 행위
2. 수급자 또는 그 가족의 ▨▨ 을 지원하는 행위
3. 그 밖에 수급자의 ▨▨ 에 지장이 없는 행위
② 그 밖에 급여외행위의 범위 등에 관한 구체적인 사항은 보건복지부령으로 정한다.

답

제29조(장기요양급여의 제한) ① 공단은 장기요양급여를 받고 있는 자가 정당한 사유 없이 제15조 제4항에 따른 조사나 제60조 또는 제61조에 따른 요구에 응하지 아니하거나 ▨▨ 을 거절한 경우 장기요양급여의 전부 또는 일부를 제공하지 아니하게 할 수 있다.
② 공단은 장기요양급여를 받고 있거나 받을 수 있는 자가 장기요양기관이 거짓이나 그 밖의 부정한 방법으로 장기요양급여비용을 받는 데에 가담한 경우 장기요양급여를 중단하거나 ▨▨ 의 범위에서 장기요양급여의 횟수 또는 제공 기간을 제한할 수 있다.
③ 제2항에 따른 장기요양급여의 중단 및 제한 기준과 그 밖에 필요한 사항은 보건복지부령으로 정한다.

답

제30조(장기요양급여의 제한 등에 관한 준용)「_____」제53조 제1항 제4호, 같은 조 제2항부터 제6항까지, 제54조 및 제109조 제10항은 이 법에 따른 보험료 체납자 등에 대한 장기요양급여의 제한 및 장기요양급여의 정지에 관하여 준용한다. 이 경우 "가입자"는 "장기요양보험가입자"로, "보험급여"는 "장기요양급여"로 본다.

답

제6장 장기요양기관

제31조(장기요양기관의 지정) ① 제23조 제1항 제1호에 따른 ▨▨▨ 또는 같은 항 제2호에 따른 ▨▨▨를 제공하는 장기요양기관을 운영하려는 자는 보건복지부령으로 정하는 장기요양에 필요한 시설 및 인력을 갖추어 소재지를 관할 구역으로 하는 특별자치시장·특별자치도지사·시장·군수·구청장으로부터 지정을 받아야 한다.
② 제1항에 따라 장기요양기관으로 지정을 받을 수 있는 시설은 「노인복지법」 제31조에 따른 ▨▨▨ 중 대통령령으로 정하는 시설로 한다.
③ 특별자치시장·특별자치도지사·시장·군수·구청장이 제1항에 따른 지정을 하려는 경우에는 다음 각 호의 사항을 검토하여 장기요양기관을 지정하여야 한다. 이 경우 특별자치시장·특별자치도지사·시장·군수·구청장은 공단에 관련 자료의 제출을 요청하거나 그 의견을 들을 수 있다.
1. 장기요양기관을 운영하려는 자의 장기요양급여 제공 이력
2. 장기요양기관을 운영하려는 자 및 그 기관에 종사하려는 자가 이 법, 「사회복지사업법」 또는 「노인복지법」 등 장기요양기관의 운영과 관련된 법에 따라 받은 행정처분의 내용
3. 장기요양기관의 운영 계획
4. 해당 지역의 노인인구 수, 치매 등 노인성질환 환자 수 및 장기요양급여 수요 등 지역 특성
5. 그 밖에 특별자치시장·특별자치도지사·시장·군수·구청장이 장기요양기관으로 지정하는 데 필요하다고 인정하여 정하는 사항
④ 특별자치시장·특별자치도지사·시장·군수·구청장은 제1항에 따라 장기요양기관을 지정한 때 지체 없이 지정 명세를 ▨▨▨에 통보하여야 한다.
⑤ 제23조 제1항 제1호에 따른 재가급여를 제공하는 장기요양기관 중 ▨▨▨이 아닌 자가 설치·운영하는 장기요양기관이 방문간호를 제공하는 경우에는 방문간호의 관리책임자로서 ▨▨▨를 둔다.
⑥ 장기요양기관의 지정절차와 그 밖에 필요한 사항은 보건복지부령으로 정한다.

제32조의2(결격사유) 다음 각 호의 어느 하나에 해당하는 자는 제31조에 따른 장기요양기관으로 지정받을 수 없다.
1. _____, 피성년후견인 또는 피한정후견인
2. 「정신건강증진 및 정신질환자 복지서비스 지원에 관한 법률」 제3조 제1호의 정신질환자. 다만, 전문의가 장기요양기관 설립·운영 업무에 종사하는 것이 적합하다고 인정하는 사람은 그러하지 아니하다.
3. 「마약류 관리에 관한 법률」 제2조 제1호의 마약류에 중독된 사람
4. _____를 받고 복권되지 아니한 사람
5. _____ 이상의 실형을 선고받고 그 집행이 종료(집행이 종료된 것으로 보는 경우를 포함한다)되거나 집행이 면제된 날부터 5년이 경과되지 아니한 사람
6. 금고 이상의 형의 _____를 선고받고 그 유예기간 중에 있는 사람
7. 대표자가 제1호부터 제6호까지의 규정 중 어느 하나에 해당하는 법인

답

제32조의3(장기요양기관 지정의 유효기간) 제31조에 따른 장기요양기관 지정의 유효기간은 지정을 받은 날부터 _____으로 한다.

답

제32조의4(장기요양기관 지정의 갱신) ① 장기요양기관의 장은 제32조의3에 따른 지정의 유효기간이 끝난 후에도 계속하여 그 지정을 유지하려는 경우에는 소재지를 관할구역으로 하는 특별자치시장·특별자치도지사·시장·군수·구청장에게 지정 유효기간이 끝나기 [   ] 전까지 지정 갱신을 신청하여야 한다.
② 제1항에 따른 신청을 받은 특별자치시장·특별자치도지사·시장·군수·구청장은 갱신 심사에 필요하다고 판단되는 경우에는 장기요양기관에 추가자료의 제출을 요구하거나 소속 공무원으로 하여금 [   ]를 하게 할 수 있다.
③ 제1항에 따른 지정 갱신이 지정 유효기간 내에 완료되지 못한 경우에는 심사 결정이 이루어질 때까지 지정이 [   ]한 것으로 본다.
④ 특별자치시장·특별자치도지사·시장·군수·구청장은 갱신 심사를 완료한 경우 그 결과를 지체 없이 해당 장기요양기관의 장에게 통보하여야 한다.
⑤ 특별자치시장·특별자치도지사·시장·군수·구청장이 지정의 갱신을 거부하는 경우 그 내용의 통보 및 수급자의 권익을 보호하기 위한 조치에 관하여는 제37조 제2항 및 제5항을 준용한다.
⑥ 그 밖에 지역별 장기요양급여의 수요 등 지정 갱신의 기준, 절차 및 방법 등에 필요한 사항은 보건복지부령으로 정한다.

🟩 답

제33조(장기요양기관의 시설·인력에 관한 변경) ① 장기요양기관의 장은 시설 및 인력 등 보건복지부령으로 정하는 중요한 사항을 변경하려는 경우에는 보건복지부령으로 정하는 바에 따라 특별자치시장·특별자치도지사·시장·군수·구청장의 [   ]을 받아야 한다.
② 제1항에 따른 사항 외의 사항을 변경하려는 경우에는 보건복지부령으로 정하는 바에 따라 특별자치시장·특별자치도지사·시장·군수·구청장에게 [   ]를 하여야 한다.
③ 제1항 및 제2항에 따라 [   ]을 하거나 [   ]를 받은 특별자치시장·특별자치도지사·시장·군수·구청장은 지체 없이 해당 변경 사항을 [   ]에 통보하여야 한다.

🟩 답

제33조의2(폐쇄회로 텔레비전의 설치 등) ① 장기요양기관을 운영하는 자는 ▨▨▨ 방지 등 수급자의 안전과 장기요양기관의 보안을 위하여 「개인정보 보호법」 및 관련 법령에 따른 폐쇄회로 텔레비전(이하 "폐쇄회로 텔레비전"이라 한다)을 설치·관리하여야 한다. 다만, 다음 각 호의 어느 하나에 해당하는 경우에는 그러하지 아니하다.
  1. 제23조 제1항 제1호에 따른 ▨▨▨ 만을 제공하는 경우
  2. 장기요양기관을 운영하는 자가 수급자 전원 또는 그 보호자 전원의 동의를 받아 특별자치시장·특별자치도지사·시장·군수·구청장에게 신고한 경우
  3. 장기요양기관을 설치·운영하는 자가 수급자, 그 보호자 및 장기요양기관 종사자 전원의 동의를 받아 「개인정보 보호법」 및 관련 법령에 따른 ▨▨▨ 를 설치한 경우

② 제1항에 따라 폐쇄회로 텔레비전을 설치·관리하는 자는 수급자 및 장기요양기관 종사자 등 정보주체의 권리가 침해되지 아니하도록 다음 각 호의 사항을 준수하여야 한다.
  1. ▨▨▨ 방지 등 수급자의 안전과 장기요양기관의 보안을 위하여 최소한의 영상정보만을 적법하고 정당하게 수집하고, 목적 외의 용도로 활용하지 아니하도록 할 것
  2. 수급자 및 장기요양기관 종사자 등 정보주체의 권리가 침해받을 가능성과 그 위험 정도를 고려하여 영상정보를 안전하게 관리할 것
  3. 수급자 및 장기요양기관 종사자 등 정보주체의 사생활 침해를 최소화하는 방법으로 영상정보를 처리할 것

③ 장기요양기관을 운영하는 자는 폐쇄회로 텔레비전에 기록된 영상정보를 ▨▨▨ 이상 보관하여야 한다.

④ 국가 또는 지방자치단체는 제1항에 따른 폐쇄회로 텔레비전 ▨▨▨ 의 전부 또는 일부를 지원할 수 있다.

⑤ 제1항에 따른 폐쇄회로 텔레비전의 설치·관리 기준 및 동의 또는 신고의 방법·절차·요건, 제3항에 따른 영상정보의 보관기준 및 보관기간 등에 필요한 사항은 보건복지부령으로 정한다.

답

제33조의3(영상정보의 열람금지 등) ① 폐쇄회로 텔레비전을 설치·관리하는 자는 다음 각 호의 어느 하나에 해당하는 경우를 제외하고는 제33조의2 제3항의 영상정보를 열람하게 하여서는 아니 된다.
1. 수급자가 자신의 생명·신체·▢▢▢▢상의 이익을 위하여 본인과 관련된 사항을 확인할 목적으로 열람 시기·절차 및 방법 등 보건복지부령으로 정하는 바에 따라 요청하는 경우
2. 수급자의 보호자가 수급자의 안전을 확인할 목적으로 열람 시기·절차 및 방법 등 보건복지부령으로 정하는 바에 따라 요청하는 경우
3. 「개인정보 보호법」 제2조 제6호 가목에 따른 ▢▢▢▢이 「노인복지법」 제39조의11 등 법령에서 정하는 노인의 안전업무 수행을 위하여 요청하는 경우
4. 범죄의 수사와 공소의 제기 및 유지, 법원의 재판업무 수행을 위하여 필요한 경우
5. 그 밖에 노인 관련 안전업무를 수행하는 기관으로서 보건복지부령으로 정하는 자가 업무의 수행을 위하여 열람시기·절차 및 방법 등 보건복지부령으로 정하는 바에 따라 요청하는 경우

② 장기요양기관을 운영하는 자는 다음 각 호의 어느 하나에 해당하는 행위를 하여서는 아니 된다.
1. 제33조의2 제1항의 설치 목적과 다른 목적으로 폐쇄회로 텔레비전을 임의로 조작하거나 다른 곳을 비추는 행위
2. ▢▢▢▢기능을 사용하거나 보건복지부령으로 정하는 저장장치 이외의 장치 또는 기기에 영상정보를 저장하는 행위

③ 장기요양기관을 운영하는 자는 제33조의2 제3항의 영상정보가 분실·도난·유출·변조 또는 훼손되지 아니하도록 내부 관리계획의 수립, 접속기록 보관 등 대통령령으로 정하는 바에 따라 안전성 확보에 필요한 기술적·관리적·물리적 조치를 하여야 한다.

④ 국가 및 지방자치단체는 장기요양기관에 설치한 폐쇄회로 텔레비전의 설치·관리와 그 영상정보의 열람으로 수급자 및 장기요양기관 종사자 등 정보주체의 권리가 침해되지 아니하도록 설치·관리 및 열람 실태를 보건복지부령으로 정하는 바에 따라 매년 ▢▢▢▢ 이상 조사·점검하여야 한다.

⑤ 폐쇄회로 텔레비전의 설치·관리와 그 영상정보의 열람에 관하여 이 법에서 규정된 것을 제외하고는 「개인정보 보호법」(제25조는 제외한다)을 적용한다.

제34조(장기요양기관 정보의 안내 등) ① 장기요양기관은 수급자가 장기요양급여를 쉽게 선택하도록 하고 장기요양기관이 제공하는 급여의 질을 보장하기 위하여 장기요양기관별 급여의 내용, 시설·인력 등 현황자료 등을 공단이 운영하는 _____ 에 게시하여야 한다.
② 제1항에 따른 게시 내용, 방법, 절차, 그 밖에 필요한 사항은 보건복지부령으로 정한다.

답

제35조(장기요양기관의 의무 등) ① 장기요양기관은 수급자로부터 장기요양급여신청을 받은 때 장기요양급여의 제공을 거부하여서는 아니 된다. 다만, _____ 에 여유가 없는 경우 등 정당한 사유가 있는 경우는 그러하지 아니하다.
② 장기요양기관은 제23조 제5항에 따른 장기요양급여의 제공 기준·절차 및 방법 등에 따라 장기요양급여를 제공하여야 한다.
③ 장기요양기관의 장은 장기요양급여를 제공한 수급자에게 장기요양급여비용에 대한 _____ 를 교부하여야 한다.
④ 장기요양기관의 장은 장기요양급여 제공에 관한 자료를 기록·관리하여야 하며, 장기요양기관의 장 및 그 종사자는 장기요양급여 제공에 관한 자료를 거짓으로 작성하여서는 아니 된다.
⑤ 장기요양기관은 제40조 제2항에 따라 면제받거나 같은 조 제4항에 따라 감경받는 금액 외에 영리를 목적으로 수급자가 부담하는 재가 및 시설 급여비용(이하 "_____"이라 한다)을 면제하거나 감경하는 행위를 하여서는 아니 된다.
⑥ 누구든지 _____ 를 목적으로 금전, 물품, 노무, 향응, 그 밖의 이익을 제공하거나 제공할 것을 약속하는 방법으로 수급자를 장기요양기관에 소개, 알선 또는 유인하는 행위 및 이를 조장하는 행위를 하여서는 아니 된다
⑦ 제3항에 따른 장기요양급여비용의 명세서, 제4항에 따라 기록·관리하여야 할 장기요양급여 제공 자료의 내용 및 보존기한, 그 밖에 필요한 사항은 보건복지부령으로 정한다.

답

제35조의2(장기요양기관 재무·회계기준) ① 장기요양기관의 장은 보건복지부령으로 정하는 재무·회계에 관한 기준(이하 "장기요양기관 재무·회계기준"이라 한다)에 따라 장기요양기관을 투명하게 운영하여야 한다. 다만, 장기요양기관 중 「사회복지사업법」 제34조에 따라 설치한 ▭은 같은 조 제4항에 따른 재무·회계에 관한 기준에 따른다.
② 보건복지부장관은 장기요양기관 재무·회계기준을 정할 때에는 장기요양기관의 특성 및 그 시행시기 등을 고려하여야 한다.

> 답

제35조의3(인권교육) ① 장기요양기관 중 대통령령으로 정하는 기관을 운영하는 자와 그 종사자는 인권에 관한 교육(이하 이 조에서 "인권교육"이라 한다)을 받아야 한다.
② 장기요양기관 중 대통령령으로 정하는 기관을 운영하는 자는 해당 기관을 이용하고 있는 장기요양급여 ▭에게 인권교육을 실시할 수 있다.
③ 보건복지부장관은 제1항 및 제2항에 따른 인권교육을 효율적으로 실시하기 위하여 인권교육기관을 지정할 수 있다. 이 경우 예산의 범위에서 인권교육에 소요되는 비용을 지원할 수 있으며, 지정을 받은 인권교육기관은 보건복지부장관의 승인을 받아 인권교육에 필요한 ▭을 교육대상자로부터 징수할 수 있다.
④ 보건복지부장관은 제3항에 따라 지정을 받은 인권교육기관이 다음 각 호의 어느 하나에 해당하면 그 지정을 취소하거나 ▭ 이내의 기간을 정하여 업무의 정지를 명할 수 있다. 다만, 제1호에 해당하면 그 지정을 ▭하여야 한다.
1. 거짓이나 그 밖의 부정한 방법으로 지정을 받은 경우
2. 제5항에 따라 보건복지부령으로 정하는 지정요건을 갖추지 못하게 된 경우
3. 인권교육의 ▭이 현저히 부족하다고 인정되는 경우
⑤ 제1항 및 제2항에 따른 인권교육의 대상·내용·방법, 제3항에 따른 인권교육기관의 지정 및 제4항에 따른 인권교육기관의 지정취소·업무정지 처분의 기준 등에 필요한 사항은 보건복지부령으로 정한다.

> 답

제35조의4(장기요양요원의 보호) ① 장기요양기관의 장은 장기요양요원이 다음 각 호의 어느 하나에 해당하는 경우로 인한 고충의 해소를 요청하는 경우 ▭ 등 대통령령으로 정하는 바에 따라 적절한 조치를 하여야 한다.
1. 수급자 및 그 가족이 장기요양요원에게 폭언·폭행·상해 또는 성희롱·성폭력 행위를 하는 경우
2. 수급자 및 그 가족이 장기요양요원에게 제28조의2 제1항 각 호에 따른 ▭ 의 제공을 요구하는 경우

② 장기요양기관의 장은 장기요양요원에게 다음 각 호의 행위를 하여서는 아니 된다.
1. 장기요양요원에게 제28조의2 제1항 각 호에 따른 ▭ 의 제공을 요구하는 행위
2. 수급자가 부담하여야 할 ▭ 의 전부 또는 일부를 부담하도록 요구하는 행위

③ 장기요양기관의 장은 보건복지부령으로 정하는 바에 따라 장기요양 수급자와 그 가족에게 장기요양요원의 업무범위, 직무상 권리와 의무 등 ▭ 를 위한 사항을 안내할 수 있다.

④ 장기요양요원은 장기요양기관의 장이 제1항에 따른 적절한 조치를 하지 아니한 경우에는 장기요양기관을 지정한 특별자치시장·특별자치도지사·시장·군수·구청장에게 그 시정을 신청할 수 있다.

⑤ 제4항에 따른 신청을 받은 특별자치시장·특별자치도지사·시장·군수·구청장은 제1항에 따른 장기요양요원의 고충에 대한 ▭ 을 위한 조사를 실시한 후 필요하다고 인정되는 경우에는 장기요양기관의 장에게 적절한 조치를 하도록 통보하여야 한다. 이 경우 적절한 조치를 하도록 통보받은 장기요양기관의 장은 특별한 사유가 없으면 이에 따라야 한다.

⑥ 제4항 및 제5항에 따른 시정신청의 절차, 사실확인 조사 및 통보 등에 필요한 사항은 대통령령으로 정한다.

> 답

제35조의5(보험 가입) ① 장기요양기관은 종사자가 장기요양급여를 제공하는 과정에서 발생할 수 있는 수급자의 ▭ 등 법률상 손해를 배상하는 보험(이하 "▭"이라 한다)에 가입할 수 있다.
② 공단은 장기요양기관이 ▭ 에 가입하지 않은 경우 그 기간 동안 제38조에 따라 해당 장기요양기관에 지급하는 ▭ 의 일부를 감액할 수 있다.
③ 제2항에 따른 ▭ 의 감액 기준 등에 관하여 필요한 사항은 보건복지부령으로 정한다.

> 답

제36조(장기요양기관의 폐업 등의 신고 등) ① 장기요양기관의 장은 폐업하거나 휴업하고자 하는 경우 폐업이나 휴업 예정일 전 ▭까지 특별자치시장·특별자치도지사·시장·군수·구청장에게 신고하여야 한다. 신고를 받은 특별자치시장·특별자치도지사·시장·군수·구청장은 지체 없이 신고 명세를 공단에 통보하여야 한다.
② 특별자치시장·특별자치도지사·시장·군수·구청장은 장기요양기관의 장이 유효기간이 끝나기 ▭ 전까지 제32조의4에 따른 지정 갱신 신청을 하지 아니하는 경우 그 사실을 공단에 통보하여야 한다.
③ ▭은 장기요양기관을 폐업하거나 휴업하려는 경우 또는 장기요양기관의 지정 갱신을 하지 아니하려는 경우 보건복지부령으로 정하는 바에 따라 수급자의 권익을 보호하기 위하여 다음 각 호의 조치를 취하여야 한다.
1. 해당 장기요양기관을 이용하는 수급자가 다른 장기요양기관을 선택하여 이용할 수 있도록 계획을 수립하고 이행하는 조치
2. 해당 장기요양기관에서 수급자가 제40조 제1항 및 제3항에 따라 부담한 비용 중 정산하여야 할 비용이 있는 경우 이를 정산하는 조치
3. 그 밖에 수급자의 권익 보호를 위하여 필요하다고 인정되는 조치로서 보건복지부령으로 정하는 조치
④ 특별자치시장·특별자치도지사·시장·군수·구청장은 제1항에 따라 폐업·휴업 신고를 접수한 경우 또는 장기요양기관의 장이 유효기간이 끝나기 ▭ 전까지 제32조의4에 따른 지정 갱신 신청을 하지 아니한 경우 장기요양기관의 장이 제3항 각 호에 따른 수급자의 권익을 보호하기 위한 조치를 취하였는지의 여부를 확인하고, 인근지역에 대체 장기요양기관이 없는 경우 등 장기요양급여에 중대한 차질이 우려되는 때에는 장기요양기관의 폐업·휴업 ▭ 또는 지정 갱신 신청을 권고하거나 그 밖의 다른 조치를 강구하여야 한다.
⑤ 특별자치시장·특별자치도지사·시장·군수·구청장은 「노인복지법」 제43조에 따라 ▭ 등(장기요양기관이 운영하는 시설인 경우에 한한다)에 대하여 사업정지 또는 폐지 명령을 하는 경우 지체 없이 공단에 그 내용을 통보하여야 한다.
⑥ 장기요양기관의 장은 제1항에 따라 폐업·휴업 신고를 할 때 또는 장기요양기관의 지정 갱신을 하지 아니하여 유효기간이 만료될 때 보건복지부령으로 정하는 바에 따라 장기요양급여 제공 자료를 ▭으로 이관하여야 한다. 다만, ▭ 신고를 하는 장기요양기관의 장이 ▭ 예정일 전까지 공단의 허가를 받은 경우에는 장기요양급여 제공 자료를 직접 보관할 수 있다.

답

제36조의2(시정명령) 특별자치시장·특별자치도지사·시장·군수·구청장은 다음 각 호의 어느 하나에 해당하는 장기요양기관에 대하여 ▨▨▨ 이내의 범위에서 일정한 기간을 정하여 시정을 명할 수 있다.
1. 제33조의2에 따른 ▨▨▨의 설치·관리 및 영상정보의 보관기준을 위반한 경우
2. 제35조의2에 따른 장기요양기관 재무·회계기준을 위반한 경우

답

제37조(장기요양기관 지정의 취소 등) ① 특별자치시장·특별자치도지사·시장·군수·구청장은 장기요양기관이 다음 각 호의 어느 하나에 해당하는 경우 그 지정을 취소하거나 ▨▨▨의 범위에서 업무정지를 명할 수 있다. 다만, 제1호, 제2호의2, 제3호의5, 제7호, 또는 제8호에 해당하는 경우에는 지정을 취소하여야 한다.
1. 거짓이나 그 밖의 부정한 방법으로 지정을 받은 경우
1의2. 제28조의2를 위반하여 ▨▨▨를 제공한 경우. 다만, 장기요양기관의 장이 그 위반행위를 방지하기 위하여 해당 업무에 관하여 상당한 주의와 감독을 게을리하지 아니한 경우는 제외한다.
2. 제31조 제1항에 따른 지정기준에 적합하지 아니한 경우
2의2. 제32조의2 각 호의 어느 하나에 해당하게 된 경우. 다만, 제32조의2 제7호에 해당하게 된 법인의 경우 3개월 이내에 그 대표자를 변경하는 때에는 그러하지 아니하다.
3. 제35조 제1항을 위반하여 장기요양급여를 거부한 경우
3의2. 제35조 제5항을 위반하여 ▨▨▨을 면제하거나 감경하는 행위를 한 경우
3의3. 제35조 제6항을 위반하여 수급자를 소개, 알선 또는 유인하는 행위 및 이를 조장하는 행위를 한 경우
3의4. 제35조의4 제2항 각 호의 어느 하나를 위반한 경우
3의5. 제36조 제1항에 따른 폐업 또는 휴업 신고를 하지 아니하고 ▨▨▨ 이상 장기요양급여를 제공하지 아니한 경우
3의6. 제36조의2에 따른 시정명령을 이행하지 아니하거나 회계부정 행위가 있는 경우
3의7. 정당한 사유 없이 제54조에 따른 평가를 거부·방해 또는 기피하는 경우
4. 거짓이나 그 밖의 부정한 방법으로 재가 및 시설 급여비용을 청구한 경우
5. 제61조 제2항에 따른 자료제출 명령에 따르지 아니하거나 거짓으로 자료제출을 한 경우나 질문 또는 검사를 거부·방해 또는 기피하거나 거짓으로 답변한 경우
6. 장기요양기관의 종사자 등이 다음 각 목의 어느 하나에 해당하는 행위를 한 경우. 다만, 장기요양기관의 장이 그 행위를 방지하기 위하여 해당 업무에 관하여 상당한 주의와 감독을 게을리하지 아니한 경우는 제외한다.

가. 수급자의 신체에 폭행을 가하거나 상해를 입히는 행위
나. 수급자에게 성적 수치심을 주는 성폭행, 성희롱 등의 행위
다. 자신의 보호·감독을 받는 수급자를 유기하거나 의식주를 포함한 기본적 보호 및 치료를 소홀히 하는
라. 수급자를 위하여 증여 또는 급여된 금품을 그 목적 외의 용도에 사용하는 행위
마. 폭언, 협박, 위협 등으로 수급자의 정신건강에 해를 끼치는 정서적 학대행위

7. ▇▇▇ 중에 장기요양급여를 제공한 경우
8. 「부가가치세법」 제8조에 따른 사업자등록 또는 「소득세법」 제168조에 따른 사업자등록이나 고유번호가 말소된 경우

② 특별자치시장·특별자치도지사·시장·군수·구청장은 제1항에 따라 지정을 취소하거나 업무정지명령을 한 경우에는 지체 없이 그 내용을 공단에 통보하고, 보건복지부령으로 정하는 바에 따라 보건복지부장관에게 통보한다. 이 경우 시장·군수·구청장은 관할 특별시장·광역시장 또는 도지사를 거쳐 ▇▇▇ 에게 통보하여야 한다.

③ 삭제 〈2018. 12. 11.〉

④ 삭제 〈2018. 12. 11.〉

⑤ 특별자치시장·특별자치도지사·시장·군수·구청장은 제1항에 따라 장기요양기관이 지정취소 또는 업무정지되는 경우에는 해당 장기요양기관을 이용하는 수급자의 권익을 보호하기 위하여 적극적으로 노력하여야 한다.

⑥ 특별자치시장·특별자치도지사·시장·군수·구청장은 제5항에 따라 수급자의 권익을 보호하기 위하여 보건복지부령으로 정하는 바에 따라 다음 각 호의 조치를 하여야 한다.
1. 제1항에 따른 행정처분의 내용을 ▇▇▇ 또는 정보통신망 이용 등의 방법으로 수급자 또는 그 보호자에게 통보하는 조치
2. 해당 장기요양기관을 이용하는 수급자가 다른 장기요양기관을 선택하여 이용할 수 있도록 하는 조치

⑦ 제1항에 따라 지정취소 또는 업무정지되는 장기요양기관의 장은 해당 기관에서 수급자가 제40조 제1항 및 제3항에 따라 부담한 비용 중 정산하여야 할 비용이 있는 경우 이를 정산하여야 한다.

⑧ 다음 각 호의 어느 하나에 해당하는 자는 제31조에 따른 장기요양기관으로 지정받을 수 없다.
1. 제1항에 따라 지정취소를 받은 후 ▇▇▇ 이 지나지 아니한 자(법인인 경우 그 대표자를 포함한다)
2. 제1항에 따라 업무정지명령을 받고 업무정지기간이 지나지 아니한 자(법인인 경우 그 대표자를 포함한다)

⑨ 제1항에 따른 행정처분의 기준은 보건복지부령으로 정한다.

답

제37조의2(과징금의 부과 등) ① 특별자치시장·특별자치도지사·시장·군수·구청장은 제37조 제1항 각 호의 어느 하나(같은 항 제4호는 제외한다)에 해당하는 행위를 이유로 ▩▩▩을 하여야 하는 경우로서 그 ▩▩▩가 해당 장기요양기관을 이용하는 수급자에게 심한 불편을 줄 우려가 있는 등 보건복지부장관이 정하는 특별한 사유가 있다고 인정되는 경우에는 ▩▩▩을 갈음하여 ▩▩▩ 이하의 과징금을 부과할 수 있다. 다만, 제37조 제1항 제6호를 위반한 행위로서 보건복지부령으로 정하는 경우에는 그러하지 아니하다.

② 특별자치시장·특별자치도지사·시장·군수·구청장은 제37조 제1항 제4호에 해당하는 행위를 이유로 업무정지명령을 하여야 하는 경우로서 그 업무정지가 해당 장기요양기관을 이용하는 수급자에게 심한 불편을 줄 우려가 있는 등 보건복지부장관이 정하는 특별한 사유가 있다고 인정되는 경우에는 업무정지명령을 갈음하여 거짓이나 그 밖의 부정한 방법으로 청구한 금액의 ▩▩▩ 이하의 금액을 과징금으로 부과할 수 있다.

③ 제1항 및 제2항에 따른 과징금을 부과하는 위반행위의 종류 및 위반의 정도 등에 따른 과징금의 금액과 과징금의 부과절차 등에 필요한 사항은 대통령령으로 정한다.

④ 특별자치시장·특별자치도지사·시장·군수·구청장은 제1항 및 제2항에 따라 과징금을 내야 할 자가 납부기한까지 내지 아니한 경우에는 ▩▩▩ 체납처분의 예에 따라 징수한다.

⑤ 특별자치시장·특별자치도지사·시장·군수·구청장은 제1항 및 제2항에 따른 과징금의 부과와 징수에 관한 사항을 보건복지부령으로 정하는 바에 따라 기록·관리하여야 한다.

답

제37조의3(위반사실 등의 공표) ① 보건복지부장관 또는 특별자치시장·특별자치도지사·시장·군수·구청장은 장기요양기관이 거짓으로 재가·시설 급여비용을 청구하였다는 이유로 제37조 또는 제37조의2에 따른 처분이 ▩▩▩ 된 경우로서 다음 각 호의 어느 하나에 해당하는 경우에는 위반사실, 처분내용, 장기요양기관의 명칭·주소, 장기요양기관의 장의 성명, 그 밖에 다른 장기요양기관과의 구별에 필요한 사항으로서 대통령령으로 정하는 사항을 공표하여야 한다. 다만, 장기요양기관의 ▩▩▩ 등으로 공표의 실효성이 없는 경우에는 그러하지 아니하다.

1. 거짓으로 청구한 금액이 ▩▩▩ 이상인 경우
2. 거짓으로 청구한 금액이 장기요양급여비용 총액의 100분의 10 이상인 경우

② 보건복지부장관 또는 특별자치시장·특별자치도지사·시장·군수·구청장은 장기요양기관이 제61조 제2항에 따른 ▩▩▩ 명령에 따르지 아니하거나 거짓으로 자료제출을 한 경우나 질문 또는 검사를 거부·방해 또는 기피하거나 거짓으로 답변하였다는 이유로 제37조 또는 제37조의2에 따른 처분이 ▩▩▩된 경우 위반사실, 처분내용, 장기요양기관의 명칭·주소, 장기요양기관의 장의 성명, 그 밖에 다른 장기요양기관과의 구별에 필요한 사항으로서 대통령령으로 정하는 사항을 공표하여야 한다. 다만, 장기요양기관의 ▩▩▩ 등으로 공표의 실효성이 없는 경우 또는 장기요양

기관이 위반사실 등의 공표 전에 제61조 제2항에 따른 자료를 제출하거나 질문 또는 검사에 응하는 경우에는 그러하지 아니하다.
③ 보건복지부장관 또는 특별자치시장·특별자치도지사·시장·군수·구청장은 제1항 및 제2항에 따른 공표 여부 등을 심의하기 위하여 _____ 를 설치·운영할 수 있다.
④ 제1항 및 제2항에 따른 공표 여부의 결정 방법, 공표 방법·절차 및 제3항에 따른 _____ 의 구성·운영 등에 필요한 사항은 대통령령으로 정한다.

답

제37조의4(행정제재처분 효과의 승계) ① 제37조 제1항 각 호의 어느 하나에 해당하는 행위를 이유로 한 행정제재처분(이하 "행정제재처분"이라 한다)의 효과는 그 처분을 한 날부터 _____ 간 다음 각 호의 어느 하나에 해당하는 자에게 승계된다.
1. 장기요양기관을 양도한 경우 _____
2. 법인이 합병된 경우 합병으로 신설되거나 합병 후 존속하는 법인
3. 장기요양기관 폐업 후 같은 장소에서 장기요양기관을 운영하는 자 중 종전에 행정제재처분을 받은 자(법인인 경우 그 대표자를 포함한다)나 그 배우자 또는 직계혈족
② 행정제재처분의 절차가 진행 중일 때에는 다음 각 호의 어느 하나에 해당하는 자에 대하여 그 절차를 계속 이어서 할 수 있다.
1. 장기요양기관을 양도한 경우 _____
2. 법인이 합병된 경우 합병으로 신설되거나 합병 후 존속하는 법인
3. 장기요양기관 폐업 후 _____ 이내에 같은 장소에서 장기요양기관을 운영하는 자 중 종전에 위반행위를 한 자(법인인 경우 그 대표자를 포함한다)나 그 배우자 또는 직계혈족
③ 제1항 및 제2항에도 불구하고 제1항 각 호의 어느 하나 또는 제2항 각 호의 어느 하나에 해당하는 자(이하 "양수인등"이라 한다)가 양수, 합병 또는 운영 시에 행정제재처분 또는 위반사실을 알지 못하였음을 _____ 하는 경우에는 그러하지 아니하다.
④ 행정제재처분을 받았거나 그 절차가 진행 중인 자는 보건복지부령으로 정하는 바에 따라 지체 없이 그 사실을 양수인등에게 알려야 한다.

답

제37조의5(장기요양급여 제공의 제한) ① 특별자치시장·특별자치도지사·시장·군수·구청장은 장기요양기관의 종사자가 거짓이나 그 밖의 부정한 방법으로 재가급여비용 또는 시설급여비용을 청구하는 행위에 가담한 경우 해당 종사자가 장기요양급여를 제공하는 것을 ▨▨▨ 의 범위에서 제한하는 처분을 할 수 있다.
② 특별자치시장·특별자치도지사·시장·군수·구청장은 제1항에 따른 처분을 한 경우 지체 없이 그 내용을 ▨▨▨ 에 통보하여야 한다.
③ 제1항 및 제2항에 따른 장기요양급여 제공 제한 처분의 기준·방법, 통보의 방법·절차, 그 밖에 필요한 사항은 보건복지부령으로 정한다.

답

제7장 재가 및 시설 급여비용 등

제38조(재가 및 시설 급여비용의 청구 및 지급 등) ① 장기요양기관은 수급자에게 제23조에 따른 재가급여 또는 시설급여를 제공한 경우 공단에 장기요양급여비용을 청구하여야 한다.

② 공단은 제1항에 따라 장기요양기관으로부터 재가 또는 시설 급여비용의 청구를 받은 경우 이를 심사하여 그 내용을 장기요양기관에 통보하여야 하며, 장기요양에 사용된 비용 중 공단부담금(재가 및 시설 급여비용 중 ▊▊▊을 공제한 금액을 말한다)을 해당 장기요양기관에 지급하여야 한다.

③ 공단은 제54조 제2항에 따른 장기요양기관의 ▊▊▊ 결과에 따라 장기요양급여비용을 가산 또는 감액조정하여 지급할 수 있다.

④ 공단은 제2항에도 불구하고 장기요양급여비용을 심사한 결과 수급자가 이미 낸 본인부담금이 제2항에 따라 통보한 본인부담금보다 더 많으면 두 금액 간의 차액을 장기요양기관에 지급할 금액에서 공제하여 ▊▊▊에게 지급하여야 한다.

⑤ 공단은 제4항에 따라 수급자에게 지급하여야 하는 금액을 그 수급자가 납부하여야 하는 ▊▊▊ 및 그 밖에 이 법에 따른 징수금(이하 "장기요양보험료등"이라 한다)과 상계(相計)할 수 있다.

⑥ 장기요양기관은 지급받은 장기요양급여비용 중 보건복지부장관이 정하여 고시하는 비율에 따라 그 일부를 장기요양요원에 대한 ▊▊▊로 지출하여야 한다.

⑦ 공단은 장기요양기관이 정당한 사유 없이 제61조 제2항에 따른 ▊▊▊ 명령에 따르지 아니하거나 질문 또는 검사를 거부·방해 또는 기피하는 경우 이에 응할 때까지 해당 장기요양기관에 지급하여야 할 장기요양급여비용의 지급을 보류할 수 있다. 이 경우 공단은 장기요양급여비용의 지급을 보류하기 전에 해당 장기요양기관에 ▊▊▊의 기회를 주어야 한다.

⑧ 제1항부터 제3항까지 및 제7항의 규정에 따른 재가 및 시설 급여비용의 심사기준, 장기요양급여비용의 가감지급의 기준, 청구절차, 지급방법 및 지급 보류의 절차·방법 등에 관한 사항은 보건복지부령으로 정한다.

답

제39조(장기요양급여비용 등의 산정) ① 보건복지부장관은 매년 급여종류 및 장기요양등급 등에 따라 제45조에 따른 _____의 심의를 거쳐 다음 연도의 재가 및 시설 급여비용과 특별현금급여의 지급금액을 정하여 고시하여야 한다.
② 보건복지부장관은 제1항에 따라 재가 및 시설 급여비용을 정할 때 대통령령으로 정하는 바에 따라 _____ 및 지방자치단체로부터 장기요양기관의 _____을 지원받았는지 여부 등을 고려할 수 있다.
③ 제1항에 따른 재가 및 시설 급여비용과 특별현금급여의 지급금액의 구체적인 산정방법 및 항목 등에 관하여 필요한 사항은 보건복지부령으로 정한다.

답

제40조(본인부담금) ① 제23조에 따른 장기요양급여(_____는 제외한다. 이하 이 조에서 같다)를 받는 자는 대통령령으로 정하는 바에 따라 비용의 일부를 본인이 부담한다. 이 경우 장기요양급여를 받는 수급자의 장기요양등급, 이용하는 장기요양급여의 종류 및 수준 등에 따라 본인부담의 수준을 달리 정할 수 있다.
② 제1항에도 불구하고 수급자 중 「의료급여법」 제3조 제1항 제1호에 따른 수급자는 본인부담금을 부담하지 아니한다.
③ 다음 각 호의 장기요양급여에 대한 비용은 _____이 전부 부담한다.
1. 이 법의 규정에 따른 급여의 범위 및 대상에 포함되지 아니하는 장기요양급여
2. 수급자가 제17조 제1항 제2호에 따른 _____에 기재된 장기요양급여의 종류 및 내용과 다르게 선택하여 장기요양급여를 받은 경우 그 차액
3. 제28조에 따른 장기요양급여의 월 한도액을 초과하는 장기요양급어
④ 다음 각 호의 어느 하나에 해당하는 자에 대해서는 본인부담금의 100분의 _____의 범위에서 보건복지부장관이 정하는 바에 따라 차등하여 감경할 수 있다.
1. 「의료급여법」 제3조 제1항 제2호부터 제9호까지의 규정에 따른 수급권자
2. 소득·재산 등이 보건복지부장관이 정하여 고시하는 일정 금액 이하인 자. 다만, 도서·벽지·농어촌 등의 지역에 거주하는 자에 대하여 따로 금액을 정할 수 있다.
3. 천재지변 등 보건복지부령으로 정하는 사유로 인하여 _____가 곤란한 자
⑤ 제1항부터 제4항까지의 규정에 따른 본인부담금의 산정방법, 감경절차 및 감경방법 등에 관하여 필요한 사항은 보건복지부령으로 정한다.

답

제41조(가족 등의 장기요양에 대한 보상) ① 공단은 장기요양급여를 받은 금액의 총액이 보건복지부장관이 정하여 고시하는 금액 이하에 해당하는 수급자가 가족 등으로부터 제23조 제1항 제1호 가목에 따른 ▨▨ 에 상당한 장기요양을 받은 경우 보건복지부령으로 정하는 바에 따라 ▨▨의 일부를 감면하거나 이에 갈음하는 조치를 할 수 있다.
② 제1항에 따른 ▨▨ 의 감면방법 등 필요한 사항은 보건복지부령으로 정한다.

> 답 ▨▨▨▨▨▨▨▨▨▨▨▨▨▨▨▨▨▨▨▨▨▨▨▨▨▨▨▨▨▨▨▨

제42조(방문간호지시서 발급비용의 산정 등) 제23조 제1항 제1호 다목에 따라 방문간호지시서를 발급하는데 사용되는 비용, 비용부담방법 및 비용 청구·지급절차 등에 관하여 필요한 사항은 ▨▨ 으로 정한다.

> 답 ▨▨▨▨▨▨▨▨▨▨▨▨▨▨▨▨▨▨▨▨▨▨▨▨▨▨▨▨▨▨▨▨

제43조(부당이득의 징수) ① 공단은 장기요양급여를 받은 자, 장기요양급여비용을 받은 자 또는 의사소견서·▨▨ 발급비용(이하 "의사소견서등 발급비용"이라 한다)을 받은 자가 다음 각 호의 어느 하나에 해당하는 경우 그 장기요양급여, 장기요양급여비용 또는 의사소견서등 발급비용에 상당하는 금액을 징수한다. 이 경우 의사소견서등 발급비용에 관하여는 「국민건강보험법」 제57조 제2항을 준용하며, "보험급여 비용"은 "의사소견서등 발급비용"으로, "요양기관"은 "의료기관"으로 본다.
1. 제15조 제5항에 따른 ▨▨ 결과 같은 조 제4항 각 호의 어느 하나에 해당하는 것으로 확인된 경우
2. 제28조의 ▨▨ 범위를 초과하여 장기요양급여를 받은 경우
3. 제29조 또는 제30조에 따라 장기요양급여의 제한 등을 받을 자가 장기요양급여를 받은 경우
4. 제37조 제1항 제4호에 따른 거짓이나 그 밖의 부정한 방법으로 재가 및 시설 급여비용을 청구하여 이를 지급받은 경우
4의2. 거짓이나 그 밖의 부정한 방법으로 의사소견서등 발급비용을 청구하여 이를 지급받은 경우
5. 그 밖에 이 법상의 원인 없이 공단으로부터 장기요양급여를 받거나 장기요양급여비용을 지급받은 경우
② 공단은 제1항의 경우 거짓 보고 또는 증명에 의하거나 거짓 ▨▨ 에 따라 장기요양급여가 제

공된 때 거짓의 행위에 관여한 자에 대하여 장기요양급여를 받은 자와 연대하여 제1항에 따른 징수금을 납부하게 할 수 있다.

③ 공단은 제1항의 경우 거짓이나 그 밖의 부정한 방법으로 장기요양급여를 받은 자와 같은 ▒▒▒ 에 속한 자(장기요양급여를 받은 자를 부양하고 있거나 다른 법령에 따라 장기요양급여를 받은 자를 부양할 의무가 있는 자를 말한다)에 대하여 거짓이나 그 밖의 부정한 방법으로 장기요양급여를 받은 자와 연대하여 제1항에 따른 징수금을 납부하게 할 수 있다.

④ 공단은 제1항의 경우 장기요양기관이나 의료기관이 수급자 또는 신청인으로부터 거짓이나 그 밖의 부정한 방법으로 장기요양급여비용 또는 의사소견서등 발급비용을 받은 때 해당 장기요양기관 또는 의료기관으로부터 이를 ▒▒▒ 하여 수급자 또는 신청인에게 지체 없이 지급하여야 한다. 이 경우 공단은 수급자 또는 신청인에게 지급하여야 하는 금액을 그 수급자 또는 신청인이 납부하여야 하는 ▒▒▒ 등과 상계할 수 있다.

제44조(구상권) ① 공단은 ▒▒▒ 의 행위로 인한 장기요양급여의 제공사유가 발생하여 수급자에게 장기요양급여를 행한 때 그 급여에 사용된 비용의 한도 안에서 그 제3자에 대한 ▒▒▒ 의 권리를 얻는다.

② 공단은 제1항의 경우 장기요양급여를 받은 자가 제3자로부터 이미 ▒▒▒ 을 받은 때 그 ▒▒▒ 의 한도 안에서 장기요양급여를 행하지 아니한다.

제8장 장기요양위원회 등

▶ 정답과 해설 50쪽

제45조(장기요양위원회의 설치 및 기능) 다음 각 호의 사항을 심의하기 위하여 ▨▨ 소속으로 장기요양위원회를 둔다.
1. 제9조 제2항에 따른 ▨▨
2. 제24조부터 제26조까지의 규정에 따른 가족요양비, 특례요양비 및 요양병원간병비의 지급기준
3. 제39조에 따른 재가 및 시설 급여비용
4. 그 밖에 대통령령으로 정하는 주요 사항

답

제46조(장기요양위원회의 구성) ① 장기요양위원회는 위원장 1인, 부위원장 1인을 포함한 16인 이상 22인 이하의 위원으로 구성한다.
② 위원장이 아닌 위원은 다음 각 호의 자 중에서 ▨▨ 이 임명 또는 위촉한 자로 하고, 각 호에 해당하는 자를 각각 동수로 구성하여야 한다.
1. 근로자단체, 사용자단체, 시민단체(「비영리민간단체 지원법」제2조에 따른 비영리민간단체를 말한다), 노인단체, 농어업인단체 또는 자영자단체를 대표하는 자
2. 장기요양기관 또는 ▨▨ 를 대표하는 자
3. 대통령령으로 정하는 관계 중앙행정기관의 ▨▨ 소속 공무원, 장기요양에 관한 학계 또는 연구계를 대표하는 자, 공단 이사장이 추천하는 자
③ 위원장은 ▨▨ 이 되고, 부위원장은 위원 중에서 ▨▨ 이 지명한다.
④ 장기요양위원회 위원의 임기는 ▨▨ 으로 한다. 다만, 공무원인 위원의 임기는 재임기간으로 한다.

답

제47조(장기요양위원회의 운영) ① 장기요양위원회 회의는 구성원 ▓▓▓ 의 출석으로 개의하고 출석위원 ▓▓▓ 의 찬성으로 의결한다.
② 장기요양위원회의 효율적 운영을 위하여 분야별로 ▓▓▓ 를 둘 수 있다.
③ 이 법에서 정한 것 외에 장기요양위원회의 구성·운영, 그 밖에 필요한 사항은 대통령령으로 정한다.

 답

제47조의2(장기요양요원지원센터의 설치 등) ① 국가와 지방자치단체는 장기요양요원의 권리를 보호하기 위하여 장기요양요원지원센터를 설치·운영할 수 있다.
② 장기요양요원지원센터는 다음 각 호의 업무를 수행한다.
1. 장기요양요원의 ▓▓▓ 에 관한 상담 및 지원
2. 장기요양요원의 역량강화를 위한 교육지원
3. 장기요양요원에 대한 ▓▓▓ 등 건강관리를 위한 사업
4. 그 밖에 장기요양요원의 업무 등에 필요하여 대통령령으로 정하는 사항
③ 장기요양요원지원센터의 설치·운영 등에 필요한 사항은 보건복지부령으로 정하는 바에 따라 해당 ▓▓▓ 의 조례로 정한다.

 답

제9장 관리운영기관

제48조(관리운영기관 등) ① ▨▨▨의 관리운영기관은 공단으로 한다.
② 공단은 다음 각 호의 업무를 관장한다.
1. 장기요양보험가입자 및 그 피부양자와 의료급여수급권자의 자격관리
2. 장기요양보험료의 부과·징수
3. 신청인에 대한 조사
4. 등급판정위원회의 운영 및 ▨▨▨ 판정
5. ▨▨▨의 작성 및 개인별장기요양이용계획서의 제공
6. 장기요양급여의 관리 및 평가
7. 수급자 및 그 가족에 대한 정보제공·안내·상담 등 장기요양급여 관련 이용지원에 관한 사항
8. 재가 및 시설 급여비용의 심사 및 지급과 ▨▨▨의 지급
9. 장기요양급여 제공내용 확인
10. 장기요양사업에 관한 조사·연구, 국제연구 및 홍보
11. ▨▨▨예방사업
12. 이 법에 따른 부당이득금의 부과·징수 등
13. 장기요양급여의 제공기준을 개발하고 장기요양급여비용의 적정성을 검토하기 위한 장기요양기관의 설치 및 운영
14. 그 밖에 장기요양사업과 관련하여 보건복지부장관이 위탁한 업무

③ 공단은 제2항 제13호의 장기요양기관을 설치할 때 노인인구 및 지역특성 등을 고려한 ▨▨▨ 해소를 고려하여야 하고, 설치 목적에 필요한 ▨▨▨의 범위에서 이를 설치·운영하여야 한다.
④ 「국민건강보험법」 제17조에 따른 공단의 ▨▨▨은 장기요양사업과 관련하여 다음 각 호의 사항을 포함·기재한다.
1. 장기요양보험료
2. 장기요양급여
3. 장기요양사업에 관한 예산 및 결산
4. 그 밖에 대통령령으로 정하는 사항

답

제49조(공단의 장기요양사업 조직 등) 공단은 「국민건강보험법」 제29조에 따라 공단의 조직 등에 관한 규정을 정할 때 장기요양사업을 수행하기 위하여 두는 조직 등을 ▇▇▇▇을 수행하는 조직 등과 구분하여 따로 두어야 한다. 다만, 제48조 제2항 제1호 및 제2호의 ▇▇▇▇와 ▇▇▇▇ 부과·징수 업무는 그러하지 아니하다.

답

제50조(장기요양사업의 회계) ① 공단은 장기요양사업에 대하여 ▇▇▇▇ 회계를 설치·운영하여야 한다.
② 공단은 장기요양사업 중 ▇▇▇▇를 재원으로 하는 사업과 국가·지방자치단체의 부담금을 재원으로 하는 사업의 재정을 구분하여 운영하여야 한다. 다만, ▇▇▇▇에 필요한 재정은 구분하여 운영하지 아니할 수 있다.

답

제51조(권한의 위임 등에 관한 준용) 「국민건강보험법」 제32조 및 제38조는 이 법에 따른 ▇▇▇▇의 권한의 위임 및 준비금에 관하여 준용한다. 이 경우 "보험급여"는 "장기요양급여"로 본다.

답

제52조(등급판정위원회의 설치) ① 장기요양인정 및 장기요양등급 판정 등을 심의하기 위하여 공단에 장기요양등급판정위원회를 둔다.
② 등급판정위원회는 특별자치시·특별자치도·시·군·구 단위로 설치한다. 다만, ▨▨▨등을 고려하여 하나의 특별자치시·특별자치도·시·군·구에 2 이상의 등급판정위원회를 설치하거나 2 이상의 특별자치시·특별자치도·시·군·구를 통합하여 하나의 등급판정위원회를 설치할 수 있다.
③ 등급판정위원회는 위원장 1인을 포함하여 15인의 위원으로 구성한다.
④ 등급판정위원회 위원은 다음 각 호의 자 중에서 ▨▨▨이 위촉한다. 이 경우 특별자치시장·특별자치도지사·시장·군수·구청장이 추천한 위원은 ▨▨▨, 의사 또는 한의사가 1인 이상 각각 포함되어야 한다.
1. 「의료법」에 따른 의료인
2. 「사회복지사업법」에 따른 사회복지사
3. 특별자치시·특별자치도·시·군·구 소속 공무원
4. 그 밖에 법학 또는 장기요양에 관한 학식과 경험이 풍부한 자
⑤ 등급판정위원회 위원의 임기는 ▨▨▨으로 하되, 한 차례만 연임할 수 있다. 다만, 공무원인 위원의 임기는 재임기간으로 한다.

> 답

제53조(등급판정위원회의 운영) ① 등급판정위원회 ▨▨▨은 위원 중에서 특별자치시장·특별자치도지사·시장·군수·구청장이 위촉한다. 이 경우 제52조 제2항 단서에 따라 2 이상의 특별자치시·특별자치도·시·군·구를 통합하여 하나의 등급판정위원회를 설치하는 때 해당 특별자치시장·특별자치도지사·시장·군수·구청장이 ▨▨▨으로 위촉한다.
② 등급판정위원회 회의는 구성원 ▨▨▨의 출석으로 개의하고 출석위원 ▨▨▨의 찬성으로 의결한다.
③ 이 법에 정한 것 외에 등급판정위원회의 구성·운영, 그 밖에 필요한 사항은 대통령령으로 정한다.

> 답

제53조의2(장기요양급여심사위원회의 설치) ① 다음 각 호의 사항을 심의하기 위하여 ▬▬▬에 장기요양급여심사위원회(이하 "급여심사위원회"라 한다)를 둔다.
1. 장기요양급여 제공 기준의 세부사항 설정 및 보완에 관한 사항
2. 장기요양급여비용 및 산정방법의 세부사항 설정 및 보완에 관한 사항
3. 장기요양급여비용 심사기준 개발 및 심사조정에 관한 사항
4. 그 밖에 공단 이사장이 필요하다고 인정한 사항
② 급여심사위원회는 위원장 1명을 포함하여 ▬▬▬명 이하의 위원으로 구성한다.
③ 이 법에서 정한 것 외에 급여심사위원회의 구성·운영, 그 밖에 필요한 사항은 대통령령으로 정한다.

제54조(장기요양급여의 관리·평가) ① ▬▬▬은 장기요양기관이 제공하는 장기요양급여 내용을 지속적으로 관리·평가하여 장기요양급여의 수준이 향상되도록 노력하여야 한다.
② 공단은 장기요양기관이 제23조 제5항에 따른 장기요양급여의 제공 기준·절차·방법 등에 따라 적정하게 장기요양급여를 제공하였는지 평가를 실시하고 그 결과를 공단의 ▬▬▬ 등에 공표하는 등 필요한 조치를 할 수 있다.
③ 제2항에 따른 장기요양급여 제공내용의 평가 방법 및 평가 결과의 공표 방법, 그 밖에 필요한 사항은 보건복지부령으로 정한다.

제10장 심사청구 및 재심사청구

제55조(심사청구) ① 장기요양인정 · 장기요양등급 · 장기요양급여 · 부당이득 · 장기요양급여비용 또는 장기요양보험료 등에 관한 공단의 처분에 이의가 있는 자는 [   ]에 심사청구를 할 수 있다.
② 제1항에 따른 심사청구는 그 처분이 있음을 안 날부터 [   ] 이내에 [   ](「전자정부법」 제2조 제7호에 따른 전자문서를 포함한다)로 하여야 하며, 처분이 있은 날부터 [   ]을 경과하면 이를 제기하지 못한다. 다만, 정당한 사유로 그 기간에 심사청구를 할 수 없었음을 증명하면 그 기간이 지난 후에도 심사청구를 할 수 있다.
③ 제1항에 따른 심사청구 사항을 심사하기 위하여 공단에 장기요양심사위원회(이하 "심사위원회"라 한다)를 둔다.
④ 심사위원회는 위원장 1명을 포함한 50명 이내의 위원으로 구성한다.
⑤ 이 법에서 정한 것 외에 심사위원회의 구성 · 운영, 그 밖에 필요한 사항은 대통령령으로 정한다.

답

제56조(재심사청구) ① 제55조에 따른 심사청구에 대한 결정에 불복하는 사람은 그 결정통지를 받은 날부터 [   ] 이내에 장기요양재심사위원회(이하 "재심사위원회"라 한다)에 재심사를 청구할 수 있다.
② 재심사위원회는 [   ] 소속으로 두고, 위원장 1인을 포함한 20인 이내의 위원으로 구성한다.
③ 재심사위원회의 위원은 관계 공무원, 법학, 그 밖에 장기요양사업 분야의 학식과 경험이 풍부한 자 중에서 [   ]이 임명 또는 위촉한다. 이 경우 공무원이 아닌 위원이 전체 위원의 [   ]가 되도록 하여야 한다.
④ 이 법에서 정한 것 외에 재심사위원회의 구성 · 운영, 그 밖에 필요한 사항은 대통령령으로 정한다.

답

제56조의2(행정심판과의 관계) ① 재심사위원회의 재심사에 관한 절차에 관하여는 「」을 준용한다.
② 제56조에 따른 재심사청구 사항에 대한 재심사위원회의 재심사를 거친 경우에는 「행정심판법」에 따른 을 청구할 수 없다.

답

제57조(행정소송) 의 처분에 이의가 있는 자와 제55조에 따른 또는 제56조에 따른 에 대한 결정에 불복하는 자는 「행정소송법」으로 정하는 바에 따라 행정소송을 제기할 수 있다.

답

제11장 보칙

▶ 정답과 해설 50쪽

제58조(국가의 부담) ① 국가는 매년 예산의 범위 안에서 해당 연도 [   ] 예상수입액의 100분의 20에 상당하는 금액을 공단에 지원한다.
② 국가와 지방자치단체는 대통령령으로 정하는 바에 따라 [   ]의 장기요양급여비용, 의사소견서 발급비용, 방문간호지시서 발급비용 중 공단이 부담하여야 할 비용(제40조 제2항 및 제4항 제1호에 따라 면제 및 감경됨으로 인하여 공단이 부담하게 되는 비용을 포함한다) 및 관리운영비의 [   ]을 부담한다.
③ 제2항에 따라 지방자치단체가 부담하는 금액은 보건복지부령으로 정하는 바에 따라 특별시·광역시·특별자치시·도·특별자치도와 시·군·구가 분담한다.
④ 제2항 및 제3항에 따른 지방자치단체의 부담액 부과, 징수 및 재원관리, 그 밖에 필요한 사항은 대통령령으로 정한다.

📝 답

제59조(전자문서의 사용) ① [   ]에 관련된 각종 서류의 기록, 관리 및 보관은 보건복지부령으로 정하는 바에 따라 전자문서로 한다.
② 공단 및 장기요양기관은 [   ]의 지정신청, 재가·시설 급여비용의 청구 및 지급, 장기요양기관의 재무·[   ] 정보 처리 등에 대하여 전산매체 또는 전자문서교환방식을 이용하여야 한다.
③ 제1항 및 제2항에도 불구하고 정보통신망 및 정보통신서비스 시설이 열악한 지역 등 보건복지부장관이 정하는 지역의 경우 전자문서·전산매체 또는 전자문서교환방식을 이용하지 아니할 수 있다.

📝 답

제60조(자료의 제출 등) ① [   ]은 장기요양급여 제공내용 확인, 장기요양급여의 관리·평가 및 장기요양보험료 산정 등 장기요양사업 수행에 필요하다고 인정할 때 다음 각 호의 어느 하나에 해당하는 자에게 자료의 제출을 요구할 수 있다.
1. [   ] 또는 그 피부양자 및 의료급여수급권자
2. 수급자, [   ] 및 의료기관
② 제1항에 따라 자료의 제출을 요구받은 자는 성실히 이에 응하여야 한다.

📝 답

제61조(보고 및 검사) ① 보건복지부장관, 특별시장 · 광역시장 · 도지사 또는 특별자치시장 · 특별자치도지사 · 시장 · 군수 · 구청장은 다음 각 호의 어느 하나에 해당하는 자에게 ▢▢▢ · 소득이나 그 밖에 보건복지부령으로 정하는 사항의 보고 또는 자료의 제출을 명하거나 소속 공무원으로 하여금 관계인에게 질문을 하게 하거나 관계 서류를 검사하게 할 수 있다.
1. ▢▢▢
2. 피부양자
3. 의료급여수급권자

② 보건복지부장관, 특별시장 · 광역시장 · 도지사 또는 특별자치시장 · 특별자치도지사 · 시장 · 군수 · 구청장은 다음 각 호의 어느 하나에 해당하는 자에게 ▢▢▢의 제공 명세, 재무 · 회계에 관한 사항 등 장기요양급여에 관련된 자료의 제출을 명하거나 소속 공무원으로 하여금 관계인에게 질문을 하게 하거나 관계 서류를 검사하게 할 수 있다.
1. ▢▢▢ 및 의료기관
2. 장기요양급여를 받은 자

③ 보건복지부장관, 특별시장 · 광역시장 · 도지사 또는 특별자치시장 · 특별자치도지사 · 시장 · 군수 · 구청장은 제1항 및 제2항에 따른 보고 또는 자료제출 명령이나 질문 또는 검사 업무를 효율적으로 수행하기 위하여 필요한 경우에는 공단에 ▢▢▢을 요청할 수 있다. 이 경우 공단은 특별한 사유가 없으면 이에 따라야 한다.

④ 제1항 및 제2항의 경우에 소속 공무원은 그 권한을 표시하는 증표 및 조사기간, 조사범위, 조사담당자, 관계 법령 등 보건복지부령으로 정하는 사항이 기재된 서류를 지니고 이를 관계인에게 내보여야 한다.

⑤ 제1항 및 제2항에 따른 질문 또는 검사의 절차 · 방법 등에 관하여는 이 법에서 정하는 사항을 제외하고는 「▢▢▢기본법」에서 정하는 바에 따른다.

⑥ 제3항에 따른 ▢▢▢의 절차 · 방법 등에 관하여 필요한 사항은 대통령령으로 정한다.

📝 답

제62조(비밀누설금지) 다음 각 호에 해당하는 자는 ▢▢▢ 중 알게 된 비밀을 누설하여서는 아니 된다.
1. 특별자치시 · 특별자치도 · 시 · 군 · 구, 공단, ▢▢▢, 장기요양위원회, 제37조의3 제3항에 따른 공표심의위원회, 심사위원회, 재심사위원회 및 장기요양기관에 종사하고 있거나 종사한 자
2. 제24조부터 제26조까지의 규정에 따른 가족요양비 · 특례요양비 및 요양병원간병비와 관련된 급여를 제공한 자

📝 답

제62조의2(유사명칭의 사용금지) 이 법에 따른 장기요양보험 사업을 수행하는 자가 아닌 자는 보험계약 또는 보험계약의 명칭에 ▨▨▨ 또는 이와 유사한 용어를 사용하지 못한다.

답

제63조(청문) 특별자치시장·특별자치도지사·시장·군수·구청장은 다음 각 호의 어느 하나에 해당하는 처분 또는 공표를 하려는 경우에는 청문을 하여야 한다.
1. 제37조 제1항에 따른 장기요양기관 지정취소 또는 ▨▨▨명령
2. 삭제 〈2018. 12. 11.〉
3. 제37조의3에 따른 위반사실 등의 ▨▨▨
4. 제37조의5 제1항에 따른 ▨▨▨ 제공의 제한 처분

답

제64조(시효 등에 관한 준용) 「▨▨▨」 제91조, 제92조, 제96조, 제103조, 제104조, 제107조, 제111조 및 제112조는 시효, 기간의 계산, 자료의 제공, 공단 등에 대한 감독, 권한의 위임 및 위탁, 업무의 위탁, 단수처리 등에 관하여 준용한다. 이 경우 "보험료"를 "장기요양보험료"로, "보험급여"를 "장기요양급여"로, "요양기관"을 "장기요양기관"으로, "건강보험사업"을 "장기요양사업"으로 본다.

답

제65조(다른 법률에 따른 소득 등의 의제금지) 이 법에 따른 ▨▨▨로 지급된 현금 등은 「▨▨▨보장법」 제2조 제9호의 소득 또는 재산으로 보지 아니한다.

답

제66조(수급권의 보호) ① 장기요양급여를 받을 권리는 양도 또는 압류하거나 ▢▢ 로 제공할 수 없다.
② 제27조의2 제1항에 따른 ▢▢ 의 예금에 관한 채권은 압류할 수 없다.

📝 답

제66조의2(벌칙 적용에서 공무원 의제) ▢▢, 장기요양위원회, 제37조의3 제3항에 따른 공표심의위원회, ▢▢ 및 재심사위원회 위원 중 공무원이 아닌 사람은 「▢▢」 제129조부터 제132조까지의 규정을 적용할 때에는 공무원으로 본다.

📝 답

제66조의3(소액 처리) 공단은 징수 또는 반환하여야 할 금액이 1건당 ▢▢ 원 미만인 경우(제38조 제5항 및 제43조 제1항 후단에 따라 각각 상계할 수 있는 지급금 및 장기요양보험료등은 제외한다)에는 징수 또는 반환하지 아니한다. 다만, 「국민건강보험법」 제106조에 따른 소액 처리 대상에서 제외되는 ▢▢ 와 통합하여 징수 또는 반환되는 장기요양보험료의 경우에는 그러하지 아니하다.

📝 답

제11장 보칙

제12장 벌칙

▶ 정답과 해설 51쪽

제67조(벌칙) ① 다음 각 호의 어느 하나에 해당하는 자는 ▢ 이하의 징역 또는 3천만 원 이하의 벌금에 처한다.
1. 거짓이나 그 밖의 부정한 방법으로 장기요양급여비용을 청구한 자
2. 제33조의3 제2항 제1호를 위반하여 ▢ 의 설치 목적과 다른 목적으로 ▢ 을 임의로 조작하거나 다른 곳을 비추는 행위를 한 자
3. 제33조의3 제2항 제2호를 위반하여 ▢ 기능을 사용하거나 보건복지부령으로 정하는 저장장치 이외의 장치 또는 기기에 영상정보를 저장한 자

② 다음 각 호의 어느 하나에 해당하는 자는 2년 이하의 징역 또는 ▢ 이하의 벌금에 처한다.
1. 제31조를 위반하여 지정받지 아니하고 장기요양기관을 운영하거나 거짓이나 그 밖의 부정한 방법으로 지정받은 자
2. 제33조의3 제3항에 따른 안전성 확보에 필요한 조치를 하지 아니하여 ▢ 를 분실·도난·유출·변조 또는 훼손당한 자
3. 제35조 제5항을 위반하여 ▢ 을 면제 또는 감경하는 행위를 한 자
4. 제35조 제6항을 위반하여 수급자를 소개, 알선 또는 유인하는 행위를 하거나 이를 조장한 자
5. 제62조를 위반하여 업무수행 중 알게 된 비밀을 누설한 자

③ 다음 각 호의 어느 하나에 해당하는 자는 ▢ 이하의 징역 또는 1천만 원 이하의 벌금에 처한다.
1. 제35조 제1항을 위반하여 정당한 사유 없이 장기요양급여의 제공을 거부한 자
2. 거짓이나 그 밖의 부정한 방법으로 장기요양급여를 받거나 다른 사람으로 하여금 장기요양급여를 받게 한 자
3. 정당한 사유 없이 제36조 제3항 각 호에 따른 권익보호조치를 하지 아니한 사람
4. 제37조 제7항을 위반하여 수급자가 부담한 비용을 정산하지 아니한 자

④ 제61조 제2항에 따른 자료제출 명령에 따르지 아니하거나 거짓으로 자료제출을 한 장기요양기관 또는 의료기관이나 질문 또는 검사를 거부·방해 또는 기피하거나 거짓으로 답변한 장기요양기관 또는 의료기관은 ▢ 이하의 벌금에 처한다.

답

제68조(양벌규정) 법인의 대표자, 법인이나 개인의 대리인·사용인 및 그 밖의 종사자가 그 법인 또는 개인의 업무에 관하여 제67조에 해당하는 위반행위를 한 때에는 그 행위자를 벌하는 외에 그 법인 또는 개인에 대하여도 해당 조의 ▢ 을 과한다. 다만, 법인 또는 개인이 그 위반행위를 방지하기 위하여 해당 업무에 관하여 상당한 주의와 ▢ 을 게을리하지 아니한 경우에는 그러하지 아니하다.

답

제69조(과태료) ① 정당한 사유 없이 다음 각 호의 어느 하나에 해당하는 자에게는 ▢ 이하의 과태료를 부과한다.

1. 삭제 〈2013. 8. 13.〉
2. 제33조를 위반하여 변경지정을 받지 아니하거나 변경신고를 하지 아니한 자 또는 거짓이나 그 밖의 부정한 방법으로 변경지정을 받거나 변경신고를 한 자

2의2. 제34조를 위반하여 장기요양기관에 관한 정보를 게시하지 아니하거나 거짓으로 게시한 자

2의3. 제35조 제3항을 위반하여 수급자에게 장기요양급여비용에 대한 ▢ 를 교부하지 아니하거나 거짓으로 교부한 자

3. 제35조 제4항을 위반하여 장기요양급여 제공 자료를 기록·관리하지 아니하거나 거짓으로 작성한 사람

3의2. 제35조의4 제2항 각 호의 어느 하나를 위반한 자

3의3. 제35조의4 제5항에 따른 적절한 조치를 하지 아니한 자

4. 제36조 제1항 또는 제6항을 위반하여 폐업·휴업 신고 또는 자료이관을 하지 아니하거나 거짓이나 그 밖의 부정한 방법으로 신고한 자

4의2. 제37조의4 제4항을 위반하여 ▢ 을 받았거나 그 절차가 진행 중인 사실을 양수인등에게 지체 없이 알리지 아니한 자

5. 삭제 〈2013. 8. 13.〉
6. 거짓이나 그 밖의 부정한 방법으로 수급자에게 장기요양급여비용을 부담하게 한 자
7. 제60조, 제61조 제1항 또는 제2항(같은 항 제1호에 해당하는 자는 제외한다)에 따른 보고 또는 자료제출 요구·명령에 따르지 아니하거나 거짓으로 보고 또는 자료제출을 한 자나 질문 또는 검사를 거부·방해 또는 기피하거나 거짓으로 답변한 자
8. 거짓이나 그 밖의 부정한 방법으로 장기요양급여비용 청구에 가담한 사람
9. 제62조의2를 위반하여 노인장기요양보험 또는 이와 유사한 용어를 사용한 자

② 다음 각 호의 어느 하나에 해당하는 자에게는 ▢ 이하의 과태료를 부과한다.
1. 제33조의2에 따른 ▢ 을 설치하지 아니하거나 설치·관리의무를 위반한 자
2. 제33조의3 제1항 각 호에 따른 열람 요청에 응하지 아니한 자

③ 제1항 및 제2항에 따른 과태료는 대통령령으로 정하는 바에 따라 관할 특별자치시장·특별자치도지사·시장·군수·구청장이 부과·징수한다.

답

Memo

미래를 창조하기에 꿈만큼 좋은 것은 없다.
오늘의 유토피아가 내일 현실이 될 수 있다.
There is nothing like dream to create the future.
Utopia today, flesh and blood tomorrow.
빅토르 위고 Victor Hugo

노인장기요양보험법

1회 기출예상문제

문번	답란				문번	답란			
1	①	②	③	④	11	①	②	③	④
2	①	②	③	④	12	①	②	③	④
3	①	②	③	④	13	①	②	③	④
4	①	②	③	④	14	①	②	③	④
5	①	②	③	④	15	①	②	③	④
6	①	②	③	④	16	①	②	③	④
7	①	②	③	④	17	①	②	③	④
8	①	②	③	④	18	①	②	③	④
9	①	②	③	④	19	①	②	③	④
10	①	②	③	④	20	①	②	③	④

노인장기요양보험법

2회 기출예상문제

문번	답란	문번	답란
1	① ② ③ ④	11	① ② ③ ④
2	① ② ③ ④	12	① ② ③ ④
3	① ② ③ ④	13	① ② ③ ④
4	① ② ③ ④	14	① ② ③ ④
5	① ② ③ ④	15	① ② ③ ④
6	① ② ③ ④	16	① ② ③ ④
7	① ② ③ ④	17	① ② ③ ④
8	① ② ③ ④	18	① ② ③ ④
9	① ② ③ ④	19	① ② ③ ④
10	① ② ③ ④	20	① ② ③ ④

수험생 유의사항

※ 답안은 반드시 컴퓨터용 사인펜으로 보기와 같이 바르게 표기해야 합니다.
  〈보기〉 ① ② ③ ❹ ⑤
※ 성명표기란 위 칸에는 성명을 한글로 쓰고 아래 칸에는 성명을 정확하게 표기하십시오. (맨 왼쪽 칸부터 성과 이름은 붙여 씁니다)
※ 수험번호/월일 위 칸에는 아라비아 숫자로 쓰고 아래 칸에는 숫자와 일치하게 표기하십시오.
※ 월일은 반드시 본인 주민등록번호의 생년을 제외한 월 두 자리, 일 두 자리를 표기하십시오.
  〈예〉 1994년 1월 12일 → 0112

노인장기요양보험법

3회 기출예상문제

문번	답란				문번	답란			
1	①	②	③	④	11	①	②	③	④
2	①	②	③	④	12	①	②	③	④
3	①	②	③	④	13	①	②	③	④
4	①	②	③	④	14	①	②	③	④
5	①	②	③	④	15	①	②	③	④
6	①	②	③	④	16	①	②	③	④
7	①	②	③	④	17	①	②	③	④
8	①	②	③	④	18	①	②	③	④
9	①	②	③	④	19	①	②	③	④
10	①	②	③	④	20	①	②	③	④

노인장기요양보험법

4회 기출예상문제

문번	답란	문번	답란
1	① ② ③ ④	11	① ② ③ ④
2	① ② ③ ④	12	① ② ③ ④
3	① ② ③ ④	13	① ② ③ ④
4	① ② ③ ④	14	① ② ③ ④
5	① ② ③ ④	15	① ② ③ ④
6	① ② ③ ④	16	① ② ③ ④
7	① ② ③ ④	17	① ② ③ ④
8	① ② ③ ④	18	① ② ③ ④
9	① ② ③ ④	19	① ② ③ ④
10	① ② ③ ④	20	① ② ③ ④

감독관 확인란

성명표기란

수험번호

주민등록 앞자리 생년제외 월일

수험생 유의사항

※ 답안은 반드시 컴퓨터용 사인펜으로 보기와 같이 바르게 표기해야 합니다.
　<보기> ① ② ③ ● ⑤
※ 성명표기란 위 칸에는 성명을 한글로 쓰고 아래 칸에는 성명을 정확하게 표기하십시오. (맨 왼쪽 칸부터 성과 이름은 붙여 씁니다)
※ 수험번호/월일 위 칸에는 아라비아 숫자로 쓰고 아래 칸에는 숫자와 일치하게 표기하십시오.
※ 월일은 반드시 본인 주민등록번호의 생년월일 제외한 월 두 자리, 일 두 자리를 표기하십시오.
　<예> 1994년 1월 12일 → 0112

노인장기요양보험법

5회 기출예상문제

문번	답란				문번	답란			
1	①	②	③	④	11	①	②	③	④
2	①	②	③	④	12	①	②	③	④
3	①	②	③	④	13	①	②	③	④
4	①	②	③	④	14	①	②	③	④
5	①	②	③	④	15	①	②	③	④
6	①	②	③	④	16	①	②	③	④
7	①	②	③	④	17	①	②	③	④
8	①	②	③	④	18	①	②	③	④
9	①	②	③	④	19	①	②	③	④
10	①	②	③	④	20	①	②	③	④

노인장기요양보험법

기출예상문제_연습용

문번	답란				문번	답란			
1	①	②	③	④	11	①	②	③	④
2	①	②	③	④	12	①	②	③	④
3	①	②	③	④	13	①	②	③	④
4	①	②	③	④	14	①	②	③	④
5	①	②	③	④	15	①	②	③	④
6	①	②	③	④	16	①	②	③	④
7	①	②	③	④	17	①	②	③	④
8	①	②	③	④	18	①	②	③	④
9	①	②	③	④	19	①	②	③	④
10	①	②	③	④	20	①	②	③	④

수험생 유의사항

※ 답안은 반드시 컴퓨터용 사인펜으로 보기와 같이 바르게 표기해야 합니다.
　<보기> ① ② ③ ● ⑤
※ 성명표기란 위 칸에는 성명을 한글로 쓰고 아래 칸에는 성명을 정확하게 표기하십시오. 맨 왼쪽 칸부터 성과 이름은 붙여 씁니다.
※ 수험번호/월일 위 칸에는 아라비아 숫자로 쓰고 아래 칸에는 숫자와 일치하게 표기하십시오.
※ 월일은 반드시 본인 주민등록번호의 생년을 제외한 월 두 자리, 일 두 자리를 표기하십시오.
　(예) 1994년 1월 12일 → 0112

대기업·금융

저마다의 일생에는,
특히 그 일생이 동터 오르는 여명기에는
모든 것을 결정짓는 한 순간이 있다.
그 순간을 다시 찾아내는 것은 어렵다.
그것은 다른 수많은 순간들의 퇴적 속에
깊이 묻혀있다.

- 장 그르니에, 섬 LES ILES

2025 하반기
고시넷 공기업

국민건강보험공단
노인장기요양보험법
요양직

정답과 해설

NCS 직무수행능력평가

스마트폰에서 검색 고시넷

고시넷 공기업

모듈형/피듈형
NCS 베스트셀러

350여 공공기관
및 출제사
최신 출제유형

NCS 완전정복 초록이 시리즈

산인공 모듈형 + 응용모듈형
필수이론, 기출문제 유형

고시넷 NCS
초록이 ① 통합기본서

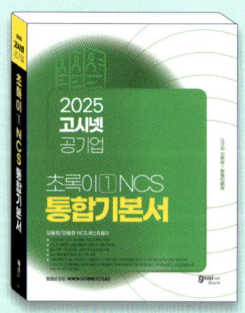

고시넷 NCS
초록이 ② 통합문제집

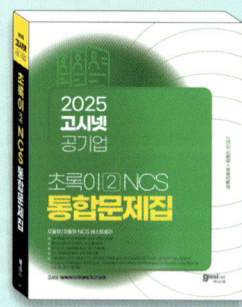

2025 하반기
고시넷 공기업

국민건강보험공단
노인장기요양보험법
[요양직]

정답과 해설

NCS 직무수행능력평가

gosinet
(주)고시넷

정답과 해설 — 노인장기요양보험법

파트1 노인장기요양보험법

1장 총칙_기본문제

■ 제1조(목적), 제2조(정의), 제3조(장기요양급여 제공의 기본원칙)

▶ 문제 18쪽

| 01 | ④ | 02 | ② | 03 | ③ | 04 | ② | 05 | ① |

01

| 정답 | ④

| 해설 | 「노인장기요양보험법」은 고령이나 노인성 질병 등의 사유로 일상생활(㉠)을 혼자서 수행하기 어려운 노인등에게 제공하는 신체활동 또는 가사활동 지원 등의 장기요양급여(㉡)에 관한 사항을 규정하여 노후의 건강증진 및 생활안정(㉢)을 도모하고 그 가족의 부담을 덜어줌으로써 국민의 삶의 질을 향상하도록 함을 목적으로 한다(「노인장기요양보험법」 제1조).

02

| 정답 | ②

| 해설 | "장기요양급여"란 6개월(㉠) 이상 동안 혼자서 일상생활을 수행하기 어렵다고 인정되는 자에게 신체활동·가사활동의 지원 또는 간병 등의 서비스나 이에 갈음하여 지급하는 현금(㉡) 등을 말한다(「노인장기요양보험법」 제2조 제2호).

03

| 정답 | ③

| 해설 | "장기요양요원"이란 장기요양기관에 소속되어 노인등의 신체활동 또는 가사활동 지원 등의 업무를 수행하는 자를 말한다(「노인장기요양보험법」 제2조 제5호).

04

| 정답 | ②

| 해설 | 장기요양급여는 노인등이 가족과 함께 생활하면서 가정에서 장기요양을 받는 재가급여를 우선적으로 제공하여야 한다(「노인장기요양보험법」 제3조 제3항).

05

| 정답 | ①

| 해설 | 장기요양급여는 노인등의 심신상태나 건강 등이 악화되지 않도록 의료서비스와 연계하여 이를 제공하여야 한다(「노인장기요양보험법」 제3조 제4항).

■ 제4조(국가 및 지방자치단체의 책무 등), 제5조(장기요양급여에 관한 국가정책방향), 제6조(장기요양기본계획), 제6조의2(실태조사)

▶ 문제 22쪽

| 01 | ④ | 02 | ④ | 03 | ① | 04 | ① | 05 | ② |

01

| 정답 | ④

| 해설 | 보건복지부장관은 노인등에 대한 장기요양급여를 원활하게 제공하기 위하여 5년 단위로 장기요양기본계획을 수립·시행하여야 한다(「노인장기요양보험법」 제6조 제1항).

02

| 정답 | ④

| 해설 | 보건복지부장관이 노인등에 대한 장기요양급여를 원활하게 제공하기 위하여 수립·시행하는 장기요양기본계획은 다음의 사항을 포함한다(「노인장기요양보험법」 제6조 제1항).

1. 연도별 장기요양급여 대상인원 및 재원조달 계획
2. 연도별 장기요양기관 및 장기요양전문인력 관리 방안
3. 장기요양요원의 처우에 관한 사항
4. 그 밖에 노인등의 장기요양에 관한 사항으로서 대통령령으로 정하는 사항

03

| 정답 | ①

| 해설 | 보건복지부장관은 장기요양사업의 실태를 파악하기 위하여 3년마다 실태조사를 실시하고 그 결과를 공표하여야 한다(「노인장기요양보험법」 제6조의2 제1항).

04

| 정답 | ①

| 해설 | 보건복지부장관이 장기요양사업의 실태를 파악하기 위해 실시하는 실태조사에는 다음의 사항을 포함한다(「노인장기요양보험법」 제6조의2 제1항).
1. 장기요양인정에 관한 사항
2. 장기요양등급판정위원회의 판정에 따라 장기요양급여를 받을 수급자의 규모, 그 급여의 수준 및 만족도에 관한 사항
3. 장기요양기관에 관한 사항
4. 장기요양요원의 근로조건, 처우 및 규모에 관한 사항
5. 그 밖에 장기요양사업에 관한 사항으로서 보건복지부령으로 정하는 사항

05

| 정답 | ②

| 해설 | 보건복지부장관은 노인등에 대한 장기요양급여를 원활하게 제공하기 위하여 장기요양기본계획을 수립·시행하고(「노인장기요양보험법」 제6조 제1항), 지방자치단체의 장은 장기요양기본계획에 따라 세부시행계획을 수립·시행하여야 한다(「노인장기요양보험법」 제6조 제2항).

2장 장기요양보험_기본문제

■ 제7조(장기요양보험), 제8조(장기요양보험료의 징수), 제9조(장기요양보험료의 산정), 제10조(장애인 등에 대한 장기요양보험료의 감면), 제11조(장기요양보험가입 자격 등에 관한 준용) ▶문제 26쪽

| 01 | ③ | 02 | ③ | 03 | ③ | 04 | ① | 05 | ③ |

01

| 정답 | ③

| 해설 | 1. 장기요양보험사업은 보건복지부장관(㉠)이 관장한다(「노인장기요양보험법」 제7조 제1항).
2. 장기요양보험사업의 보험자는 국민건강보험공단(㉡)으로 한다(「노인장기요양보험법」 제7조 제2항).

02

| 정답 | ③

| 해설 | 장기요양보험료와 국민건강보험료는 구분하여 고지하여야 한다(「노인장기요양보험법」 제8조 제2항).

| 오답풀이 |
① 「노인장기요양보험법」 제8조 제1항
② 「노인장기요양보험법」 제8조 제2항
④ 「노인장기요양보험법」 제8조 제3항

03

| 정답 | ③

| 해설 | 「국민건강보험법」 제5조에서의 국민건강보험의 가입자는 장기요양보험의 가입자가 되며, 같은 법 제109조에서 외국인 등에 대한 특례규정에 따라 직장가입자가 된 외국인 역시 장기요양보험의 가입자가 된다(「노인장기요양보험법」 제7조 제3항). 이를 통해 장기요양보험의 가입자가 된 경우는 별도의 가입 신청 절차를 거치지 않음을 알 수 있다.

|오답풀이|

④ ⓒ은 근로자, 공무원 또는 교직원으로 국내에 체류하여 국민건강보험의 가입자가 된 재외국민 또는 외국인이다. 외국인근로자 등 대통령령으로 정하는 외국인이 신청하는 경우 보건복지부령으로 정하는 바에 따라 장기요양보험가입자에서 제외할 수 있다(「노인장기요양보험법」 제7조 제4항).

04

|정답| ①

|해설| 장기요양보험료율은 제45조에 따른 장기요양위원회의 심의를 거쳐 대통령령으로 정한다(「노인장기요양보험법」 제9조 제2항).

05

|정답| ③

|해설| 장기요양보험료율은 장기요양위원회의 심의를 거쳐 대통령령으로 정한다(「노인장기요양보험법」 제9조 제2항).

|오답풀이|

② ⓒ은 「국민건강보험법」 제74조 또는 제75조에 따라 감경 또는 면제되는 비용을 공제한 금액이다(「노인장기요양보험법」 제9조 제1항). 만일 장기요양보험료에 산정에 있어서 장기요양보험의 특성을 고려하여 경감 또는 면제되는 비용을 달리 적용할 필요가 있는 경우에는 대통령령으로 정하는 바에 따라 경감 또는 면제되는 비용의 공제 수준을 달리 정할 수 있다(「노인장기요양보험법」 제9조 제3항).

④ 장기요양보험료는 보험료액에서 경감 또는 면제되는 비용을 공제한 금액에 건강보험료율 대비 장기요양보험료율을 곱하여 산정한 금액으로 한다(「노인장기요양보험법」 제9조 제1항).

3장 장기요양인정_기본문제

■ 제12조(장기요양인정의 신청자격), 제13조(장기요양인정의 신청), 제14조(장기요양인정 신청의 조사)

▶ 문제 30쪽

| 01 | ② | 02 | ① | 03 | ③ | 04 | ① | 05 | ② |

01

|정답| ②

|해설| 장기요양인정을 신청할 수 있는 자는 「노인장기요양보험법」의 '노인등'에 해당하는 장기요양보험가입자 또는 그 피부양자와 의료급여수급권자이다(「노인장기요양보험법」 제12조).

02

|정답| ①

|해설| 장기요양인정의 신청인은 장기요양인정신청서에 의사 또는 한의사(㉠)가 발급하는 소견서인 의사소견서를 첨부하여 제출하여야 한다. 다만, 의사소견서는 국민건강보험공단이 등급판정위원회(ⓒ)에 자료를 제출하기 전까지 제출할 수 있다(「노인장기요양보험법」 제13조 제1항).

03

|정답| ③

|해설| 거동이 현저하게 불편하거나 도서·벽지 지역에 거주하여 의료기관을 방문하기가 어려운 자 등 대통령령으로 정하는 자는 의사소견서를 제출하지 아니할 수 있다(「노인장기요양보험법」 제13조 제2항).

04

|정답| ①

|해설| ㉠ 공단은 장기요양인정 신청을 조사하는 경우 2명 이상의 소속 직원이 조사할 수 있도록 노력하여야 한다(「노인장기요양보험법」 제14조 제2항).

ⓒ 공단 또는 조사를 의뢰받은 특별자치시·특별자치도·시·군·구는 조사를 완료한 때 조사결과서를 작성하여야 하며, 조사를 의뢰받은 특별자치시·특별자치도·시·군·구는 지체 없이 공단에 조사결과서를 송부하여야 한다(「노인장기요양보험법」 제14조 제4항).

05

| 정답 | ②

| 해설 | 국민건강보험공단은 장기요양인정의 신청서를 접수한 때 소속 직원으로 하여금 신청인의 심신상태(㉠)와 신청인에게 필요한 장기요양급여의 종류 및 내용(㉡), 그 밖에 장기요양에 관하여 필요한 사항으로서 보건복지부령으로 정하는 사항을 조사하게 하여야 한다(「노인장기요양보험법」 제14조 제1항).

■ 제15조(등급판정 등), 제16조(장기요양등급판정기간), 제17조(장기요양인정서), 제18조(장기요양인정서를 작성할 경우 고려사항)   ▶문제 34쪽

| 01 | ③ | 02 | ④ | 03 | ④ | 04 | ② | 05 | ① |

01

| 정답 | ③

| 해설 | 공단은 장기요양인정 신청의 조사가 완료된 때 조사결과서, 신청서, 의사소견서 기타 심의에 필요한 자료를 등급판정위원회에 제출하여야 한다(「노인장기요양보험법」 제15조 제1항). 개인별장기요양이용계획서의 경우 등급판정이 완료된 후 공단이 작성하여 장기요양인정서와 함께 수급자에게 송부한다(「노인장기요양보험법」 제17조 제3항).

02

| 정답 | ④

| 해설 | 등급판정위원회는 심의·판정을 하는 때 신청인과 그 가족, 의사소견서를 발급한 의사 등 관계인의 의견을 들을 수 있다(「노인장기요양보험법」 제15조 제3항).

03

| 정답 | ④

| 해설 | 등급판정위원회는 신청인이 신청서를 제출한 날부터 30일 이내에 제15조에 따른 장기요양등급판정을 완료하여야 한다(「노인장기요양보험법」 제16조 제1항).

04

| 정답 | ②

| 해설 | 국민건강보험공단은 장기요양인정서를 작성할 경우 장기요양급여의 종류 및 내용을 정하는 때 다음의 사항을 고려하여 정해야 한다(「노인장기요양보험법」 제18조).
1. 수급자의 장기요양등급 및 생활환경
2. 수급자와 그 가족의 욕구 및 선택
3. 시설급여를 제공하는 경우 장기요양기관이 운영하는 시설 현황

05

| 정답 | ①

| 해설 | 국민건강보험공단은 장기요양인정서를 송부하는 때 장기요양급여를 원활히 이용할 수 있도록 제28조에 따른 월 한도액의 범위 안에서 개인별장기요양이용계획서를 작성하여 이를 함께 송부하여야 한다(「노인장기요양보험법」 제17조 제3항).

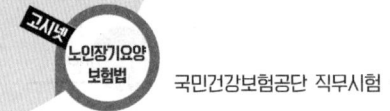

■ 제19조(장기요양인정의 유효기간), 제20조(장기요양인정의 갱신), 제21조(장기요양등급 등의 변경), 제22조(장기요양인정 신청 등에 대한 대리) ▶문제 38쪽

| 01 | ④ | 02 | ④ | 03 | ③ | 04 | ④ | 05 | ① |

01

| 정답 | ④

| 해설 | 장기요양인정의 갱신 신청은 유효기간이 만료되기 전 30일까지 이를 완료하여야 한다(「노인장기요양보험법」 제20조 제2항).

02

| 정답 | ④

| 해설 | 장기요양급여를 받고자 하는 자가 신체적·정신적인 사유로 이 법에 따른 장기요양인정의 신청을 직접 수행할 수 없을 때 본인의 가족이나 친족, 그 밖의 이해관계인은 이를 대리할 수 있다(「노인장기요양보험법」 제22조 제1항). 또한 사회복지전담공무원과 치매안심센터의 장(치매환자에 한함)은 장기요양급여를 받고자 하는 사람 본인 혹은 가족의 동의를 받아 그 신청을 대리할 수 있다(「노인장기요양보험법」 제22조 제2항).

03

| 정답 | ③

| 해설 | 「노인장기요양보험법」 제15조에 따른 장기요양인정의 유효기간은 최소 1년 이상으로서 대통령령으로 정한다(「노인장기요양보험법」 제19조 제1항).

04

| 정답 | ④

| 해설 | 제22조 제1항 및 제2항에도 불구하고 장기요양급여를 받고자 하는 자 또는 수급자가 제1항에 따른 장기요양인정 신청을 할 수 없는 경우 특별자치시장·특별자치도지사·시장·군수·구청장이 지정하는 자는 이를 대리할 수 있다(「노인장기요양보험법」 제22조 제3항).

05

| 정답 | ①

| 해설 | 제시된 내용은 「치매관리법」 제17조의 일부 내용이다. 치매안심센터의 장은 장기요양급여를 받고자 하는 치매환자가 장기요양인정의 신청·갱신신청 또는 장기요양등급의 변경신청 등을 직접 수행할 수 없을 때 본인 또는 가족의 동의를 받아 그 신청을 대리할 수 있다(「노인장기요양보험법」 제22조 제2항 제2호).

4장 장기요양급여의 종류_기본문제

■ 제23조(장기요양급여의 종류) ▶ 문제 42쪽

| 01 | ④ | 02 | ④ | 03 | ② | 04 | ③ | 05 | ② |

01
| 정답 | ④

| 해설 | 장기요양급여의 종류로는 재가급여, 시설급여, 특별현금급여가 있다(「노인장기요양보험법」 제23조 제1항).

02
| 정답 | ④

| 해설 | 재가급여의 종류로는 방문요양, 방문목욕, 방문간호, 주·야간보호, 단기보호, 기타재가급여가 있다(「노인장기요양보험법」 제23조 제1항 제1호).

03
| 정답 | ②

| 해설 | 특별현금급여에는 가족요양비, 특례요양비, 요양병원간병비가 있다(「노인장기요양보험법」 제23조 제1항 제3호).

04
| 정답 | ③

| 해설 | 방문간호란 장기요양요원인 간호사 등이 의사, 한의사 또는 치과의사의 지시서인 방문간호지시서에 따라 수급자의 가정 등을 방문하여 간호, 진료의 보조, 요양에 관한 상담 또는 구강위생 등을 제공하는 장기요양급여를 의미한다(「노인장기요양보험법」 제23조 제1항 제1호 다목).

05
| 정답 | ②

| 해설 | 1. 시설급여 : 장기요양기관에 장기간(㉠) 입소한 수급자에게 신체활동 지원 및 심신기능의 유지·향상을 위한 교육·훈련 등을 제공하는 장기요양급여(「노인장기요양보험법」 제23조 제1항 제2호)

2. 단기보호 : 수급자를 보건복지부령으로 정하는 범위 안에서 일정 기간 동안(㉡) 장기요양기관에 보호하여 신체활동 지원 및 심신기능의 유지·향상을 위한 교육·훈련 등을 제공하는 장기요양급여(「노인장기요양보험법」 제23조 제1항 제1호 마목)

3. 주·야간보호 : 수급자를 하루 중 일정한 시간 동안(㉢) 장기요양기관에 보호하여 신체활동 지원 및 심신기능의 유지·향상을 위한 교육·훈련 등을 제공하는 장기요양급여(「노인장기요양보험법」 제23조 제1항 제1호 라목)

■ 제24조(가족요양비), 제25조(특례요양비), 제26조(요양병원간병비) ▶ 문제 46쪽

| 01 | ① | 02 | ② | 03 | ③ | 04 | ① | 05 | ③ |

01
| 정답 | ①

| 해설 | 공단은 수급자가 장기요양기관이 아닌 노인요양시설 등의 기관 또는 시설에서 재가급여 또는 시설급여에 상당한 장기요양급여를 받은 경우 대통령령으로 정하는 기준에 따라 해당 장기요양급여비용의 일부를 해당 수급자에게 특례요양비로 지급할 수 있다(「노인장기요양보험법」 제25조 제1항).

02
| 정답 | ②

| 해설 | 신체·정신 또는 성격 등 대통령령으로 정하는 사유로 인하여 가족 등으로부터 장기요양을 받아야 하는 자는

방문요양에 상당한 장기요양급여를 받은 때 대통령령으로 정하는 기준에 따라 해당 수급자에게 가족요양비를 지급할 수 있다(「노인장기요양보험법」 제24조 제1항 제3호).

03

| 정답 | ③

| 해설 | 공단은 다음의 어느 하나에 해당하는 수급자가 가족 등으로부터 방문요양에 상당한 장기요양을 받은 때에는 해당 수급자에게 가족요양비를 지급할 수 있다(「노인장기요양보험법」 제24조 제1항).
1. 도서·벽지 등 장기요양기관이 현저히 부족한 지역으로서 보건복지부장관이 정하여 고시하는 지역에 거주하는 자
2. 천재지변이나 그 밖에 이와 유사한 사유로 인하여 장기요양기관이 제공하는 장기요양급여를 이용하기가 어렵다고 보건복지부장관이 인정하는 자
3. 신체·정신 또는 성격 등 대통령령으로 정하는 사유로 인하여 가족 등으로부터 장기요양을 받아야 하는 자

04

| 정답 | ①

| 해설 | 공단은 수급자가 가족 등으로부터 제23조 제1항 제1호 가목에 따른 방문요양에 상당한 장기요양급여를 받은 때 대통령령으로 정하는 기준에 따라 해당 수급자에게 가족요양비를 지급할 수 있다(「노인장기요양보험법」 제24조 제1항).

05

| 정답 | ③

| 해설 | 국민건강보험공단은 수급자가 「의료법」 제3조 제2항 제3호 라목에 따른 요양병원에 입원한 때 대통령령으로 정하는 기준에 따라 장기요양에 사용되는 비용의 일부를 요양병원간병비로 지급할 수 있다(「노인장기요양보험법」 제26조 제1항).

5장 장기요양급여의 제공_기본문제

■ 제27조(장기요양급여의 제공), 제27조의2(특별현금급여 수급계좌)
▶문제 50쪽

| 01 | ① | 02 | ③ | 03 | ② | 04 | ③ | 05 | ① |

01

| 정답 | ①

| 해설 | 수급자는 장기요양급여를 받으려면 장기요양기관에 장기요양인정서와 개인별장기요양이용계획서(㉠)를 제시하여야 한다(「노인장기요양보험법」 제27조 제3항). 장기요양기관은 수급자가 제시한 장기요양인정서와 개인별장기요양이용계획서를 바탕으로 장기요양급여 제공 계획서(㉡)를 작성하고 수급자의 동의를 받아 그 내용을 공단에 통보하여야 한다(「노인장기요양보험법」 제27조 제4항).

02

| 정답 | ③

| 해설 | 수급자는 장기요양인정서와 개인별장기요양이용계획서가 도달한 날부터 장기요양급여를 받을 수 있다(「노인장기요양보험법」 제27조 제1항).

03

| 정답 | ②

| 해설 | 공단은 특별현금급여를 받는 수급자의 신청이 있는 경우에는 특별현금급여를 수급자 명의의 지정된 계좌(이하 "특별현금급여수급계좌"라 한다)로 입금하여야 한다(「노인장기요양보험법」 제27조의2 제1항).

04

| 정답 | ③

| 해설 | 장기요양급여를 받으려는 수급자가 장기요양인정서 및 개인별장기요양이용계획서를 제시하지 못하는 경우, 장기요양기관은 공단에 전화나 인터넷 등을 통하여 그 자격 등을 확인할 수 있다(「노인장기요양보험법」 제27조 제3항).

05

| 정답 | ①

| 해설 | 수급자는 돌볼 가족이 없는 경우 등 대통령령으로 정하는 사유가 있는 경우 장기요양인정신청서를 제출한 날부터 장기요양인정서가 도달되는 날까지의 기간 중에도 장기요양급여를 받을 수 있다(「노인장기요양보험법」 제27조 제2항).

| 오답풀이 |
② 「노인장기요양보험법」 제27조 제4항
③ 「노인장기요양보험법」 제27조의2 제2항
④ 「노인장기요양보험법」 제27조의2 제3항

■ 제28조(장기요양급여의 월 한도액), 제28조의2(급여외행위의 제공 금지), 제29조(장기요양급여의 제한), 제30조(장기요양급여의 제한 등에 관한 준용) ▶ 문제 54쪽

| 01 | ④ | 02 | ① | 03 | ④ | 04 | ② | 05 | ③ |

01

| 정답 | ④

| 해설 | 수급자 또는 장기요양기관은 장기요양급여를 제공받거나 제공할 경우 다음의 급여외행위를 요구하거나 제공하여서는 아니 된다(「노인장기요양보험법」 제28조의2 제1항).
1. 수급자의 가족만을 위한 행위(㉠)
2. 수급자 또는 그 가족의 생업을 지원하는 행위(㉡, ㉣)
3. 그 밖에 수급자의 일상생활에 지장이 없는 행위(㉢)

02

| 정답 | ①

| 해설 | 국민건강보험공단은 장기요양급여를 받고 있거나 받을 수 있는 자가 장기요양기관이 거짓이나 그 밖의 부정한 방법으로 장기요양급여비용을 받는 데에 가담한 경우 장기요양급여를 중단하거나 1년의 범위에서 장기요양급여 횟수 또는 제공 기간을 제한할 수 있다(「노인장기요양보험법」 제29조 제2항).

03

| 정답 | ④

| 해설 | ㉠, ㉡ 국민건강보험공단은 장기요양급여를 받고 있는 자가 정당한 사유 없이 제15조 제4항에 따른 조사나 제60조 또는 제61조에 따른 요구에 응하지 아니하거나 답변을 거절한 경우 장기요양급여의 전부 또는 일부를 제공하지 아니하게 할 수 있다(「노인장기요양보험법」 제29조 제1항).
㉢ 「노인장기요양보험법」 제29조 제2항

04

| 정답 | ②

| 해설 | 장기요양급여는 월 한도액 범위 안에서 제공한다(「노인장기요양보험법」 제28조 제1항). 즉, 장기요양급여의 한도액을 설정하는 기간의 기준은 1개월이다.

05

| 정답 | ③

| 해설 | 「국민건강보험법」 제53조 제1항, 제4호, 같은 조 제2항부터 제6항까지 그리고 제54조를 장기요양급여의 제한 및 정지에 관하여 준용한다. 이때, "가입자"는 "장기요양보험가입자"로, "보험급여"는 "장기요양급여"로 본다(「노인장기요양보험법」 제30조).
장기요양급여를 받을 수 있는 사람이 국외에 체류하는 경우 그 기간에는 장기요양급여를 하지 아니한다(「국민건강보험법」 제54조 제2호 준용).

| 오답풀이 |
① 「국민건강보험법」 제53조 제3항을 준용한 내용이다.
② 「국민건강보험법」 제53조 제5항을 준용한 내용이다.
④ 「국민건강보험법」 제54조 제4호를 준용한 내용이다.

6장 장기요양기관_기본문제

■ 제31조(장기요양기관의 지정), 제32조의2(결격사유), 제32조의3(장기요양지정의 유효기간), 제32조의4(장기요양기관 지정의 갱신) ▸문제 60쪽

| 01 | ④ | 02 | ① | 03 | ③ | 04 | ③ | 05 | ② |

01

|정답| ④

|해설| 특별자치시장·특별자치도지사·시장·군수·구청장은 장기요양기관의 지정을 위해 다음 사항을 검토해야 하며, 공단에 관련 자료의 제출을 요청하거나 그 의견을 들을 수 있다(「노인장기요양보험법」 제31조 제3항).
1. 장기요양기관을 운영하려는 자의 장기요양급여 제공 이력
2. 장기요양기관을 운영하려는 자 및 그 기관에 종사하려는 자가 이 법, 「사회복지사업법」 또는 「노인복지법」 등 장기요양기관의 운영과 관련된 법에 따라 받은 행정처분의 내용
3. 장기요양기관의 운영 계획
4. 해당 지역의 노인인구 수, 치매 등 노인성질환 환자 수 및 장기요양급여 수요 등 지역특성
5. 그 밖에 특별자치시장·특별자치도지사·시장·군수·구청장이 장기요양기관으로 지정하는 데 필요하다고 인정하여 정하는 사항

02

|정답| ①

|해설| 재가급여를 제공하는 장기요양기관 중 의료기관이 아닌 자가 설치·운영하는 장기요양기관이 방문간호를 제공하는 경우에는 방문간호의 관리책임자로서 간호사를 둔다(「노인장기요양보험법」 제31조 제5항).

03

|정답| ③

|해설| 금고 이상의 실형을 선고받고 그 집행이 종료(집행이 종료된 것으로 보는 경우를 포함한다)되거나 집행이 면제된 날부터 5년이 경과되지 아니한 사람은 장기요양기관의 지정을 받을 수 없다(「노인장기요양보험법」 제32조의2 제5호).

04

|정답| ③

|해설| 장기요양기관 지정의 유효기간은 지정을 받은 날부터 6년으로 한다(「노인장기요양보험법」 제32조의3).

05

|정답| ②

|해설| 장기요양기관의 장은 장기요양기관 지정의 유효기간이 끝난 후에도 계속하여 그 지정을 유지하려는 경우에는 소재지를 관할구역으로 하는 특별자치시장·특별자치도지사·시장·군수·구청장에게 지정 유효기간이 끝나기 90일 전까지 지정 갱신을 신청하여야 한다(「노인장기요양보험법」 제32조의4 제1항).

■ 제33조(장기요양기관의 시설·인력에 관한 변경), 제33조의2(폐쇄회로 텔레비전의 설치 등), 제33조의3(영상정보의 열람금지 등), 제34조(장기요양기관 정보의 안내 등), 제35조(장기요양기관의 의무 등) ▸문제 68쪽

| 01 | ③ | 02 | ③ | 03 | ④ | 04 | ④ | 05 | ④ |

01

|정답| ③

|해설| ㉠ 장기요양기관의 장은 시설 및 인력 등 보건복지부령으로 정하는 중요한 사항을 변경하려는 경우에는

보건복지부령으로 정하는 바에 따라 특별자치시장·특별자치도지사·시장·군수·구청장의 변경지정을 받아야 한다(「노인장기요양보험법」 제33조 제1항).

ⓒ 제1항에 따른 사항 외의 사항을 변경하려는 경우에는 보건복지부령으로 정하는 바에 따라 특별자치시장·특별자치도지사·시장·군수·구청장에게 변경신고를 하여야 한다(「노인장기요양보험법」 제33조 제2항).

02

| 정답 | ③

| 해설 | ⓒ 「노인장기요양보험법」 제33조의2 제1항 제2호
ⓒ 「노인장기요양보험법」 제33조의2 제1항 제3호

| 오답풀이 |
㉠ 장기요양기관이 제23조 제1항 제1호에 따른 재가급여만을 제공하는 경우에는 폐쇄회로 텔레비전의 설치의 의무를 면한다(「노인장기요양보험법」 제33조의2 제1항 제1호).

보충 플러스+

폐쇄회로 텔레비전과 네트워크 카메라
- 폐쇄회로 텔레비전 : 일정한 공간에 지속적으로 설치된 카메라를 통하여 영상 등을 촬영하거나 촬영한 영상정보를 유무선 폐쇄회로 등의 전송로를 통하여 특정 장소에 전송하는 장치 혹은 이를 통해 촬영되거나 전송된 영상정보를 녹화·기록할 수 있는 장치(「개인정보 보호법 시행령」 제3조 제1호)
- 네트워크 카메라 : 일정한 공간에 지속적으로 설치된 기기로 촬영한 영상정보를 그 기기를 설치·관리하는 자가 유무선 인터넷을 통하여 어느 곳에서나 수집·저장 등의 처리를 할 수 있도록 하는 장치(「개인정보 보호법 시행령」 제3조 제2호)

03

| 정답 | ④

| 해설 | 장기요양기관을 운영하는 자는 폐쇄회로 텔레비전에 기록된 영상정보를 60일 이상 보관하여야 한다(「노인장기요양보험법」 제33조의2 제3항)

| 오답풀이 |
① 「노인장기요양보험법」 제33조의2 제2항 제1호
② 「노인장기요양보험법」 제33조의2 제2항 제2호
③ 「노인장기요양보험법」 제33조의2 제2항 제3호

04

| 정답 | ④

| 해설 | ㉠ 「노인장기요양보험법」 제33조의3 제1항 제1호
ⓒ 「노인장기요양보험법」 제33조의3 제1항 제2호
ⓒ, ㉣ 「노인장기요양보험법」 제33조의3 제1항 제4호

05

| 정답 | ④

| 해설 | 장기요양기관은 영리를 목적으로 수급자가 부담하는 본인부담금을 면제하거나 감경하는 행위를 하여서는 아니 된다(「노인장기요양보험법」 제35조 제5항).

| 오답풀이 |
① 장기요양기관의 장은 장기요양급여를 제공한 수급자에게 장기요양급여비용에 대한 명세서를 교부하여야 한다(「노인장기요양보험법」 제35조 제3항).
② 장기요양기관은 수급자로부터 장기요양급여신청을 받은 때 장기요양급여의 제공을 거부하여서는 아니 된다. 다만, 입소정원에 여유가 없는 경우 등 정당한 사유가 있는 경우는 그러하지 아니하다(「노인장기요양보험법」 제35조 제1항).
④ 장기요양기관의 장 및 그 종사자는 장기요양급여 제공에 관한 자료를 거짓으로 작성하여서는 아니된다(「노인장기요양보험법」 제35조 제4항). 이를 통해 장기요양기관의 종사자가 장기요양급여에 관한 자료를 작성할 수 있음을 추론할 수 있다.

■ 제35조의2(장기요양기관 재무·회계기준), 제35조의3(인권교육), 제35조의4(장기요양요원의 보호), 제35조의5(보험 가입), 제36조(장기요양기관의 폐업 등의 신고 등)
▸ 문제 74쪽

| 01 | ② | 02 | ④ | 03 | ③ | 04 | ② | 05 | ① |

01

| 정답 | ②

| 해설 | 장기요양기관은 종사자가 장기요양급여를 제공하는 과정에서 발생할 수 있는 수급자의 상해 등 법률상 손해를 배상하는 보험인 전문인 배상책임보험에 가입할 수 있다(「노인장기요양보험법」 제35조의5 제1항).

02

| 정답 | ④

| 해설 | 장기요양기관 중 대통령령으로 정하는 기관을 운영하는 자와 그 종사자는 인권에 관한 교육을 받아야 하며, 장기요양기관 중 대통령령으로 정하는 기관을 운영하는 자는 해당 기관을 이용하고 있는 장기요양급여 수급자에게 인권교육을 실시할 수 있다(「노인장기요양보험법」 제35조의3 제1항, 제2항).

03

| 정답 | ③

| 해설 | 장기요양기관의 장은 폐업하거나 휴업하고자 하는 경우 폐업이나 휴업 예정일 전 30일까지 특별자치시장·특별자치도지사·시장·군수·구청장에게 신고하여야 한다(「노인장기요양보험법」 제36조 제1항).

04

| 정답 | ②

| 해설 | 보건복지부장관은 인권교육기관이 인권교육의 수행능력이 현저히 부족하다고 인정되는 경우 그 지정을 취소하거나 6개월 이내의 기간을 정하여 업무의 정지를 명할 수 있다(「노인장기요양보험법」 제35조의3 제4항 제3호).

05

| 정답 | ①

| 해설 | 장기요양기관의 장은 폐업·휴업 신고를 할 때 또는 장기요양기관의 지정 갱신을 하지 아니하여 유효기간이 만료될 때 장기요양급여 제공 자료를 국민건강보험공단으로 이관하여야 한다. 다만, 휴업 신고를 하는 장기요양기관의 장이 휴업 예정일 전까지 국민건강보험공단의 허가를 받은 경우에는 장기요양급여 제공 자료를 직접 보관할 수 있다(「노인장기요양보험법」 제36조 제6항).

■ 제36조의2(시정명령), 제37조(장기요양기관 지정의 취소 등), 제37조의2(과징금의 부과 등)
▸ 문제 80쪽

| 01 | ① | 02 | ① | 03 | ② | 04 | ③ | 05 | ④ |

01

| 정답 | ①

| 해설 | 특별자치시장·특별자치도지사·시장·군수·구청장은 장기요양기관 재무·회계기준을 위반한 장기요양기관에 대하여 6개월 이내의 범위에서 일정한 기간을 정하여 시정을 명할 수 있다(「노인장기요양보험법」 제36조의2 제2호).

02

| 정답 | ①

| 해설 | 장기요양기관이 업무정지명령이 아닌 반드시 지정취소처분을 받는 위반행위는 다음과 같다(「노인장기요양보험법」 제37조 제1항).

1. 거짓이나 그 밖의 부정한 방법으로 지정을 받은 경우

2. 장기요양기관의 결격사유에 해당된 경우. 단, 법인의 경우 3개월 이내에 결격사유에 해당하는 대표자를 변경할 경우에는 그러하지 아니하다.
3. 폐업 또는 휴업 신고를 하지 않고 1년 이상 장기요양급여를 제공하지 않은 경우
4. 업무정지기간 중에 장기요양급여를 제공한 경우
5. 사업자등록 또는 고유번호가 말소된 경우

03

| 정답 | ②

| 해설 | 지정취소를 받은 후 3년이 지나지 아니한 자는 장기요양기관으로 지정받을 수 없다(「노인장기요양보험법」 제37조 제8항 제1호).

04

| 정답 | ③

| 해설 | 특별자치시장·특별자치도지사·시장·군수·구청장은 거짓이나 부정한 방법으로 재가 및 시설급여비용을 청구한 경우 등의 예외사항을 제외한 경우에는 업무정지명령을 갈음하여 2억 원 이하의 과징금을 부과할 수 있다(「노인장기요양보험법」 제37조의2 제1항).

05

| 정답 | ④

| 해설 | 특별자치시장·특별자치도지사·시장·군수·구청장은 거짓이나 부정한 방법으로 재가 및 시설급여비용을 청구한 행위를 이유로 내린 업무정지명령을 갈음하여 거짓이나 그 밖의 부정한 방법으로 청구한 금액의 5배 이하의 금액을 과징금으로 부과할 수 있다(「노인장기요양보험법」 제37조의2 제2항).

■ 제37조의3(위반사실 등의 공표), 제37조의4(행정제재처분 효과의 승계), 제37조의5(장기요양급여 제공의 제한)

▶ 문제 84쪽

| 01 | ④ | 02 | ① | 03 | ② | 04 | ④ | 05 | ② |

01

| 정답 | ④

| 해설 | 장기요양기관이 거짓으로 재가·시설 급여비용을 청구하였다는 이유로 제37조 또는 제37조의2에 따른 처분이 확정된 경우로서 다음의 경우에 해당하는 경우에는 위반사실, 처분내용 등을 공표하여야 한다(「노인장기요양보험법」 제37조의3 제1항).
1. 거짓으로 청구한 금액이 1천만 원 이상인 경우
2. 거짓으로 청구한 금액이 장기요양급여비용 총액의 100분의 10 이상인 경우

02

| 정답 | ①

| 해설 | 장기요양기관의 지정이 취소되어 공표 대상이 된 장기요양기관이 폐업으로 공표의 실효성이 없는 경우에는 이를 공표하지 않는다(「노인장기요양보험법」 제37조의3 제1항).

| 오답풀이 |
③ 장기요양기관의 거짓으로 청구한 시설 급여비용이 1천만 원 이상인 경우에는 공표대상이 된다(「노인장기요양보험법」 제37조의3 제1항 제1호).
④ 「노인장기요양보험법」 제37조의3 제2항

03

| 정답 | ②

| 해설 | 보건복지부장관 또는 특별자치시장·특별자치도지사·시장·군수·구청장은 공표 여부 등을 심의하기 위하여 공표심의위원회를 설치·운영할 수 있다(「노인장기요양보험법」 제37조의3 제3항).

04

|정답| ④

|해설| 장기요양기관에 대한 행정제재처분의 효과는 그 처분을 한 날부터 3년간 다음의 어느 하나에 해당하는 자에게 승계된다(「노인장기요양보험법」 제37조의4 제1항).
1. 장기요양기관을 양도한 경우 양수인
2. 법인이 합병된 경우 합병으로 신설되거나 합병 후 존속하는 법인
3. 장기요양기관 폐업 후 같은 장소에서 장기요양기관을 운영하는 자 중 종전에 행정제재처분을 받은 자(법인인 경우 그 대표자를 포함한다)나 그 배우자 또는 직계혈족

05

|정답| ②

|해설| 특별자치시장·특별자치도지사·시장·군수·구청장은 장기요양기관의 종사자가 거짓이나 그 밖의 부정한 방법으로 재가급여비용 또는 시설급여비용을 청구하는 행위에 가담한 경우 해당 종사자가 장기요양급여를 제공하는 것을 1년의 범위에서 제한하는 처분을 할 수 있다(「노인장기요양보험법」 제37조의5 제1항).

7장 재가 및 시설 급여비용 등_기본문제

■ 제38조(재가 및 시설 급여비용의 청구 및 지급 등), 제39조(장기요양급여비용 등의 산정)　▶문제 88쪽

| 01 | ② | 02 | ④ | 03 | ③ | 04 | ② | 05 | ① |

01

|정답| ②

|해설| 장기요양급여비용을 심사한 결과 수급자가 이미 낸 본인부담금이 장기요양기관이 청구한 본인부담금보다 더 많으면 두 금액 간의 차액을 장기요양기관에 지급할 금액에서 공제하여 수급자에게 지급하여야 하며, 만일 수급자가 납부해야 하는 장기요양보험료와 징수금이 있다면 이와 상계할 수 있다(「노인장기요양보험법」 제38조 제4항, 제5항).

02

|정답| ④

|해설| 장기요양기관이 국민건강보험공단으로부터 지급받는 공단부담금이란 재가 및 시설 급여비용 중 본인부담금을 공제한 금액을 의미한다(「노인장기요양보험법」 제38조 제2항).

03

|정답| ③

|해설| 국민건강보험공단은 장기요양기관의 장기요양급여 평가 결과에 따라 장기요양기관에 지급하는 장기요양급여비용을 가산 또는 감액조정하여 지급할 수 있다(「노인장기요양보험법」 제38조 제3항).

|오답풀이|
① 장기요양기관은 수급자에게 제23조에 따른 재가급여 또는 시설급여를 제공한 경우 건강보험공단에 장기요양급여비용을 청구하여야 한다(「노인장기요양보험법」 제38조 제1항).
② 「노인장기요양보험법」 제38조 제2항
④ 「노인장기요양보험법」 제38조 제6항

04

|정답| ②

| 해설 | 국민건강보험공단은 장기요양기관이 정당한 사유 없이 보건복지부장관, 특별시장·광역시장·도지사 또는 특별자치시장·특별자치도지사·시장·군수·구청장이 장기요양급여의 제공 명세, 재무·회계에 관한 사항 등에 관련된(「노인장기요양보험법」 제61조 제2항) 자료제출 명령에 따르지 아니하거나 질문 또는 검사를 거부·방해 또는 기피하는 경우 이에 응할 때까지 해당 장기요양기관에 지급하여야 할 장기요양급여비용의 지급을 보류할 수 있다(「노인장기요양보험법」 제38조 제7항).

05

| 정답 | ①

| 해설 | 재가 및 시설 급여비용과 특별현금급여의 지급금액은 매년 급여종류 및 장기요양등급 등에 따라 장기요양위원회의 심의를 거쳐 보건복지부장관이 정하여 이를 고시하여야 한다. 이때, 국가 및 지방자치단체로부터 장기요양기관의 설립비용을 지원받았는지 여부 등을 고려할 수 있다(「노인장기요양보험법」 제39조 제1항, 제2항).

■ 제40조(본인부담금), 제41조(가족 등의 장기요양에 대한 보상), 제42조(방문간호지시서 발급비용의 산정 등)
▶ 문제 92쪽

| 01 | ④ | 02 | ③ | 03 | ④ | 04 | ③ | 05 | ② |

01

| 정답 | ④

| 해설 | 장기요양기관이 아닌 요양병원에 입원한 경우 장기요양에 사용되는 비용의 일부를 특별현금급여 중 요양병원간병비로 지급할 수 있다(「노인장기요양보험법」 제26조 제1항).

| 오답풀이 |
① 「노인장기요양보험법」 제40조 제3항 제1호
② 「노인장기요양보험법」 제40조 제3항 제2호
③ 「노인장기요양보험법」 제40조 제3항 제3호

02

| 정답 | ③

| 해설 | 다음의 어느 하나에 해당하는 자는 본인부담금의 100분의 60의 범위에서 보건복지부장관이 정하는 바에 따라 차등하여 감경할 수 있다(「노인장기요양보험법」 제40조 제4항).

1. 「의료급여법」 제3조 제1항 제2호부터 제9호까지의 규정에 따른 수급권자
2. 소득·재산 등이 보건복지부장관이 정하여 고시하는 일정 금액 이하인 자. 다만, 도서·벽지·농어촌 등의 지역에 거주하는 자에 대하여 따로 금액을 정할 수 있다.
3. 천재지변 등 보건복지부령으로 정하는 사유로 인하여 생계가 곤란한 자

03

| 정답 | ④

| 해설 | 장기요양급여를 받는 수급자의 장기요양등급, 이용하는 장기요양급여의 종류 및 수준 등에 따라 본인부담의 수준을 달리 정할 수 있다(「노인장기요양보험법」 제40조 제1항).

| 오답풀이 |
① 특별현금급여를 제외한 장기요양급여는 대통령령으로 정하는 바에 따라 비용의 일부를 본인이 부담한다(「노인장기요양보험법」 제40조 제1항).
② 「노인장기요양보험법」 제40조 제1항
③ 「노인장기요양보험법」 제40조 제2항

04

| 정답 | ③

| 해설 | 수급자가 장기요양인정서에 기재된 장기요양급여의 종류 및 내용과 다르게 선택하여 장기요양급여를 받은 경우에는 수급자가 원래 지급받아야 하는 장기요양급여의 비용과의 차액을 수급자 본인이 전부 부담한다(「노인장기요양보험법」 제40조 제3항 제2호).

05

| 정답 | ②

| 해설 | 방문간호지시서를 발급하는데 사용되는 비용, 비용부담방법 및 비용 청구·지급절차 등에 관하여 필요한 사항은 보건복지부령으로 정한다(「노인장기요양보험법」 제42조).

■ 제43조(부당이득의 징수), 제44조(구상권) ▸문제 96쪽

| 01 | ② | 02 | ④ | 03 | ② | 04 | ① | 05 | ④ |

01

|정답| ②

|해설| 국민건강보험공단은 장기요양급여를 받은 자 또는 장기요양급여비용을 받은 자가 다음의 어느 하나에 해당하는 경우 그 장기요양급여 또는 장기요양급여비용에 상당하는 금액을 징수한다(「노인장기요양보험법」 제43조 제1항).
1. 등급판정 재심사 결과 거짓이나 그 밖의 부정한 방법 또는 고의로 사고를 발생하도록 하거나 본인의 위법행위에 기인하여 장기요양인정을 받은 경우에 해당하는 것으로 확인된 경우
2. 월 한도액 범위를 초과하여 장기요양급여를 받은 경우
3. 장기요양급여의 제한 등을 받을 자가 장기요양급여를 받은 경우
4. 거짓이나 그 밖의 부정한 방법으로 재가 및 시설 급여비용을 청구하여 이를 지급받은 경우

02

|정답| ④

|해설| 국민건강보험공단은 제3자의 행위로 인한 장기요양급여의 제공사유가 발생하여 수급자에게 장기요양급여를 행한 때 그 급여에 사용된 비용의 한도 안에서 그 제3자에 대한 손해배상의 권리인 구상권을 얻는다(「노인장기요양보험법」 제44조 제1항).

03

|정답| ②

|해설| ⓒ 의료기관이 신청인으로부터 거짓이나 그 밖의 부정한 방법으로 의사소견서 발급비용을 받은 때 국민건강보험공단은 해당 의료기관으로부터 이를 징수하여 신청인에게 지체 없이 지급하여야 한다(「노인장기요양보험법」 제43조 제4항).

|오답풀이|
㉠ 「노인장기요양보험법」 제43조 제1항 제4의2
ⓒ 국민건강보험공단은 의료기관으로부터 징수한 부당이득의 징수금을 수급자 또는 신청인에게 지급하여야 하는 경우 그 금액을 해당 수급자 또는 신청인이 납부하여야 하는 장기요양보험료등과 상계할 수 있다(「노인장기요양보험법」 제43조 제4항).

04

|정답| ①

|해설| ㉠ 국민건강보험공단은 거짓 보고 또는 증명에 의하거나 거짓 진단에 따라 장기요양급여가 제공된 때 거짓의 행위에 관여한 자에 대하여 장기요양급여를 받은 자와 연대하여 징수금을 납부하게 할 수 있다(「노인장기요양보험법」 제43조 제2항).
ⓒ 국민건강보험공단은 거짓이나 그 밖의 부정한 방법으로 장기요양급여를 받은 자를 부양하는 같은 세대에 속한 자에 대하여 장기요양급여를 받은 자와 연대하여 징수금을 납부하게 할 수 있다(「노인장기요양보험법」 제43조 제3항).

|오답풀이|
ⓒ 수급자가 장기요양기관이 아닌 시설에서 시설급여에 상당한 장기요양급여를 받은 경우 해당 장기요양급여비용의 일부를 해당 수급자에게 특례요양비로 지급할 수 있다(「노인장기요양보험법」 제25조 제1항). 따라서 장기요양급여의 부당이득에 해당하지 않는다.
ⓔ 수급자가 장기요양급여의 월 한도액을 초과하여 장기요양급여를 제공받은 경우 그 초과액은 수급자 본인이 전부 부담한다(「노인장기요양보험법」 제40조 제3항 제3호).

05

|정답| ④

|해설| 국민건강보험공단은 제3자의 행위로 인한 장기요양급여의 제공사유가 발생하여 수급자에게 장기요양급여를 행할 때 만일 장기요양급여를 받은 자가 제3자로부터 이미 손해배상을 받은 때에는 그 손해배상액의 한도 내에서 장기요양급여를 행하지 아니한다(「노인장기요양보험법」 제44조 제2항).

8장 장기요양위원회 등_기본문제

- 제45조(장기요양위원회의 설치 및 기능), 제46조(장기요양위원회의 구성), 제47조(장기요양위원회의 운영), 제47조의2(장기요양요원지원센터의 설치 등) ▶ 문제 100쪽

| 01 | ① | 02 | ② | 03 | ③ | 04 | ③ | 05 | ④ |

01
| 정답 | ①

| 해설 | 장기요양위원회는 보건복지부장관 소속으로 한다(「노인장기요양보험법」 제45조).

02
| 정답 | ②

| 해설 | 장기요양위원회는 장기요양보험료율, 특별현금급여(가족요양비, 특례요양비, 요양병원간병비)의 지급기준, 재가 및 시설 급여비용, 그 밖에 대통령령으로 정하는 주요 사항을 심의한다(「노인장기요양보험법」 제45조).

03
| 정답 | ③

| 해설 | 장기요양위원회의 위원장은 보건복지부차관이 되고(「노인장기요양보험법」 제46조 제3항), 장기요양위원회 위원의 임기는 3년으로 한다(「노인장기요양보험법」 제46조 제4항).

04
| 정답 | ③

| 해설 | 국가와 지방자치단체는 장기요양요원의 권리를 보호하기 위하여 장기요양요원지원센터를 설치·운영할 수 있다(「노인장기요양보험법」 제47조의2 제1항).

05
| 정답 | ④

| 해설 | 장기요양요원지원센터는 장기요양요원의 권리 침해에 대한 상담 및 지원, 역량 강화를 위한 교육지원, 건강검진 등 건강관리를 위한 사업 등의 업무를 수행한다(「노인장기요양보험법」 제47조의2 제2항).

9장 관리운영기관_기본문제

■ 제48조(관리운영기관 등), 제49조(공단의 장기요양사업 조직 등), 제50조(장기요양사업의 회계), 제51조(권한의 위임 등에 관한 준용) ▶문제 104쪽

| 01 | ④ | 02 | ① | 03 | ② | 04 | ② | 05 | ④ |

01

| 정답 | ④

| 해설 | ㉠ 「노인장기요양보험법」 제48조 제2항 제2호
㉡ 「노인장기요양보험법」 제48조 제2항 제1호
㉢ 「노인장기요양보험법」 제48조 제2항 제6호
㉣ 「노인장기요양보험법」 제48조 제2항 제5호
㉤ 「노인장기요양보험법」 제48조 제2항 제8호

02

| 정답 | ①

| 해설 | 국민건강보험공단은 장기요양사업에 관하여 장기요양보험료, 장기요양급여, 장기요양사업에 관한 예산 및 결산, 그 밖에 대통령령으로 정하는 사항(「국민건강보험법」 제17조)을 정관에 포함·기재한다(「노인장기요양보험법」 제48조 제4항).

03

| 정답 | ②

| 해설 | 국민건강보험공단은 장기요양사업 중 장기요양보험료를 재원으로 하는 사업과 국가·지방자치단체의 부담금을 재원으로 하는 사업의 재정을 구분하여 운영하여야 한다. 다만, 관리운영에 필요한 재정은 구분하여 운영하지 아니할 수 있다(「노인장기요양보험법」 제50조 제2항).

04

| 정답 | ②

| 해설 | 국민건강보험공단은 장기요양기관을 설치할 때 노인인구 및 지역특성 등을 고려한 지역 간 불균형 해소를 고려하여야 하고, 설치 목적에 필요한 최소한의 범위에서 이를 설치·운영하여야 한다(「노인장기요양보험법」 제48조 제3항).

05

| 정답 | ④

| 해설 | 「국민건강보험법」에 규정된 이사장의 권한 중 급여의 제한, 보험료의 납입고지 등 대통령령으로 정하는 사항은 정관으로 정하는 바에 따라 분사무소의 장에게 위임할 수 있다(「국민건강보험법」 제32조).

■ 제52조(등급판정위원회의 설치), 제53조(등급판정위원회의 운영), 제53조의2(장기요양급여심사위원회의 설치), 제54조(장기요양급여의 관리·평가) ▶문제 108쪽

| 01 | ③ | 02 | ① | 03 | ② | 04 | ② | 05 | ④ |

01

| 정답 | ③

| 해설 | 등급판정위원회의 위원은 국민건강보험공단 이사장이 위촉하며, 이 경우 특별자치시장·특별자치도지사·시장·군수·구청장이 추천한 위원 7인과, 의사 또는 한의사가 1인 이상 각각 포함되어야 한다(「노인장기요양보험법」 제52조 제4항). 등급판정위원회 위원의 임기는 3년으로 하되, 한 차례만 연임할 수 있다(「노인장기요양보험법」 제52조 제5항).

02

|정답| ①

|해설| 국민건강보험공단은 장기요양기관이 장기요양급여의 제공 기준·절차·방법 등에 따라 적정하게 장기요양급여를 제공하였는지 평가를 실시하고 그 결과를 공단의 홈페이지 등에 공표하는 등 필요한 조치를 할 수 있다(「노인장기요양보험법」 제54조 제2항).

03

|정답| ③

|해설| 장기요양등급판정위원회는 인구 수 등을 고려하여 하나의 특별자치시·특별자치도·시·군·구에 둘 이상의 등급판정위원회를 설치할 수 있다(「노인장기요양보험법」 제52조 제2항).

|오답풀이|

① 「노인장기요양보험법」 제52조 제1항, 제2항

② 장기요양인정 및 장기요양등급 판정 등을 심의하기 위해 국민건강보험공단에 장기요양등급판정위원회를 둔다(「노인장기요양보험법」 제52조 제1항).

④ 「노인장기요양보험법」 제52조 제2항

04

|정답| ④

|해설| 장기요양등급판정위원회 위원의 임기는 3년으로 하되, 한 차례만 연임할 수 있다(「노인장기요양보험법」 제52조 제5항).

|오답풀이|

① 장기요양등급판정위원회의 위원은 의료인, 사회복지사, 특별자치시·특별자치도·시·군·구 소속 공무원 외에도 법학 또는 장기요양에 관한 학식과 경험이 풍부한 자를 위촉할 수 있다(「노인장기요양보험법」 제52조 제4항).

② 장기요양등급판정위원회의 위원에는 특별자치시·특별자치도·시·군·구 소속 공무원을 포함하며, 공무원인 위원의 임기는 재임기간으로 한다(「노인장기요양보험법」 제52조 제4항 제3호, 제5항).

③ 둘 이상의 특별자치시·특별자치도·시·군·구를 통합하여 하나의 장기요양등급판정위원회를 설치하는 때에는 해당 위원회의 위원장은 해당 특별자치시장·특별자치도지사·시장·군수·구청장이 공동으로 위촉한다(「노인장기요양보험법」 제53조 제1항).

05

|정답| ③

|해설| 장기요양등급판정위원회의 회의는 구성원 과반수의 출석으로 개의하고 출석위원 과반수의 찬성으로 의결한다(「노인장기요양보험법」 제53조 제2항).

|오답풀이|

① 「노인장기요양보험법」 제52조 제3항

② 「노인장기요양보험법」 제53조 제2항

④ 「노인장기요양보험법」 제53조 제3항

10장 심사청구 및 재심사청구_기본문제

■ 제55조(심사청구), 제56조(재심사청구), 제56조의2(행정심판과의 관계), 제57조(행정소송) ▶ 문제 112쪽

| 01 | ① | 02 | ④ | 03 | ② | 04 | ① | 05 | ④ |

01

| 정답 | ①

| 해설 | 심사청구는 그 처분이 있음을 안 날부터 90일 이내에 문서(전자문서 포함)로 하여야 하며, 처분이 있은 날부터 180일을 경과하면 이를 제기하지 못한다(「노인장기요양보험법」 제55조 제2항).

02

| 정답 | ④

| 해설 | 재심사위원회의 재심사를 거친 이후에는 「행정심판법」에 따른 행정심판을 청구할 수 없다(「노인장기요양보험법」 제56조의2 제2항).
① 「노인장기요양보험법」 제56조 제2항
② 「노인장기요양보험법」 제56조 제3항
③ 「노인장기요양보험법」 제56조의2 제1항

03

| 정답 | ②

| 해설 | 장기요양심사위원회는 국민건강보험공단에 두고(「노인장기요양보험법」 제55조 제3항), 장기요양요원재심사위원회는 보건복지부장관 소속으로 둔다(「노인장기요양보험법」 제56조 제2항).

04

| 정답 | ①

| 해설 | 심사청구에 대한 결정에 불복하는 사람은 그 결정통지를 받은 날로부터 90일 이내에 장기요양재심사위원회에 재심사를 청구할 수 있다(「노인장기요양보험법」 제56조 제1항).

05

| 정답 | ④

| 해설 | 공단의 처분에 이의가 있는 자와 심사청구 또는 재심사청구에 대한 결정에 불복하는 자는 「행정소송법」으로 정하는 바에 따라 행정소송을 제기할 수 있다(「노인장기요양보험법」 제57조).

11장 보칙_기본문제

■ 제58조(국가의 부담), 제59조(전자문서의 사용), 제60조(자료의 제출 등), 제61조(보고 및 검사) ▶ 문제 118쪽

| 01 | ④ | 02 | ③ | 03 | ④ | 04 | ② | 05 | ③ |

01
| 정답 | ④

| 해설 | 국가는 매년 예산의 범위 안에서 해당 연도 장기요양보험료 예상수입액의 100분의 20에 상당하는 금액을 국민건강보험공단에 지원한다(「노인장기요양보험법」 제58조 제1항).

02
| 정답 | ③

| 해설 | 국가와 지방자치단체는 대통령령으로 정하는 바에 따라 의료급여수급권자의 장기요양급여비용, 의사소견서 발급비용, 방문간호지시서 발급비용 중 국민건강보험공단이 부담하여야 할 비용 및 관리운영비의 전액을 부담한다(「노인장기요양법」 제58조 제2항).

03
| 정답 | ④

| 해설 | 국민건강보험공단 및 장기요양기관은 장기요양기관의 지정신청, 재가·시설 급여비용의 청구 및 지급, 장기요양기관의 재무·회계정보 처리 등에 대하여 전산매체 또는 전자문서교환방식을 이용하여야 한다(「노인장기요양보험법」 제59조 제2항).

04
| 정답 | ②

| 해설 | 보건복지부장관, 특별시장·광역시장·도지사 또는 특별자치시장·특별자치도지사·시장·군수·구청장은 보고 또는 자료제출 명령이나 질문 또는 검사 업무를 효율적으로 수행하기 위하여 필요한 경우에는 국민건강보험공단에 행정응원(行政應援)을 요청할 수 있다. 이 경우 국민건강보험공단은 특별한 사유가 없으면 이에 따라야 한다(「노인장기요양보험법」 제61조 제3항).

05
| 정답 | ③

| 해설 | 보건복지부장관, 특별시장·광역시장·도지사 또는 특별자치시장·특별자치도지사·시장·군수·구청장은 장기요양보험가입자, 피부양자, 의료급여수급권자에게 보수·소득 기타 보건복지부령으로 정하는 사항의 자료 제출을 명할 수 있고(「노인장기요양보험법」 제61조 제1항), 장기요양기관과 장기요양급여를 받은 자에게 장기요양급여에 관한 자료의 제출을 명할 수 있다(「노인장기요양보험법」 제61조 제2항). 한편 노인장기요양사업의 보험자는 국민건강보험공단으로(「노인장기요양보험법」 제7조 제2항) 여기에 해당되지 않는다.

■ 제62조(비밀누설금지), 제62조의2(유사명칭의 사용금지), 제63조(청문), 제64조(시효 등에 관한 준용), 제65조(다른 법률에 따른 소득 등의 의제금지), 제66조(수급권의 보호), 제66조의2(벌칙 적용에서 공무원 의제), 제66조의3(소액 처리) ▶ 문제 122쪽

| 01 | ① | 02 | ④ | 03 | ④ | 04 | ③ | 05 | ② |

01
| 정답 | ①

| 해설 | 특별자치시장·특별자치도지사·시장·군수·구청장은 장기요양기관의 지정취소 또는 업무정지명령, 위반사실 등의 공표, 장기요양급여 제공의 제한 처분에 대해서는 청문을 하여야 한다(「노인장기요양보험법」 제63조).

02

|정답| ④

|해설| 특별자치시·특별자치도·시·군·구, 국민건강보험공단, 등급판정위원회 및 장기요양기관에 종사하고 있거나 종사한 자는 업무수행 중 알게 된 비밀을 누설하여서는 아니 된다(「노인장기요양보험법」 제62조 제1호).

03

|정답| ④

|해설| 등급판정위원회, 장기요양위원회, 공표심의위원회, 심사위원회 및 재심사위원회 위원 중 공무원이 아닌 사람은 「형법」 제129조부터 제132조(수뢰죄)까지의 규정을 적용할 때에는 공무원으로 본다(「노인장기요양보험법」 제66조의2).

04

|정답| ③

|해설| 국민건강보험공단은 징수 또는 반환하여야 할 금액이 1건당 1,000원 미만인 경우에는 징수 또는 반환하지 아니한다(「노인장기요양보험법」 제66조의3).

05

|정답| ②

|해설| 장기요양급여를 받을 권리는 양도 또는 압류하거나 담보로 제공할 수 없다(「노인장기요양보험법」 제66조 제1항).

|오답풀이|

① 특별현금급여수급계좌의 예금에 관한 채권은 압류할 수 없다(「노인장기요양보험법」 제66조 제2항).

12장 벌칙_기본문제

■ 제67조(벌칙), 제68조(양벌규정) ▶문제 124쪽

01	02	03	04	05
①	②	①	①	②

01

|정답| ①

|해설| 장기요양기관의 지정을 받지 않고 장기요양기관을 운영하거나, 거짓이나 그 밖의 부정한 방법으로 지정받은 자에 대해 2년 이하의 징역 또는 2천만 원 이하의 벌금에 처한다(「노인장기요양보험법」 제67조 제2항 제1호).

02

|정답| ②

|해설| 자료제출 명령에 따르지 아니하거나 거짓으로 자료 제출을 한 장기요양기관이나 질문 또는 검사를 거부·방해 또는 기피하거나 거짓으로 답변한 장기요양기관은 1천만 원 이하의 벌금에 처한다(「노인장기요양보험법」 제67조 제4항).

03

|정답| ①

|해설| 제33조의3 제2항 제1호를 위반하여 폐쇄회로 텔레비전과 설치 목적과 다른 목적으로 폐쇄회로 텔레비전을 임의로 조작하거나 다른 곳을 비추는 행위를 한 자는 3년 이하의 징역 또는 3천만 원 이하의 벌금에 처한다(「노인장기요양보험법」 제67조 제1항 제2호).

04

|정답| ①

|해설| 제33조의3 제3항에 따른 안전성 확보에 필요한 조치를 하지 아니하여 영상정보를 분실·도난·유출·변조 또는 훼손당한 자는 2년 이하의 징역 또는 2천만 원 이하의 벌금에 처한다(「노인장기요양보험법」 제67조 제2항 제2호).

05

| 정답 | ②

| 해설 | 법인의 대표자, 법인이나 개인의 대리인·사용인 및 그 밖의 종사자가 그 법인 또는 개인의 업무에 관하여 제67조에 해당하는 위반행위를 한 때에는 그 행위자를 벌하는 외에 그 법인 또는 개인에 대하여도 해당 조의 벌금형을 과한다(「노인장기요양보험법」 제68조).

■ 제69조(과태료)　　▶ 문제 130쪽

| 01 | ② | 02 | ④ | 03 | ④ | 04 | ① | 05 | ③ |

01

| 정답 | ②

| 해설 | 제33조를 위반하여 정당한 사유없이 변경지정을 받지 아니하거나 변경신고를 하지 아니한 자 또는 거짓이나 그 밖의 부정한 방법으로 변경지정을 받거나 변경신고를 한 자는 500만 원 이하의 과태료를 부과한다(「노인장기요양보험법」 제69조 제1항 제2호).

02

| 정답 | ④

| 해설 | 특별자치시·특별자치도·시·군·구, 공단, 등급판정위원회 및 장기요양기관에 종사하고 있거나 종사한 자가 업무수행 중 알게 된 비밀을 누설한 경우 2년 이하의 징역 또는 2천만 원 이하의 벌금에 처한다(「노인장기요양보험법」 제67조 제2항 제5호).

| 오답풀이 |
① 「노인장기요양보험법」 제69조 제1항 제2호의2
② 「노인장기요양보험법」 제69조 제1항 제4호
③ 「노인장기요양보험법」 제69조 제1항 제9호

03

| 정답 | ④

| 해설 | 제33조의3 제1항에 따른 장기요양기관에 설치한 폐쇄회로 텔레비전의 영상정보에 대한 정당한 열람 요청이 있었음에도 이에 응하지 아니한 자는 300만 원 이하의 과태료를 부과한다(「노인장기요양보험법」 제69조 제2항 제2호).

04

| 정답 | ①

| 해설 | 제61조 제2항에 따른 자료제출 요구·명령에 따르지 아니하거나 거짓으로 보고 또는 자료제출을 한 자나 질문 또는 검사를 거부·방해 또는 기피하거나 거짓으로 답변한 자는 500만 원 이하의 과태료를 부과한다(「노인장기요양보험법」 제69조 제1항 제7호).

05

| 정답 | ③

| 해설 | 과태료는 대통령령으로 정하는 바에 따라 관할 특별자치시장·특별자치도지사·시장·군수·구청장이 부과·징수한다(「노인장기요양보험법」 제69조 제3항).

파트2 기출예상모의고사

1회 기출예상문제

▶ 문제 134쪽

01	③	02	①	03	④	04	④	05	③
06	④	07	①	08	③	09	①	10	③
11	①	12	①	13	③	14	②	15	④
16	③	17	④	18	③	19	④	20	②

01

| 정답 | ③

| 해설 | 장기요양급여는 노인등의 심신상태 · 생활환경과 노인등 및 그 가족의 욕구 · 선택을 종합적으로 고려하여 필요한 범위 안에서 이를 적정하게 제공하여야 한다(「노인장기요양보험법」 제3조 제2항).

| 오답풀이 |
① 장기요양급여는 노인등이 가족과 함께 생활하면서 가정에서 장기요양을 받는 재가급여를 우선적으로 제공하여야 한다(「노인장기요양보험법」 제3조 제3항).
② 장기요양급여는 노인등의 심신상태나 건강 등이 악화되지 아니하도록 의료서비스와 연계하여 이를 제공하여야 한다(「노인장기요양보험법」 제3조 제4항).
④ 「노인장기요양보험법」 제3조 제1항

02

| 정답 | ①

| 해설 | 장기요양보험료는 국민건강보험료와 통합하여 징수한다. 다만, 고지는 양자를 구분하여 고지하여야 한다(「노인장기요양보험법」 제8조 제2항).

| 오답풀이 |
② 「노인장기요양보험법」 제8조 제3항
③ 「노인장기요양보험법」 제9조 제2항
④ 공단은 공단의 조직 등에 관한 규정을 정할 때 건강보험사업을 수행하는 조직과 장기요양사업을 수행하는 조직을 구분하여 따로 두어야 한다. 다만, 장기요양보험가입자 및 그 피부양자와 의료급여수급권자의 자격관리 그리고 보험료의 부과 · 징수 업무는 그러하지 아니한다(「노인장기요양보험법」 제49조). 실제로 장기요양보험료의 징수업무는 국민건강보험공단 내 보험료 징수업무를 총괄하는 통합징수실의 업무에 해당한다.

03

| 정답 | ④

| 해설 | 장기요양인정신청을 조사한 공단 또는 그 조사를 의뢰받은 특별자치시 · 특별자치도 · 시 · 군 · 구는 조사를 완료한 때 조사결과서를 작성하여야 한다. 그리고 조사를 의뢰받은 특별자치시 · 특별자치도 · 시 · 군 · 구는 지체 없이 공단에 조사결과서를 송부하여야 한다(「노인장기요양보험법」 제14조 제4항).

| 오답풀이 |
① 지리적 사정 등으로 직접 조사하기 어려운 경우 또는 조사에 필요하다고 인정하는 경우 특별자치시 · 특별자치도 · 시 · 군 · 구에 대하여 조사를 의뢰하거나 공동으로 조사할 것을 요청할 수 있다(「노인장기요양보험법」 제14조 제1항).
② 「노인장기요양보험법」 제14조 제3항
③ 「노인장기요양보험법」 제14조 제1항 제2호

04

| 정답 | ④

| 해설 | 장기요양급여를 받고 있는 수급자는 장기요양등급, 장기요양급여의 종류 또는 내용을 변경하여 장기요양급여를 받고자 하는 경우 국민건강보험공단에 변경신청을 하여야 한다(「노인장기요양보험법」 제21조 제1항). 따라서 장기요양인정기간 갱신 시에만 등급변경을 신청할 수 있는 것은 아니다.

| 오답풀이 |
① 「노인장기요양보험법」 제19조 제1항
② 「노인장기요양보험법」 제17조 제2항
③ 「노인장기요양보험법」 제20조 제1항, 제2항

05

| 정답 | ③

| 해설 | 장기요양급여는 월 한도액 범위 안에서 제공한다(「노인장기요양보험법」 제28조 제1항).

| 오답풀이 |
① 수급자의 거주지에 따른 장기요양기관의 입소 제한은 없다.
② 수급자 또는 장기요양기관은 장기요양급여를 제공받거나 제공할 경우 수급자의 가족만을 위한 행위, 수급자 가족의 생업을 지원하는 행위를 하여서는 안 된다(「노인장기요양보험법」 제28조의2 제1항 제1호, 제2호).
④ 「노인장기요양보험법」은 「국민건강보험법」 제54조(급여의 정지)를 준용하여, 국외에 체류 중인 경우 그 기간에는 장기요양급여를 하지 아니한다(「노인장기요양보험법」 제30조).

보충 플러스+
「노인장기요양보험법」 개정 주요내용 (시행 2019. 12. 12.)
나. 급여외행위 제공·제공요구 금지 및 위반 시 제재 규정 마련(제28조의2 및 제37조 제1항 제1호의2 신설)
수급자가 본인 가족 또는 생업을 지원하는 행위 등 장기요양급여가 아닌 행위(급여외행위)의 제공을 요구하거나 장기요양기관이 이를 제공하는 행위를 금지하고, 이를 위반할 경우 장기요양기관 지정 취소 또는 업무정지를 명할 수 있도록 함.

06

| 정답 | ④

| 해설 | 제시된 물품 목록은 「복지용구 급여범위 및 급여기준 등에 관한 고시」 제2조 제3항에서 규정하고 있는 복지용구의 목록이다. 장기요양급여 중 수급자에게 복지용구를 제공하거나 대여하는 방식으로 제공하는 장기요양급여는 기타재가급여이다(「노인장기요양보험법」 제23조 제1항 제1호 바목).

07

| 정답 | ①

| 해설 | 장기요양기관의 지정은 소재지를 관할 구역으로 하는 특별자치시장·특별자치도지사·시장·군수·구청장의 권한에 해당한다(「노인장기요양보험법」 제31조 제1항).

| 오답풀이 |
② 「노인장기요양보험법」 제31조 제3항 제2호
③ 「노인장기요양보험법」 제31조 제1항
④ 「노인장기요양보험법」 제31조 제5항

08

| 정답 | ③

| 해설 | 파산선고를 받고 복권되지 아니한 사람은 장기요양기관의 지정결격사유에 해당한다(「노인장기요양보험법」 제32조의2 제4호). 즉, 파산선고를 받은 후 복권된 사람은 장기요양기관의 지정을 받을 수 있다.

| 오답풀이 |
① 「노인장기요양보험법」 제32조의2 제1호
② 「노인장기요양보험법」 제32조의2 제3호
④ 금고 이상의 실형을 선고받고 그 집행이 종료되거나 면제된 날부터 5년이 경과되지 아니한 사람은 장기요양기관의 지정결격사유에 해당한다(「노인장기요양보험법」 제32조의2 제5호).

09

| 정답 | ①

| 해설 | 국가와 지방자치단체는 장기요양요원의 권리를 보호하기 위하여 장기요양요원지원센터를 설치·운영할 수 있다(「노인장기요양보험법」 제47조의2 제1항).

| 오답풀이 |
② 장기요양요원에게 급여외행위의 제공을 요구하거나 수급자가 부담하여야 할 본인부담금의 전부 또는 일부를 부담하도록 요구하는 행위(「노인장기요양보험법」 제35조의4 제2항)를 한 경우 그 지정을 취소하거나 6개월의 범위에서 업무정지를 명할 수 있으며(「노인장기요양보험법」 제37조 제1항 제3호의4), 500만 원 이하의 과태료를 부과할 수 있다(「노인장기요양보험법」 제69조 제1항 제3호의2).
③ 「노인장기요양보험법」 제35조의4 제1항 제1호
④ 「노인장기요양보험법」 제38조 제6항

10

| 정답 | ③

| 해설 | 장기요양기관은 종사자가 장기요양급여를 제공하는 과정에서 발생할 수 있는 수급자의 상해 등 법률상 손해를 배상하는 보험인 전문인 배상책임보험에 가입할 수 있다(「노인장기요양보험법」 제35조의5 제1항).
또한 국민건강보험공단은 장기요양기관이 전문인 배상책임보험에 가입하지 않은 경우 그 기간 동안 해당 장기요양기관에 지급하는 장기요양급여비용의 일부를 감액할 수 있다(「노인장기요양보험법」 제35조의5 제2항).

11

| 정답 | ②

| 해설 | 양수인이 양수 당시 장기요양기관의 행정제재처분 사실을 알지 못하였음을 증명할 경우 해당 행정제재처분은 승계되지 않는다(「노인장기요양보험법」 제37조의4 제3항).

| 오답풀이 |

①, ④ 장기요양기관에 대한 행정제재처분은 그 처분을 한 날로부터 3년 이내에 기관을 양도받은 양수인에게 그 효과가 승계된다(「노인장기요양보험법」 제37조의4 제1항 제1호).

③ 양도인은 양도 당시 행정제재처분을 받은 사실을 양수인에게 지체 없이 알려야 하며(「노인장기요양보험법」 제37조의4 제4항), 그러지 않은 경우 500만 원 이하의 과태료를 부과한다(「노인장기요양보험법」 제69조 제1항 제4호의2).

12

| 정답 | ①

| 해설 | 장기요양급여의 월 한도액을 초과한 장기요양급여는 수급자 본인이 전부 부담하며(「노인장기요양보험법」 제40조 제3항 제3호), 국민건강보험공단이 지급한 한도초과분은 징수대상에 해당한다(「노인장기요양보험법」 제43조 제1항 제2호).

| 오답풀이 |

② 「노인장기요양보험법」 제40조 제4항 제3호

③ 「노인장기요양보험법」 제40조 제1항

④ 「노인장기요양보험법」 제40조 제3항 제1호

13

| 정답 | ③

| 해설 | 국민건강보험공단은 거짓이나 그 밖의 부정한 방법으로 장기요양급여를 받은 자와 같은 세대에 속한 자(장기요양급여를 받은 자를 부양하고 있거나 다른 법령에 따라 장기요양급여를 받은 자를 부양할 의무가 있는 자를 말한다)에 대하여 거짓이나 그 밖의 부정한 방법으로 장기요양급여를 받은 자와 연대하여 징수금을 납부하게 할 수 있다(「노인장기요양보험법」 제43조 제3항).

| 오답풀이 |

① 「노인장기요양보험법」 제43조 제1항 제2호

② 「노인장기요양보험법」 제43조 제2항

④ 「노인장기요양보험법」 제43조 제4항

보충 플러스+

제38조와 제43조 비교

제38조 제4항, 제5항	제43조 제4항
급여비용 청구 후 국민건강보험공단 심사과정에서	급여비용 지급 후
본인부담금이 국민건강보험공단이 통보한 금액보다 더 많은 경우	기관이 거짓이나 그 밖의 부당한 방법으로 받은 장기요양급여 적발 시
차액만큼 장기요양기관에 지급예정인 급여비용에서 공제	부당이득 회수
국민건강보험공단이 수급자에게 다시 지급	

14

| 정답 | ②

| 해설 | 국민건강보험공단은 장기요양사업 중 장기요양보험료를 재원으로 하는 사업과 국가·지방자치단체의 부담금을 재원으로 하는 사업의 재정을 구분하여 운영하여야 한다. 다만, 관리운영에 필요한 재정은 구분하여 운영하지 아니할 수 있다(「노인장기요양보험법」 제50조 제2항).

| 오답풀이 |
① 「노인장기요양보험법」 제49조
③ 「노인장기요양보험법」 제51조에 따라 국민건강보험공단은 회계연도마다 결산상의 잉여금 중에서 그 연도의 장기요양급여에 든 비용의 100분의 5 이상에 상당하는 금액을 그 연도에 든 비용의 100분의 50에 이를 때까지 준비금으로 적립하여야 하며(「국민건강보험법」 제38조 제1항), 준비금은 부족한 장기요양급여 비용에 충당할 때 사용할 수 있다(「국민건강보험법」 제38조 제2항).
④ 「노인장기요양보험법」 제48조 제4항

15

| 정답 | ④

| 해설 | ㉠ 장기요양급여를 받으려는 수급자가 장기요양기관에 장기요양인정서 및 개인별장기요양이용계획서를 제시하지 못하는 경우 장기요양기관은 국민건강보험공단에 전화나 인터넷 등을 통하여 그 자격 등을 확인할 수 있다(「노인장기요양보험법」 제27조 제3항).
㉡ 장기요양기관은 장기요양기관별 급여의 내용, 시설·인력 등 현황자료 등을 국민건강보험공단이 운영하는 인터넷 홈페이지에 게시하여야 한다(「노인장기요양보험법」 제34조 제1항).
㉢ 국민건강보험공단은 장기요양기관이 장기요양급여의 제공 기준·절차·방법 등에 따라 적정하게 장기요양급여를 제공하였는지 평가를 실시하고 그 결과를 공단의 홈페이지 등에 공표하는 등 필요한 조치를 할 수 있다(「노인장기요양보험법」 제54조 제2항).

16

| 정답 | ③

| 해설 | 재심사청구 사항에 대한 재심사위원회의 재심사를 거친 경우에는 「행정심판법」에 따른 행정심판을 청구할 수 없다(「노인장기요양보험법」 제56조의2 제2항).
| 오답풀이 |
① ㉠에 들어갈 절차는 행정소송으로, 공단의 처분에 이의가 있는 자와 심사청구 또는 재심사청구에 대한 결정에 불복하는 자는 행정소송을 제기할 수 있다(「노인장기요양보험법」 제57조). 즉, 심사청구나 재심사청구를 거치지 않고 바로 행정소송을 제기할 수도 있다.
② ㉡에 들어갈 기관은 장기요양심사위원회로, 국민건강보험공단 소속으로 한다(「노인장기요양보험법」 제55조 제3항).
④ 심사청구는 그 처분이 있음을 날부터 90일 이내에 문서로 하여야 하며, 처분이 있음을 안 날부터 180일을 경과하면 이를 제기하지 못한다(「노인장기요양보험법」 제55조 제2항).

17

| 정답 | ④

| 해설 | 국가와 지방자치단체는 대통령령으로 정하는 바에 따라 의료급여수급권자의 장기요양급여비용, 의사소견서 발급비용, 방문간호지시서 발급비용 중 공단이 부담하여야 할 비용 및 관리운영비의 전액을 부담한다(「노인장기요양보험법」 제58조 제2항).

18

| 정답 | ③

| 해설 | 「행정조사기본법」에 따른 검사절차를 따를 것을 요구하는 경우는 행정기관인 보건복지부장관 또는 특별자치시장·특별자치도지사·시장·군수·구청장의 검사절차에 해당한다(「노인장기요양보험법」 제61조 제5항).
| 오답풀이 |
① 「노인장기요양보험법」 제61조 제1항 제1호
② 「노인장기요양보험법」 제61조 제2항 제1호
④ 「노인장기요양보험법」 제69조 제1항 제7호

보충 플러스+

장기요양기관의 자료제출 불응 등의 경우의 처벌기준 강화 (2020. 10. 1. 시행)
장기요양기관의 경우에 한해 제61조 제2항에 따른 자료제출명령에 따르지 아니하거나 거짓으로 자료제출을 한 장기요양기관이나 질문 또는 검사를 거부·방해 또는 기피하거나 거짓으로 답변할 경우 500만 원 이하의 과태료에서 1천만 원 이하의 벌금에 처할 수 있도록 그 처벌규정이 강화되었다.

19

|정답| ④

|해설| 제62조의2(유사명칭의 사용금지)를 위반하여 노인장기요양보험 또는 이와 유사한 용어를 사용한 자에게는 500만 원 이하의 과태료가 부과된다(「노인장기요양보험법」 제69조 제1항 제9호).

|오답풀이|
①, ②, ③ 과태료는 대통령령으로 정하는 바에 따라 관할 특별자치시장·특별자치도지사·시장·군수·구청장이 부과·징수한다(제69조 제3항). 보건복지부장관이 과태료를 부과·징수한다고 규정한 것은 구 「노인장기요양보험법」 제70조의 내용으로, 해당 규정은 2013. 8. 13. 개정으로 삭제되었다.

> **보충 플러스+**
> 비송사건(非訟事件)
> 소송사건이 아닌 사건. 법원의 소송절차로 처리하지 않고 행정관청이 법원의 감독하에 심판하는 사건을 의미한다.

20

|정답| ②

|해설| 장기요양급여를 받을 권리는 양도 또는 압류하거나 담보로 제공할 수 없다(「노인장기요양보험법」 제66조 제1항).

2회 기출예상문제

▶ 문제 142쪽

01	①	02	①	03	③	04	②	05	②
06	④	07	①	08	①	09	①	10	①
11	③	12	④	13	④	14	①	15	②
16	④	17	②	18	②	19	③	20	①

01

|정답| ①

|해설| "장기요양급여"란 6개월 이상 동안 혼자서 일상생활이 어렵다고 인정되는 자에게 제공되는 지원 또는 간병 등의 서비스 혹은 이에 갈음하여 지급하는 현금 등을 의미한다(「노인장기요양보험법」 제2조 제2호).

|오답풀이|
② 「노인장기요양보험법」 제2조 제1호
③ 「노인장기요양보험법」 제6조 제1항, 제2항
④ 「노인장기요양보험법」 제4조 제5항, 제5조

02

|정답| ①

|해설| 장기요양요원은 장기요양기관에 소속되어 노인등의 신체활동 또는 가사활동 지원 등의 업무를 수행하는 자를 말한다(「노인장기요양보험법」 제2조 제5호).

|오답풀이|
② 「노인장기요양보험법」 제4조 제6항
③ 「노인장기요양보험법」 제6조 제1항
④ 「노인장기요양보험법」 제6조의2 제1항 제4호

03

|정답| ③

|해설| 국가유공자는 「국민건강보험법」 제75조에 따라 국민건강보험료를 경감받을 수 있으나, 장기요양보험료의 직접적인 감면사유에는 해당하지 않는다.

| 오답풀이 |
① 「노인장기요양보험법」 제9조 제2항
② 「노인장기요양보험법」 제46조 제3항
④ 「장애인복지법」에 따른 장애인 또는 이와 유사한 자로서 대통령령으로 정하는 자가 장기요양보험가입자 또는 그 피부양자인 경우 장기요양인정의 등급판정에서 수급자로 결정되지 못한 때는 장기요양보험료의 전부 또는 일부를 감면할 수 있다(「노인장기요양보험법」 제10조).

04

| 정답 | ②

| 해설 | 개인별장기요양이용계획서는 등급판정위원회의 등급판정 이후 장기요양인정서와 함께 공단이 작성하여 신청인에게 송부하여야 한다(「노인장기요양보험법」 제17조 제3항).

| 오답풀이 |
① 「노인장기요양보험법」 제13조 제1항
③ 「노인장기요양보험법」 제17조 제1항
④ 「노인장기요양보험법」 제27조 제4항

05

| 정답 | ②

| 해설 | 방문간호는 장기요양요원인 간호사 등이 수급자의 가정 등을 방문해서 의료 관련 급여를 제공하는 장기요양급여이다(「노인장기요양보험법」 제23조 제1항 제1호 다목).

| 오답풀이 |
① 시설급여는 장기요양기관에 장기간 입소한 수급자를 대상으로 지급하는 장기요양급여이다(「노인장기요양보험법」 제23조 제1항 제2호).
③ 단기보호는 수급자를 보건복지부령으로 정하는 범위 안에서 일정 기간 동안 장기요양기관에 보호하여 신체활동 지원 등을 위한 교육·훈련 등을 제공하는 장기요양급여이다(「노인장기요양보험법」 제23조 제1항 제1호 마목).
④ 주·야간보호는 수급자를 하루 중 일정한 시간 동안 장기요양기관에 보호하여 신체활동 지원 등을 위한 교육·훈련 등을 제공하는 장기요양급여이다(「노인장기요양보험법」 제23조 제1항 제1호 라목).

06

| 정답 | ④

| 해설 | 특별자치시장·특별자치도지사·시장·군수·구청장의 지정으로 장기요양인정 신청 등을 대리하는 경우 신청자 가족의 동의를 별도로 요구하지 않는다(「노인장기요양보험법」 제22조 제3항).

| 오답풀이 |
① 장기요양급여 수급자가 신체적·정신적인 사유로 장기요양인정의 신청을 직접 수행할 수 없을 때 특별자치시장·특별자치도지사·시장·군수·구청장이 지정하는 자는 이를 대리할 수 있다(「노인장기요양보험법」 제22조 제1항, 제3항). 이때, 대리인은 '대리인 지정서'를 제출하여 대리인임을 증명해야 한다(「노인장기요양보험법 시행규칙」 제10조).
② 「노인장기요양보험법」 제22조 제1항
③ 「노인장기요양보험법」 제22조 제3항

07

| 정답 | ①

| 해설 | 장기요양급여 수급자의 신체·정신 또는 성격 등의 사유로 가족 등으로부터 장기요양을 받아야 하는 경우 해당 수급자가 가족 등으로부터 방문요양에 상당한 장기요양급여를 받은 때 특별현금급여인 가족요양비를 지급할 수 있다(「노인장기요양보험법」 제24조 제1항 제3호).

08

| 정답 | ①

| 해설 | 장기요양급여는 일상생활을 혼자서 수행하기 어려운 노인등에게 제공하는 신체활동 또는 가사활동의 지원으로(「노인장기요양보험법」 제1조), 수급자의 일상생활에 지장이 없는 행위에 대한 지원은 급여외행위에 해당하여 제공이 금지된다(「노인장기요양보험법」 제28조의2 제1항 제3호).

| 오답풀이 |
② 장기요양기관의 장은 장기요양요원으로 하여금 급여외 행위의 제공을 요구하여서는 안 된다(「노인장기요양보험법」 제35조의4 제2항 제1호).
③ 「노인장기요양보험법」 제28조의2 제1항 제1호
④ 「노인장기요양보험법」 제28조의2 제1항 제2호

09

| 정답 | ①

| 해설 | 장기요양기관 지정의 갱신 신청은 유효기간 만료 90일 전까지 이를 완료하여야 한다(「노인장기요양보험법」 제32조의4 제1항). 한편 장기요양수급자의 장기요양인정의 갱신 신청은 유효기간 만료 30일 전까지 완료하여야 한다(「노인장기요양보험법」 제20조 제2항).
| 오답풀이 |
② 「노인장기요양보험법」 제32조의4 제3항
③ 「노인장기요양보험법」 제37조 제1항 제3호의5
④ 「노인장기요양보험법」 제37조 제1항 제3호의3

10

| 정답 | ①

| 해설 | 인권교육기관은 보건복지부장관의 승인을 받아 인권교육에 필요한 비용을 교육대상자로부터 징수할 수 있다(「노인장기요양보험법」 제35조의3 제3항).
| 오답풀이 |
② 「노인장기요양보험법」 제35조의3 제3항
③ 「노인장기요양보험법」 제35조의3 제4항 제3호
④ 「노인장기요양보험법」 제35조의3 제4항 제1호

11

| 정답 | ③

| 해설 | 요양기관의 행정제재처분의 효력은 해당 기관을 합병한 법인에게 승계된다(「노인장기요양보험법」 제37조의4 제1항 제2호). 다만 합병을 한 법인이 합병 시에 해당 행정제재처분에 관한 사실을 몰랐음을 증명하는 경우에는 그러하지 아니하다(「노인장기요양보험법」 제37조의4 제3항).
| 오답풀이 |
① 업무정지기간 중 장기요양급여의 제공은 장기요양기관 지정취소사유에 해당한다(「노인장기요양보험법」 제37조 제1항 제7호). 즉, 업무정지 중인 요양기관은 장기요양급여를 제공할 수 없다.
② 「노인장기요양보험법」 제37조의2 제1항
④ 「노인장기요양보험법」 제37조의4 제4항

12

| 정답 | ④

| 해설 | 국민건강보험공단은 장기요양급여비용을 심사한 결과 수급자가 이미 낸 본인부담금이 장기요양기관이 청구한 본인부담금보다 더 많으면 두 금액 간의 차액을 장기요양기관에 지급할 금액에서 공제하여 수급자에게 지급하여야 한다(「노인장기요양보험법」 제38조 제4항). 이때 수급자에게 지급하여야 하는 금액은 그 수급자가 납부하여야 하는 장기요양보험료 및 「노인장기요양보험법」에 따른 징수금과 상계(相計)할 수 있다(「노인장기요양보험법」 제38조 제5항).
| 오답풀이 |
① 「노인장기요양보험법」 제40조 제2항, 제4항
② 「노인장기요양보험법」 제40조 제3항 제2호
③ 「노인장기요양보험법」 제41조 제1항

> **보충 플러스+**
> 상계(相計)
> 채무자에게 같은 종류의 채권이 생긴 경우, 그 채권으로 본인 채무의 일부 또는 전부를 소멸시키는 것

13

| 정답 | ④

| 해설 | 장기요양기관이 수급자로부터 거짓이나 그 밖의 부정한 방법으로 장기요양급여비용을 받은 경우 국민건강보험공단이 직접 이를 징수하여 지체없이 수급자에게 지급해야 한다(「노인장기요양보험법」 제43조 제4항).

| 오답풀이 |
① 「노인장기요양보험법」 제43조 제1항 제2호
② 「노인장기요양보험법」 제43조 제3항
③ 「노인장기요양보험법」 제43조 제2항

14

| 정답 | ①

| 해설 | ㄱ, ㄴ, ㄹ. 장기요양위원회는 보건복지부장관 소속의 심의기관으로 장기요양보험료율과 가족요양비·특례요양비·요양병원간병비의 지급기준, 재가 및 시설 급여비용 등에 대한 심의를 담당한다(「노인장기요양보험법」 제45조).

| 오답풀이 |
ㄷ. 장기요양요원지원센터의 업무에 해당한다(「노인장기요양보험법」 제47조의2 제2항 제1호).
ㅁ. 장기요양사업의 관리운영기관인 국민건강보험공단의 업무에 해당한다(「노인장기요양보험법」 제48조 제2항 제4호).

15

| 정답 | ②

| 해설 | 장기요양보험가입자 및 피부양자와 의료급여수급권자의 자격관리 및 장기요양보험료의 부과·징수에 관한 업무에 대해서는 국민건강보험공단 내 건강보험사업을 수행하는 조직과 통합하여 운영할 수 있다(「노인장기요양보험법」 제49조). 실제로 장기요양보험가입자와 건강보험가입자의 자격관리에 관한 사항은 모두 국민건강보험공단 자격부과실이 담당하고 있다.

| 오답풀이 |
① 국민건강보험공단은 장기요양기관이 장기요양급여의 제공 기준·절차·방법 등에 따라 적정하게 장기요양급여를 제공하였는지 평가를 실시하고(「노인장기요양보험법」 제54조 제2항), 그 장기요양급여평가 결과에 따라 장기요양급여비용을 가산 또는 감액조정하여 지급할 수 있다(「노인장기요양보험법」 제38조 제3항).
③ 「노인장기요양보험법」 제48조 제4항 제3호
④ 「노인장기요양보험법」 제50조 제1항

16

| 정답 | ④

| 해설 | 국민건강보험공단의 처분에 이의가 있는 자와 심사청구 (㉠) 또는 재심사청구(㉡)에 대한 결정에 불복하는 자는 「행정소송법」으로 정하는 바에 따라 행정소송(㉢)을 제기할 수 있다(「노인장기요양보험법」 제57조). 즉 심사청구에 대한 불복으로 재심사청구를 거치지 않고 바로 행정소송을 제기할 수도 있다.

| 오답풀이 |
③ 심사청구에 대한 결정에 불복하는 사람은 그 결정통지를 받은 날부터 90일 이내에 장기요양재심사위원회에 재심사를 청구할 수 있다(「노인장기요양보험법」 제56조 제1항). 즉 재심사청구는 심사청구에 대한 불복으로만 가능하다.

17

| 정답 | ②

| 해설 | 국민건강보험공단 및 장기요양기관은 장기요양기관의 지정신청, 재가·시설 급여비용의 청구 및 지급, 장기요양기관의 재무·회계정보 처리 등에 대하여 전산매체 또는 전자문서교환방식을 이용하여야 한다(「노인장기요양보험법」 제59조 제2항). 다만 정보통신망 및 정보통신서비스 시설이 열악한 지역의 경우 전자문서·전산매체 또는 전자문서교환방식을 이용하지 아니할 수 있다(「노인장기요양보험법」 제59조 제3항).

| 오답풀이 |
① 「노인장기요양보험법」 제59조 제1항
③ 「노인장기요양보험법」 제55조 제2항
④ 「노인장기요양보험법」 제59조 제2항

보충 플러스+

전자문서(「전자정부법」 제2조)
"전자문서"란 컴퓨터 등 정보처리능력을 지닌 장치에 의하여 전자적인 형태로 작성되어 송수신되거나 저장되는 표준화된 정보를 말한다.

18

| 정답 | ②

| 해설 | ⓒ 장기요양위원회의 위원장은 보건복지부차관이 된다(「노인장기요양보험법」 제46조 제3항).

| 오답풀이 |
㉠ 장기요양등급판정위원회의 위원장은 국민건강보험공단 이사장이 위촉한 장기요양등급판정위원회의 위원 중 특별자치시장·특별자치도지사·시장·군수·구청장이 위촉한다(「노인장기요양보험법」 제52조 제4항, 제53조 제1항). 장기요양등급판정위원회의 위원은 의료인, 사회복지사, 특별자치시·특별자치도·시·군·구 소속 공무원, 기타 그 밖에 법학 또는 장기요양에 관한 학식과 경험이 풍부한 자로 구성된다(「노인장기요양보험법」 제52조 제4항).

ⓒ 장기요양위원회의 부위원장은 장기요양위원회의 위원 중 위원장이 지명하며(「노인장기요양보험법」 제46조 제3항), 장기요양위원회의 위원은 관계 중앙행정기관의 고위공무원단 소속 공무원뿐만 아니라 근로자단체, 사용자단체, 시민단체(비영리민간단체), 의료계를 대표하는 자 등 공무원이 아닌 사람들로도 구성되어있다(「노인장기요양보험법」 제46조 제2항).

19

| 정답 | ③

| 해설 | 보건복지부장관은 소속 공무원으로 하여금 관계인에게 장기요양급여에 관련된 질문을 하게 할 수 있다(「노인장기요양보험법」 제61조 제2항). 이때 소속 공무원의 질문 또는 검사의 절차·방법 등에 관하여는 이 법에서 정하는 사항을 제외하고는 「행정조사기본법」에서 정하는 바에 따른다(「노인장기요양보험법」 제61조 제5항).

| 오답풀이 |
① 국민건강보험공단은 장기요양급여 제공내용 확인, 장기요양급여의 관리·평가 및 장기요양보험료 산정 등 장기요양사업 수행에 필요하다고 인정할 때 장기요양보험가입자 또는 그 피부양자 및 의료급여수급권자에게 자료의 제출을 요구할 수 있다(「노인장기요양보험법」 제60조 제1항 제1호). 국민건강보험공단은 정부기관이 아닌 공기업이므로 소속 직원이 아닌 국민과는 수직적 관계에 있지 않아 국민을 대상으로 명령할 수 없고, 단지 자료의 제출을 요구할 수 있을 뿐이다.

② 보건복지부장관, 특별시장·광역시장·도지사 또는 특별자치시장·특별자치도지사·시장·군수·구청장은 장기요양기관 및 의료기관 또는 장기요양급여를 받은 자에게 장기요양급여의 제공 명세에 관한 자료의 제출을 명할 수 있다(「노인장기요양보험법」 제61조 제2항).

④ 소속 공무원은 조사의 권한을 표시하는 증표 및 조사기간, 조사범위, 조사담당자, 관계 법령 등 보건복지부령으로 정하는 사항이 기재된 서류를 지니고 이를 관계인에게 내보여야 한다(「노인장기요양보험법」 제61조 제4항).

20

| 정답 | ①

| 해설 | 장기요양에 관한 업무수행 중 알게된 비밀을 누설한 자는 2년 이하의 징역 또는 2천만 원 이하의 벌금에 처한다(「노인장기요양보험법」 제67조 제2항 제5호). ②, ③, ④는 1년 이하의 징역 또는 1천만 원 이하의 벌금에 해당하는 사유에 해당한다(「노인장기요양보험법」 제67조 제3항).

3회 기출예상문제

▶ 문제 152쪽

01	④	02	②	03	③	04	①	05	①
06	①	07	①	08	④	09	③	10	②
11	③	12	②	13	③	14	②	15	④
16	①	17	②	18	④	19	②	20	④

01

|정답| ④

|해설| 장기요양기관은 종사자가 장기요양급여를 제공하는 과정에서 발생할 수 있는 수급자의 상해 등 법률상 손해를 배상하는 보험인 전문인 배상책임보험에 가입할 수 있다(「노인장기요양보험법」 제35조의5 제1항).

|오답풀이|

① '장기요양급여'는 6개월 이상 동안 혼자서 일상생활을 수행하기 어렵다고 인정되는 자에게 신체활동 · 가사활동의 지원 또는 간병 등의 서비스나 이에 갈음하여 지급하는 현금 등을 말한다(「노인장기요양보험법」 제2조 제2호).

② '장기요양기관'은 장기요양급여를 제공하는 기관으로(「노인장기요양보험법」 제2조 제4호) 기관 소재지의 특별자치시장 · 특별자치도지사 · 시장 · 군수 · 구청장의 지정을 받아 운영한다(「노인장기요양보험법」 제31조 제1항).

③ '장기요양요원'이란 장기요양기관에 소속되어 노인 등의 신체활동 또는 가사활동 지원 등의 업무를 수행하는 자를 말한다(「노인장기요양보험법」 제2조 제5호).

02

|정답| ②

|해설| ㄷ. 국가 및 지방자치단체는 장기요양급여가 원활히 제공될 수 있도록 공단에 필요한 행정적 또는 재정적 지원을 할 수 있다(「노인장기요양보험법」 제4조 제5항).

|오답풀이|

ㄱ. 「노인장기요양보험법」 제4조 제1항

ㄴ. 「노인장기요양보험법」 제4조 제3항

ㄹ. 「노인장기요양보험법」 제4조 제7항

03

|정답| ③

|해설| ⓒ 장기요양보험료는 국민건강보험료액에서 경감 또는 면제되는 비용을 공제한 금액에 건강보험료율 대비 장기요양보험료율을 곱하여 산정한 금액으로 한다(「노인장기요양보험법」 제9조 제1항).

② 장기요양보험료는 건강보험료와 통합하여 징수한다(「노인장기요양보험법」 제8조 제2항).

|오답풀이|

㉠ 「노인장기요양보험법」 제7조 제1항

㉡ 「노인장기요양보험법」 제7조 제2항

㉣ 공단은 외국인근로자 등 대통령령으로 정하는 외국인이 신청하는 경우 장기요양보험가입자에서 제외할 수 있다(「노인장기요양보험법」 제7조 제4항).

04

|정답| ①

|해설| 장기요양기관이 수급자의 생업을 지원하는 행위는 급여외행위로 수급자 또는 장기요양기관은 이를 요구하거나 제공할 수 없다(「노인장기요양보험법」 제28조의2 제1항 제2호).

|오답풀이|

② 「노인장기요양보험법」 제13조 제2항

③ 「노인장기요양보험법」 제24조 제1항 제1호

④ 「노인장기요양보험법」 제40조 제4항 제2호

05

|정답| ①

|해설| 국민건강보험공단은 장기요양등급판정위원회가 장기요양인정 및 등급판정의 심의를 완료한 경우 지체 없이

㉠ 장기요양인정서를 작성하여 수급자에게 송부하여야 한다(「노인장기요양보험법」 제17조 제1항).

국민건강보험공단은 장기요양인정서를 송부하는 때 장기요양급여를 원활히 이용할 수 있도록 월 한도액 범위 안에서 ㉡ 개인별장기요양이용계획서를 작성하여 이를 함께 송부하여야 한다(「노인장기요양보험법」 제17조 제3항).

수급자는 장기요양급여를 받으려면 장기요양기관에 장기요양인정서와 개인별장기요양이용계획서를 제시하여야 한다(「노인장기요양보험법」 제27조 제3항). 장기요양기관은 수급자가 제시한 장기요양인정서와 개인별장기요양이용계획서를 바탕으로 ㉢ 장기요양급여 제공 계획서를 작성하고 수급자의 동의를 받아 그 내용을 국민건강보험공단에 통보하여야 한다(「노인장기요양보험법」 제27조 제4항).

보충 플러스+
「노인장기요양보험법」 개정 주요내용 (시행 2019. 6. 12.)
가. 표준장기요양이용계획서의 실효성 강화(제27조)
수급자가 장기요양급여를 받으려면 장기요양기관에 장기요양인정서와 표준장기요양이용계획서를 제시하도록 하고, 장기요양기관은 이를 바탕으로 장기요양급여 제공 계획서를 작성하여 국민건강보험공단에 이를 통보하도록 함.
('표준장기요양이용계획서'는 2021. 6. 30. 시행 개정법으로 그 명칭이 '개인별장기요양이용계획서'로 변경됨)

06

| 정답 | ①

| 해설 | 장기요양인정 등급판정결과에 관한 공단의 처분에 이의를 제기하는 심사청구는 그 처분이 있음을 안 날로부터 90일 이내에 문서(전자문서를 포함)로 제기해야 한다(「노인장기요양보험법」 제55조 제2항).
| 오답풀이 |
② 「노인장기요양보험법」 제55조 제2항
③ 장기요양인정의 갱신 신청은 유효기간이 만료되기 전 30일까지 이를 완료해야 한다(「노인장기요양보험법」 제20조 제2항).
④ 특별현금급여수급계좌가 개설된 금융기관은 특별현금급여만이 특별현금급여수급계좌에 입금되도록 관리하여야 하며(「노인장기요양보험법」 제27조의2 제2항), 특별현금급여수급계좌의 예금에 관한 채권은 압류할 수 없다(「노인장기요양보험법」 제66조 제2항).

07

| 정답 | ①

| 해설 | 수급자를 하루 중 일정한 시간 또는 정하는 범위 안에서 일정 기간 동안 장기요양기관에 보호하여 신체활동 지원 및 심신기능의 유지·향상을 위한 교육·훈련 등을 제공하는 장기요양급여인 주·야간보호 및 단기보호는 재가급여에 해당한다(「노인장기요양보험법」 제23조 제1항 제1호 라목, 마목).

보충 플러스+
단기보호 급여기간 (「노인장기요양보험법 시행규칙」 제11조)
1. 단기보호급여를 받을 수 있는 기간은 월 9일 이내로 한다. 다만 가족의 여행, 병원치료 등의 사유로 수급자를 돌볼 가족이 없다면 1일 9회 이내의 범위에서 연 4회까지 연장할 수 있다.
2. 2017년 12월 31일 이전에 지정을 받은 장기요양기관 또는 설치 신고를 한 재가장기요양기관에서 단기보호 급여를 받는 경우 그 단기보호 급여를 받을 수 있는 기간은 월 15일 이내, 위와 같은 이유로 1일 15일 이내의 범위에서 연 2회까지 연장할 수 있다.

08

| 정답 | ④

| 해설 | 장기요양급여 중 특별현금급여에는 가족요양비, 특례요양비, 요양병원간병비가 있다(「노인장기요양보험법」 제23조 제1항 제3호).

09

| 정답 | ③

| 해설 | 수급자 또는 장기요양기관은 장기요양급여를 제공받거나 제공할 경우 급여외행위를 요구하거나 제공하여서는 아니 된다. 급여외행위란 수급자의 가족만을 위한 행위, 수급자 혹은 그 가족의 생업을 지원하는 행위, 수급자의 일상생활에 지장이 없는 행위를 의미한다(「노인장기요양보험법」 제28조의2 제1항).

10

| 정답 | ②

| 해설 | 금고 이상의 형의 집행유예를 선고받고 그 유예기간 중에 있는 사람, 파산선고를 받고 복권되지 아니한 사람, 이에 해당하는 사람을 대표자로 하고 있는 법인은 장기요양기관으로 지정받을 수 없다(「노인장기요양보험법」 제32조의2 제4호, 제6호, 제7호).

| 오답풀이 |

① 재가장기요양기관의 설치 규정(「노인장기요양보험법」 제32조)은 2018. 12. 11. 개정으로 장기요양기관과 같은 지정제로 통합·변경되면서 삭제되었다.

③ 장기요양기관 지정의 유효기간은 지정을 받은 날부터 6년이며(「노인장기요양보험법」 제32조의3), 장기요양기관의 장은 지정의 유효기간이 끝난 후에도 계속하여 그 지정을 유지하려는 경우에는 소재지를 관할구역으로 하는 특별자치시장·특별자치도지사·시장·군수·구청장에게 지정 유효기간이 끝나기 90일 전까지 지정 갱신을 신청하여야 한다(「노인장기요양보험법」 제32조의4 제1항).

④ 정신질환자는 장기요양기관으로 지정받을 수 없다. 다만 전문의가 장기요양기관 설립·운영 업무에 종사하는 것이 적합하다고 인정하는 사람은 그러하지 아니하다(「노인장기요양보험법」 제32조의2 제2호).

보충 플러스+

「노인장기요양보험법」 개정 주요내용 (시행 2019. 12. 12.)
라. 장기요양기관 지정 유효기간 설정 및 지정 갱신제 도입 (제32조의3 및 제32조의4 신설)
장기요양기관 지정의 유효기간을 6년으로 설정하고, 지정의 유효기간이 끝난 후에도 계속하여 그 지정을 유지하려는 자는 지정 유효기간이 끝나기 90일 전까지 지정권자에게 지정 갱신을 신청하도록 함.

11

| 정답 | ③

| 해설 | 장기요양기관의 장은 폐업·휴업 신고를 할 때 또는 장기요양기관의 지정 갱신을 하지 아니하여 유효기간이 만료될 때 보건복지부령으로 정하는 바에 따라 장기요양급여 제공 자료를 공단으로 이관하여야 한다(「노인장기요양보험법」 제36조 제6항).

| 오답풀이 |

① 장기요양기관의 장은 폐업하거나 휴업하고자 하는 경우 폐업이나 휴업 예정일 전 30일까지 특별자치시장·특별자치도지사·시장·군수·구청장에게 신고하여야 한다(「노인장기요양보험법」 제36조 제1항).

② 폐업 신고를 접수받은 특별자치시장·특별자치도지사·시장·군수·구청장은 폐업 예정인 장기요양기관의 인근지역에 대체 장기요양기관이 없는 경우 등 장기요양급여에 중대한 차질이 우려되는 때에는 장기요양기관의 폐업 철회를 권고할 수 있다(「노인장기요양보험법」 제36조 제4항).

④ 장기요양기관의 장은 장기요양기관을 폐업하려는 경우 해당 장기요양기관을 이용하는 수급자가 다른 장기요양기관을 선택하여 이용할 수 있도록 계획을 수립하고 이행하는 조치를 취하여야 한다(「노인장기요양보험법」 제36조 제3항 제1호).

12

| 정답 | ②

| 해설 | 장기요양기관이 전문인 배상책임보험에 가입하지 않는 경우 공단은 그 기간 동안 해당 장기요양기관에 지급하는 장기요양급여비용의 일부를 감액할 수 있으나(「노인장기요양보험법」 제35조의5 제2항) 본법에서는 '장기요양기관은 보험에 가입할 수 있다'고 규정하여 원칙상 기관의 보험 가입을 법률로 강제하고 있지는 않다(「노인장기요양보험법」 제35조의5 제1항).

| 오답풀이 |

① 「노인장기요양보험법」 제37조 제1항 제7호

③ 「노인장기요양보험법」 제37조 제1항 제6호 라목

④ 「노인장기요양보험법」 제32조의2 제6호, 제37조 제1항 제2호의2

13

| 정답 | ③

| 해설 | 행정제재처분을 받았거나 그 절차를 진행 중인 자는 지체 없이 그 사실을 양수인 등에게 알려야 한다(「노인장기요양보험법」 제37조의4 제4항).

| 오답풀이 |
① 행정제재처분을 받은 장기요양기관 폐업 후 3년 이내에 같은 장소에서 그 배우자나 직계혈족이 장기요양기관을 운영할 경우 그 행정제재처분을 승계한다(「노인장기요양보험법」 제37조의4 제1항 제3호).
② 행정제재처분을 받은 장기요양기관을 해당 처분일로부터 3년 내에 합병하여 신설된 장기요양기관은 그 행정제재처분이 승계된다(「노인장기요양보험법」 제37조의4 제1항 제2호). 다만 그 사실을 알지 못하였음을 증명한 경우에는 그러하지 아니하다(「노인장기요양보험법」 제37조의4 제3항).
④ 행정제재처분을 받은 장기요양기관을 양도받은 양수인이 그 행정제재처분을 승계를 면하기 위해서는 양수인 본인이 해당 사실을 알지 못하였음을 증명해야 한다(「노인장기요양보험법」 제37조의4 제3항). 즉 행정제재처분의 승계에 대한 증명책임은 승계를 주장하는 공단이 아닌 승계를 면하고자 하는 양수인이 진다.

14

| 정답 | ②

| 해설 | 장기요양기관 중 사회복지시설은 「노인장기요양보험법」이 아닌 「사회복지사업법」에 따른 재무·회계에 관한 기준을 따른다(「노인장기요양보험법」 제35조의2 제1항).
| 오답풀이 |
① 「노인장기요양보험법」 제61조 제2항 제1호
③ 「노인장기요양보험법」 제36조의2 제2호
④ 「노인장기요양보험법」 제59조 제2항

15

| 정답 | ④

| 해설 | 장기요양급여의 월 한도액을 초과하는 장기요양급여에 대한 비용은 수급자 본인이 전부 부담한다(「노인장기요양보험법」 제40조 제3항 제3호).
| 오답풀이 |
① 공단은 장기요양기관으로부터 시설 급여비용의 청구를 받은 경우 그 시설 급여비용 중 본인부담금을 공제한 금액인 공단부담금을 해당 장기요양기관에 지급해야 한다(「노인장기요양보험법」 제38조 제2항).
② 「노인장기요양보험법」 제35조의4 제2항 제2호
③ 「노인장기요양보험법」 제35조 제5항, 제37조 제1항 제3호의2

16

| 정답 | ①

| 해설 | 국가와 지방자치단체는 장기요양요원의 권리를 보호하기 위하여 장기요양요원지원센터를 설치·운영할 수 있다(「노인장기요양보험법」 제47조의2 제1항).
| 오답풀이 |
② 「노인장기요양보험법」 제47조의2 제2항 제1호
③ 「노인장기요양보험법」 제47조의2 제2항 제3호
④ 「노인장기요양보험법」 제47조의2 제3항

17

| 정답 | ②

| 해설 | 「노인장기요양보험법」상 노인장기요양사업과 관련된 국민건강보험공단의 주요 업무 목록은 아래와 같다(「노인장기요양보험법」 제48조 제2항)

1. 장기요양보험가입자 및 그 피부양자와 의료급여수급권자의 자격관리
2. 장기요양보험료의 부과·징수 → ㉣
3. 신청인에 대한 조사
4. 장기요양등급판정위원회의 운영 및 장기요양등급 판정 → ㉢
5. 장기요양인정서의 작성 및 개인별장기요양이용계획서의 제공
6. 장기요양급여의 관리 및 평가
7. 수급자 및 그 가족에 대한 정보제공·안내·상담 등 장기요양급여 관련 이용지원에 관한 사항
8. 재가 및 시설 급여비용의 심사 및 지급과 특별현금급여의 지급 → ㉥
9. 장기요양급여 제공내용 확인
10. 장기요양사업에 관한 조사·연구, 국제협력 및 홍보

11. 노인성질환예방사업 → ㉣
12. 「노인장기요양보험법」에 따른 부당이득금의 부과·징수 등
13. 장기요양급여의 제공기준을 개발하고 장기요양급여비용의 적정성을 검토하기 위한 장기요양기관의 설치 및 운영
14. 그 밖에 장기요양사업과 관련하여 보건복지부장관이 위탁한 업무

| 오답풀이 |

㉠, ㉡, ㉣ 장기요양위원회의 기능(「노인장기요양보험법」제45조, 「노인장기요양보험법 시행령」제16조 제3호)
㉢, ㉤ 장기요양요원지원센터의 업무(「노인장기요양보험법」제47조의2 제2항)

18

| 정답 | ④

| 해설 | • 학생 D : 2018. 12. 11. 개정 이전의 「노인장기요양보험법」에 관한 내용이다. 2018. 12. 11. 개정으로 이전의 이의신청, 심사청구, 행정소송 구조의 「노인장기요양보험법」상의 구제절차에 관한 용어를 이의신청 → 심사청구, 심사청구 → 재심사청구로 변경하였다.
• 학생 F : 「노인장기요양보험법」제57조에서는 행정소송을 제기할 수 있는 당사자로 1. 국민건강보험공단의 처분에 이의가 있는 자 2. 심사청구 또는 재심사청구에 대한 결정에 불복하는 자로 규정하고 있다. 따라서 국민건강보험공단의 처분에 이의가 있다면 심사청구 또는 재심사청구의 결정절차를 거치지 않고 바로 법원에 행정소송을 제기할 수 있다.

| 오답풀이 |
• 학생 B : 「노인장기요양보험법」에는 심사청구(제55조), 재심사청구(제56조), 행정소송(제57조)을 규정하고 있다.
• 학생 C : 재심사위원회의 재심사에 관한 절차에 관하여는 「행정심판법」을 준용한다(「노인장기요양보험법」제56조의2 제1항).
• 학생 E : 공단의 처분에 이의가 있는 자는 행정소송을 제기할 수 있다(「노인장기요양보험법」제57조).

| 보충 플러스+ |

「노인장기요양보험법」개정 주요내용 (시행 2019. 12. 12.)
바. 장기요양 권리구제 용어 정비(제55조부터 제57조까지, 제56조의2 신설 등)
국민이 장기요양인정 등에 대한 권리구제 절차를 보다 쉽게 이해할 수 있도록 종전의 이의신청과 심사청구의 명칭을 「국민연금법」과 같이 심사청구와 재심사청구로 변경하고, 재심사의 법적 성격을 「행정심판법」에 따른 행정심판으로 명확히 규정함.

19

| 정답 | ②

| 해설 | ㉠ 장기요양위원회(「노인장기요양보험법」제45조), ㉢ 장기요양재심사위원회(「노인장기요양보험법」제56조 제2항)는 보건복지부장관 소속, ㉡ 장기요양등급판정위원회는 국민건강보험공단 소속이다(「노인장기요양보험법」제52조 제1항).

20

| 정답 | ④

| 해설 | 가족요양비·특례요양비 및 요양병원관리비와 관련한 급여를 제공한 자도 비밀누설금지의 대상에 포함된다(「노인장기요양보험법」제62조 제2호).

| 오답풀이 |
① 「노인장기요양보험법」제62조 제1호
② 「노인장기요양보험법」제67조 제2항 제5호
③ 「노인장기요양보험법」제37조 제1항에서 장기요양기관 지정취소사유로 「노인장기요양보험법」제62조 위반을 직접 명시하고 있지 않다. 하지만 「노인장기요양보험법」제62조를 위반하여 금고 이상의 형이 확정된다면 장기요양기관 지정의 결격사유에 해당되어 「노인장기요양보험법」제37조 제1항 제2호의2에 따라 장기요양기관의 지정이 취소될 수 있다.

4회 기출예상문제

▶ 문제 162쪽

01	②	02	②	03	③	04	②	05	①
06	④	07	②	08	④	09	④	10	④
11	②	12	③	13	③	14	②	15	③
16	③	17	②	18	④	19	③	20	④

01

| 정답 | ②

| 해설 | '장기요양기관'은 장기요양급여를 제공할 수 있도록 지정을 받은 기관을 의미한다(「노인장기요양보험법」 제2조 제4호). 노인등의 신체활동 또는 가사활동 등의 업무를 수행하는 자는 '장기요양요원'의 정의에 해당한다(「노인장기요양보험법」 제2조 제5호).

| 오답풀이 |
① 「노인장기요양보험법」 제2조 제1호
③ 「노인장기요양보험법」 제2조 제2호
④ 「노인장기요양보험법」 제2조 제3호

02

| 정답 | ②

| 해설 | 국가는 매년 예산의 범위 안에서 해당 연도 장기요양보험료 예상수입액의 100분의 20에 상당하는 금액을 공단에 지원한다(「노인장기요양보험법」 제58조 제1항).

| 오답풀이 |
① 「노인장기요양보험법」 제3조 제1항
③ 「노인장기요양보험법」 제48조 제3항
④ 「노인장기요양보험법」 제47조의2 제1항

03

| 정답 | ③

| 해설 | 「노인장기요양보험법」상 장기요양보험은 국민건강보험의 가입자로 하고 있고(「노인장기요양보험법」 제7조 제3항), 장기요양보험료율은 장기요양위원회의 심의를 거쳐 대통령령으로 정한다(「노인장기요양보험법」 제9조 제2항). 따라서 법을 바르게 이해하고 있는 학생은 학생 A, B, C이다.

| 보충 플러스+ |

헌법재판소 2013. 7. 25. 2010헌바51 전원재판부
국민으로 하여금 건강보험에 강제로 가입하도록 한 것은 경제적인 약자에게 기본적인 의료서비스를 제공하고 소득재분배 및 위험분산의 효과를 거두기 위하여 적합하고도 반드시 필요한 조치이므로 이 사건 강제가입조항은 청구인의 행복추구권 및 재산권을 침해하지 아니한다. (중략)
보험재정에 관한 사실관계는 매우 다양하고 수시로 변화될 것이 예상되는 바, 이처럼 그때그때의 사회·경제적 상황에 따라 수시로 변화될 것이 예상되는 건강보험의 특성상 보험료를 탄력적으로 규율할 필요성이 크고, 「국민건강보험법」의 전반적 체계와 관련조항들을 종합하여 볼 때 대통령령에 규정될 내용의 범위와 한계도 충분히 예측 가능하다. 따라서 이 사건 위임조항이 보험료부과점수와 보험료율 등의 규율을 대통령령에 위임하였다 하더라도 법률유보원칙 내지 포괄위임입법금지원칙에 반한다고 볼 수 없다.

04

| 정답 | ②

| 해설 | ㄱ. 수급자는 장기요양인정서와 개인별장기요양이용계획서가 도달한 날로부터 장기요양급여를 받을 수 있다(「노인장기요양보험법」 제27조 제1항). 단, 수급자에게 돌볼 가족이 없는 경우 등 대통령령으로 정하는 사유가 있는 경우에는 신청서를 제출한 날부터 장기요양인정서가 도달되는 날까지의 기간 중에도 장기요양급여를 받을 수 있다(「노인장기요양보험법」 제27조 제2항).
ㄹ. 사회복지전담공무원과 치매안심센터의 장(치매환자의 경우)은 본인 또는 가족의 동의를 받아 장기요양인정의 신청을 대리할 수 있다(「노인장기요양보험법」 제22조 제2항).

| 오답풀이 |
ㄴ. 「노인장기요양보험법」 제19조 제1항
ㄷ. 「노인장기요양보험법」 제12조 제2호

05

| 정답 | ①

| 해설 | 거짓이나 부정한 방법으로 장기요양인정을 받은

경우 등급판정위원회는 이에 대해 공단이 제출한 조사 결과를 토대로 다시 등급판정을 할 수 있다(「노인장기요양보험법」 제15조 제5항).

|오답풀이|
② 공단은 장기요양급여를 받고 있는 자가 정당한 사유 없이 공단의 조사나 자료제출 요구에 응하지 않을 경우 이를 이유로 장기요양급여의 전부 또는 일부를 제공하지 않을 수 있다(「노인장기요양보험법」 제29조 제1항).
③ 거짓으로 장기요양인정을 받은 사실이 확인되어 장기요양등급을 재조정한 경우 공단은 그 장기요양급여 또는 장기요양급여비용의 상당하는 금액에 대해 부당이득을 이유로 이를 징수할 수 있다(「노인장기요양보험법」 제43조 제1항 제1호).
④ 공단은 거짓 진단에 따라 장기요양급여에 제공한 때 이에 관여한 자에 대하여 장기요양급여를 받은 자와 연대하여 징수금을 납부하게 할 수 있다(「노인장기요양보험법」 제43조 제2항).

보충 플러스+
등급판정위원회의 수급자 재판정
2019. 12. 12. 시행법으로 등급판정위원회는 거짓이나 부정한 방법으로 장기요양인정을 받은 수급자에 대해 공단이 제출한 조사 결과를 토대로 다시 등급판정을 할 수 있게 되었다. 다만 '다시 등급판정을 할 수 있다'라는 표현으로는 등급판정위원회가 장기요양 수급자 여부를 다시 판정할 수 있는가에 대한 표시가 불분명하여, 2020. 10. 1. 시행법을 통해 이를 '다시 수급자 등급을 조정하고 수급자 여부를 판정할 수 있다'로 수정하여 이를 명확히 표시하고자 하였다.

06

|정답| ④

|해설| 수급자를 장기요양기관에 위탁하는 경우에도 그 기간이 하루 중 일부인 경우(주·야간보호)나 보건복지부령으로 정하는 단기간의 보호(단기보호)인 경우에는 재가급여로 분류한다(「노인장기요양보험법」 제23조 제1항 제1호).

|오답풀이|
① 장기요양요원인 간호사 등이 의사, 한의사 또는 치과의사의 지시서에 따라 수급자의 가정을 방문하여 간호, 진료보조, 요양상담 또는 구강위생 등을 제공하는 장기요양급여는 재가급여 중 방문간호에 해당한다(「노인장기요양보험법」 제23조 제1항 제1호 다목). 방문요양은 장기요양요원이 수급자의 가정을 방문하여 신체활동 및 가사활동을 지원하는 장기요양급여를 의미한다(「노인장기요양보험법」 제23조 제1항 제1호 가목).
② 수급자를 장기요양기관에 장기간 입소시키는 것은 재가급여와는 별개인 시설급여로 분류한다(「노인장기요양보험법」 제23조 제1항 제2호).
③ 「노인장기요양보험법」 제23조 제1항 제1호 라목

07

|정답| ②

|해설| 특별현금급여는 수급자 명의의 지정 계좌(특별현금급여수급계좌)로 입금해야 하며(「노인장기요양보험법」 제27조의2 제1항), 가족요양비 역시 해당 수급자에게 지급하여야 한다(「노인장기요양보험법」 제24조 제1항).

|오답풀이|
① 「노인장기요양보험법」 제24조 제1항 제3호
③ 「노인장기요양보험법」 제66조 제2항
④ 「노인장기요양보험법」 제65조

08

|정답| ④

|해설| 장기요양기관과의 급여계약 체결 시 제시해야 하며, 수급자가 장기요양급여를 원활히 이용할 수 있도록 발급한 이용계획서라는 서식 안내문과 월 한도액에 따른 요양급여에 관한 사항을 그 내용으로 하는 점에서 제시된 문서는 개인별장기요양이용계획서(시행규칙 별지 제7호 서식)임을 알 수 있다.
개인별장기요양이용계획서는 수급자가 월 한도액 범위 내에서 장기요양급여를 원활히 이용할 수 있도록 국민건강보험공단이 작성하는 장기요양이용계획의 지침서로, 공단은 장기요양인정 시 이를 장기요양인정서와 함께 수급자에게 송부해야 한다(「노인장기요양보험법」 제17조 제3항). 그리고 수급자는 장기요양기관으로부터 요양급여를 제공받기 위해서는 장기요양인정서와 함께 이를 제시해야 한다(「노인장기요양보험법」 제27조 제3항).

09

| 정답 | ④

| 해설 | 다음의 어느 하나에 해당하는 자는 장기요양기관으로 지정받을 수 없다(「노인장기요양보험법」 제32조의2).

1. 미성년자, 피성년후견인 또는 피한정후견인 → ㉠
2. 「정신건강증진 및 정신질환자 복지서비스 지원에 관한 법률」 제3조 제1호의 정신질환자. 다만, 전문의가 장기요양기관 설립·운영 업무에 종사하는 것이 적합하다고 인정하는 사람은 그러하지 아니하다.
3. 「마약류 관리에 관한 법률」 제2조 제1호의 마약류에 중독된 사람 → ㉡
4. 파산선고를 받고 복권되지 아니한 사람 → ㉣
5. 금고 이상의 실형을 선고받고 그 집행이 종료(집행이 종료된 것으로 보는 경우를 포함한다)되거나 집행이 면제된 날부터 5년이 경과되지 아니한 사람
6. 금고 이상의 형의 집행유예를 선고받고 그 유예기간 중에 있는 사람 → ㉤
7. 대표자가 제1호부터 제6호까지의 규정 중 어느 하나에 해당하는 법인

10

| 정답 | ④

| 해설 | 특별자치시장·특별자치도지사·시장·군수·구청장은 갱신 심사에 필요하다고 판단되는 경우에는 장기요양기관에 추가자료의 제출을 요구하거나 소속 공무원으로 하여금 현장심사를 하게 할 수 있다(「노인장기요양보험법」 제32조의4 제2항).

| 오답풀이 |

① 장기요양기관 지정의 유효기간은 지정을 받은 날로부터 6년으로 한다(「노인장기요양보험법」 제32조의3).
② 특별자치시장·특별자치도지사·시장·군수·구청장은 갱신 심사를 완료한 경우 그 결과를 지체 없이 해당 장기요양기관의 장에게 통보하여야 한다(「노인장기요양보험법」 제32조의4 제4항).
③ 장기요양기관의 갱신 심사과정에서의 현장심사는 국민건강보험공단 직원이 아닌 자치단체 소속 공무원이 한다(「노인장기요양보험법」 제32조의4 제2항).

11

| 정답 | ②

| 해설 | 장기요양기관의 관련자를 포함하여 누구든지 영리를 목적으로 금전, 물품, 노무, 향응, 그 밖의 이익을 제공하거나 제공할 것을 약속하는 방법으로 수급자를 장기요양기관에 소개, 알선 또는 유인하는 행위 및 이를 조장하는 행위를 하여서는 아니 된다(「노인장기요양보험법」 제35조 제6항).

| 오답풀이 |

① 장기요양기관은 수급자로부터 장기요양급여신청을 받은 때 장기요양급여의 제공을 거부하여서는 아니 된다. 다만, 입소정원에 여유가 없는 경우 등 정당한 사유가 있는 경우는 그러하지 아니하다(「노인장기요양보험법」 제35조 제1항).
③ 특별자치시장·특별자치도지사·시장·군수·구청장은 장기요양기관 재무·회계기준을 위반한 장기요양기관에 대하여 6개월 이내의 범위에서 일정한 기간을 정하여 시정을 명할 수 있다(「노인장기요양보험법」 제36조의2 제2호).
④ 장기요양기관은 수급자가 장기요양급여를 쉽게 선택하도록 하고 장기요양기관이 제공하는 급여의 질을 보장하기 위하여 장기요양기관별 급여의 내용, 시설·인력 등 현황자료 등을 공단이 운영하는 인터넷 홈페이지에 게시하여야 한다(「노인장기요양보험법」 제34조 제1항).

12

| 정답 | ③

| 해설 | 장기요양요원지원센터는 장기요양요원의 권리 침해에 대한 상담 및 지원업무를 수행하나(「노인장기요양보험법」 제47조의2 제2항 제1호), 권리침해사실에 대한 직접수사권은 존재하지 않는다.

| 오답풀이 |

① 「노인장기요양보험법」 제35조의4 제2항 제2호
② 「노인장기요양보험법」 제35조의4 제1항 제1호
④ 「노인장기요양보험법」 제37조 제1항 제1호

13

| 정답 | ③

| 해설 | 특별자치시장·특별자치도지사·시장·군수·구청장은 장기요양기관을 지정취소하거나 업무정지명령을 한 경우에는 지체 없이 그 내용을 공단에 통보하여야 한다(「노인장기요양보험법」 제37조 제2항). 장기요양기관의 지정취소 결정 전 사전통보의무에 대한 규정은 존재하지 않는다.

| 오답풀이 |

① 「노인장기요양보험법」 제37조 제2항

② 「노인장기요양보험법」 제37조 제6항 제1호

④ 「노인장기요양보험법」 제37조 제6항 제2호

14

| 정답 | ④

| 해설 | 특별자치시장·특별자치도지사·시장·군수·구청장은 위반사실 등의 공표를 하려는 경우에는 청문을 하여야 한다(「노인장기요양보험법」 제63조 제3호).

| 오답풀이 |

① 「노인장기요양보험법」 제37조의3 제1항 제1호

② 「노인장기요양보험법」 제37조의3 제3항

③ 「노인장기요양보험법」 제37조의3 제1항

15

| 정답 | ③

| 해설 | 장기요양기관의 법인은 소속 종사자의 위반행위로 처벌될 경우 위반자의 처벌과는 별도로 해당 법인에 대하여도 해당 조의 벌금형을 과한다(「노인장기요양보험법」 제68조). 다만, 제시된 사례는 「노인장기요양보험법」 제69조 제1항 제8호에 따라 벌금형이 아닌 500만 원 이하의 과태료 부과 대상에 해당하므로 제68조의 내용이 적용되지 않는다.

| 오답풀이 |

① 「노인장기요양보험법」 제37조의5 제1항, 제69조 제1항 제8호

② 「노인장기요양보험법」 제37조의5 제2항

④ 「노인장기요양보험법」 제63조 제4호

16

| 정답 | ③

| 해설 | 장기요양인정신청서는 장기요양등급판정을 위해 국민건강보험공단에 제출하는 신청서로, 그 내용에 수급자의 장기요양등급과 제공받는 급여의 종류를 감안하여 산정되는 장기요양급여의 월 한도액이 반영될 수 없다. 한편 공단의 장기요양등급판정을 직후 작성하는 개인별장기요양이용계획서는 월 한도액 범위 안에서 작성해야 한다(「노인장기요양보험법」 제17조 제3항).

| 오답풀이 |

① 「노인장기요양보험법」 제40조 제3항 제3호

② 「노인장기요양보험법」 제43조 제1항 제2호

④ 「노인장기요양보험법」 제28조 제1항

17

| 정답 | ②

| 해설 | 근로자단체, 사용자단체, 시민단체(비영리민간단체), 노인단체, 농어업인단체 또는 자영자단체를 대표하는 자 중 보건복지부장관이 위촉하는 자는 장기요양위원회의 위원이 될 수 있다(「노인장기요양보험법」 제46조 제2항 제1호).

| 오답풀이 |

① 장기요양위원회의 위원장은 보건복지부차관이 되고, 부위원장은 위원 중에서 위원장이 지명한다(「노인장기요양보험법」 제46조 제3항).

③ 장기요양위원회 위원의 임기는 3년으로 한다. 다만, 공무원인 위원의 임기는 재임기간으로 한다(「노인장기요양보험법」 제46조 제4항).

④ 장기요양위원회의 회의는 구성원 과반수의 출석으로 개의하고 출석위원 과반수의 찬성으로 의결한다(「노인장기요양보험법」 제47조 제1항).

> **보충 플러스+**
>
> **호선(互選)**
> 어떤 조직의 구성원들이 서로 투표하여 그 조직 구성원 가운데에서 어떠한 사람을 뽑음. 또는 그 선거.
> (예) 임원추천위원회의 위원장은 임원추천위원회의 위원인 공기업·준정부기관의 비상임이사 중에서 임원추천위원회 위원의 호선으로 선출한다(「공공기관의 운영에 관한 법률」 제29조 제5항).

18

| 정답 | ④

| 해설 | 장기요양등급판정위원회, 장기요양위원회, 공표심의위원회, 심사위원회 및 재심사위원회 위원 중 공무원이 아닌 사람은 「형법」 제129조부터 제132조까지(수뢰죄)의 규정을 적용할 때에는 공무원으로 본다(「노인장기요양보험법」 제66조의2).

| 오답풀이 |

① 「노인장기요양보험법」 제6조의2 제1항에서는 보건복지부장관이 장기요양등급판정위원회의 판정에 따라 장기요양급여를 받을 사람의 규모 등을 포함한 장기요양사업의 실태를 파악하기 위한 실태조사를 실시하고 이를 공표할 것을 규정하고 있다.

② 특별자치시·특별자치도·시·군·구 소속 공무원은 특별자치시장·특별자치도지사·시장·군수·구청장의 추천으로 장기요양등급판정위원회의 위원으로 위촉될 수 있고, 이 경우의 임기는 해당 공무원의 재임기간으로 한다(「노인장기요양보험법」 제52조 제4항, 제5항).

③ 장기요양등급판정위원회의 위원 구성에는 의사 또는 한의사가 1인 이상 각각 포함되어야 한다(「노인장기요양보험법」 제52조 제4항). 다만, 장기요양등급판정위원회는 이와 별개로 장기요양인정신청자를 심의·판정을 하는 때 의사소견서를 발급한 의사의 의견을 들을 수 있다(「노인장기요양보험법」 제15조 제3항).

19

| 정답 | ③

| 해설 | 재심사청구에는 심사청구와 달리 청구기간의 연장에 관한 규정이 없어 청구기간을 임의로 연장할 수 없다(「노인장기요양보험법」 제56조 제1항).

| 오답풀이 |

① 「노인장기요양보험법」 제55조 제2항
② 「노인장기요양보험법」 제55조 제3항
④ 「노인장기요양보험법」 제56조 제2항

20

| 정답 | ④

| 해설 | 「국민건강보험법」 제45조의 내용인 요양급여비용의 계약(수가계약)은 의료기관 등을 대상으로 요양기관의 종류별로 국민건강보험 요양급여비용 지급에 대한 공단과의 1년 단기계약에 관한 규정으로, 장기요양급여비용 청구 규정을 포함하여 「노인장기요양보험법」에서는 해당 조문을 준용하고 있지 않다.

| 오답풀이 |

① 소멸시효에 관하여는 「국민건강보험법」의 내용을 준용하고 있다(「노인장기요양보험법」 제64조).

② 공무상 재해에 대한 공무원연금공단의 요양제도 적용 등에 따른 보험급여 등의 중복지급 방지를 위한 장기요양급여 제한규정에 관하여는 「국민건강보험법」의 내용을 준용하고 있다(「노인장기요양보험법」 제30조).

③ 장기요양보험료의 징수 범위에 대하여는 「국민건강보험법」의 내용을 준용하고 있다(「노인장기요양보험법」 제11조).

5회 기출예상문제

▶ 문제 172쪽

01	②	02	②	03	④	04	①	05	③
06	④	07	②	08	③	09	③	10	④
11	③	12	①	13	②	14	①	15	④
16	②	17	①	18	④	19	①	20	②

01

| 정답 | ②

| 해설 | ㉠ "장기요양급여"란 등급판정위원회에 의해 6개월 이상 동안 혼자서 일상생활을 수행하기 어렵다고 인정되는 자에게 신체활동·가사활동의 지원 또는 간병 등의 서비스나 이에 갈음하여 지급하는 현금 등을 말한다(「노인장기요양보험법」 제2조 제2호).
㉡ "장기요양사업"이란 장기요양보험료, 국가 및 지방자치단체의 부담금 등을 재원으로 하여 노인등에게 장기요양급여를 제공하는 사업을 말한다(「노인장기요양보험법」 제2조 제3호).
㉢ "장기요양기관"이란 특별자치시장·특별자치도지사·시장·군수·구청장으로부터 지정을 받은 기관으로서 장기요양급여를 제공하는 기관을 말한다(「노인장기요양보험법」 제2조 제4호).
㉣ "장기요양요원"이란 장기요양기관에 소속되어 노인등의 신체활동 또는 가사활동 지원 등의 업무를 수행하는 자를 말한다(「노인장기요양보험법」 제2조 제5호).

02

| 정답 | ②

| 해설 | 국가 및 지방자치단체는 노인인구 및 지역특성 등을 고려하여 장기요양급여가 원활하게 제공될 수 있도록 적정한 수의 장기요양기관을 확충하고 장기요양기관의 설립을 지원하여야 한다(「노인장기요양보험법」 제4조 제3항).
| 오답풀이 |
① 「노인장기요양보험법」 제4조 제5항

③ 「노인장기요양보험법」 제4조 제7항
④ 「노인장기요양보험법」 제5조

03

| 정답 | ④

| 해설 | ㉠ 의료급여수급권자는 장기요양보험의 보험가입 여부와 관계없이 장기요양인정을 신청할 수 있다(「노인장기요양보험법」 제12조 제2호).
㉡ 장기요양인정을 신청하는 자는 장기요양인정신청서에 의사 또는 한의사가 발급하는 의사소견서를 첨부하여 제출해야 하나, 도서·벽지 지역에 거주하여 의료기관을 방문하기 어려운 자 등 대통령령으로 정하는 자는 의사소견서를 제출하지 않을 수 있다(「노인장기요양보험법」 제13조 제2항).
㉢ 신청인이 치매환자인 경우 가족이나 친족 기타 이해관계인의 동의를 받아 치매안심센터의 장이 장기요양인정의 신청을 대리할 수 있다(「노인장기요양보험법」 제22조 제2항 제2호).
따라서 ㉠ ~ ㉢ 모두 장기요양인정 신청자격을 충족한다.

04

| 정답 | ①

| 해설 | 장기요양인정을 신청하는 자는 장기요양인정신청서를 의사 또는 한의사가 발급하는 의사소견서를 첨부하여 국민건강보험공단에 제출하여야 한다(「노인장기요양보험법」 제13조 제1항). 물리치료사와 작업치료사는 의사가 아닌 의료기사로 분류한다.

보충 플러스+

「의료기사 등에 관한 법률」 제1조의2(정의)
이 법에서 사용하는 용어의 뜻은 다음과 같다.
1. "의료기사"란 의사 또는 치과의사의 지도 아래 진료나 의화학적(醫化學的) 검사에 종사하는 사람을 말한다.
「의료기사 등에 관한 법률」 제2조(의료기사의 종류 및 업무)
① 의료기사의 종류는 임상병리사, 방사선사, 물리치료사, 작업치료사, 치과기공사 및 치과위생사로 한다.

05

| 정답 | ③

| 해설 | 국민건강보험공단은 장기요양인정신청서를 접수한 때 보건복지부령으로 정하는 바에 따라 소속 직원으로 하여금 신청인의 심신상태, 신청인에게 필요한 장기요양급여의 종류 및 내용, 그 밖에 장기요양에 관하여 필요한 사항으로서 보건복지부령으로 정하는 사항을 조사하게 하여야 한다(「노인장기요양보험법」 제14조 제1항). 이때, 2명 이상의 소속 직원이 조사할 수 있도록 노력하여야 하는데(「노인장기요양보험법」 제14조 제2항), 이는 훈시규정의 형태의 규정으로 반드시 2명 이상의 국민건강보험공단 소속 직원의 참여를 요구하는 것은 아니다.

| 오답풀이 |
① 「노인장기요양보험법」 제13조 제1항
② 「노인장기요양보험법」 제22조 제1항
④ 「노인장기요양보험법」 제14조 제1항

보충 플러스+
- 훈시규정 : 위반하더라도 그 위반 행위의 효력에는 영향을 미치지 아니하는 규정
- 효력규정 : 법률을 위반하였을 경우에 그 위반 행위의 효과가 부정되는 규정

06

| 정답 | ④

| 해설 | 장기요양인정서에는 장기요양등급과 장기요양급여의 종류 및 내용이 포함되어야 한다(「노인장기요양보험법」 제17조 제1항).

| 오답풀이 |
① 등급판정위원회가 장기요양인정 및 등급판정의 심의를 완료한 경우 국민건강보험공단이 지체 없이 장기요양인정서를 작성하여 수급자에게 송부하여야 한다(「노인장기요양보험법」 제17조 제1항).
② 개인별장기요양이용계획서는 국민건강보험공단이 작성하여 장기요양인정서와 함께 수급자에게 송부한다(「노인장기요양보험법」 제17조 제3항).
③ 장기요양인정서를 작성할 때에는 수급자의 장기요양등급 및 생활환경, 수급자와 그 가족의 욕구 및 선택, 시설급여를 제공하는 경우 장기운영기관이 운영하는 시설 현황 등을 고려해야 한다(「노인장기요양보험법」 제18조).

07

| 정답 | ②

| 해설 | 국민건강보험공단은 수급자가 장기요양기관이 아닌 노인요양시설 등의 기관 또는 시설에서 재가급여 또는 시설급여에 상당한 장기급여를 받은 경우 장기요양급여비용의 일부를 해당 수급자에게 특례요양비로 지급할 수 있다(「노인장기요양보험법」 제25조). 이때 특례요양비는 특별현금급여에 해당한다(「노인장기요양보험법」 제23조 제3호 나목).

| 오답풀이 |
① 신체ㆍ정신 또는 성격 등의 이유로 가족 등으로부터 장기요양을 받아야 하는 자는 국민건강보험공단으로부터 가족요양비를 지급받을 수 있다(「노인장기요양보험법」 제24조 제1항 제3호). 이때 가족요양비는 특별현금급여에 해당한다(「노인장기요양보험법」 제23조 제3호 가목).
③ 천재지변이나 이와 유사한 사유로 장기요양기관이 제공하는 장기요양급여를 이용하기 어렵다고 보건복지부장관이 인정하는 경우 특별현금급여인 가족요양비를 지급할 수 있다(「노인장기요양보험법」 제24조 제1항 제2호).
④ 요양병원간병비는 특별현금급여에 해당한다(「노인장기요양보험법」 제23조 제3호 다목). 요양병원간병비의 지급 대상은 종합병원이 아닌 요양병원에 입원한 때에 해당한다(「노인장기요양보험법」 제26조 제1항).

08

| 정답 | ③

| 해설 | 장기요양기관의 지정을 받지 않고 장기요양기관을 운영하거나 거짓이나 그 밖의 부정한 방법으로 지정을 받은 자는 2년 이하의 징역 또는 2천만 원 이하의 벌금에 처한다(「노인장기요양보험법」 제67조 제2항 제1호).

| 오답풀이 |
① 의료기관이 아닌 자가 설치·운영하는 장기요양기관이 방문간호를 제공할 경우, 장기요양기관 내에 방문간호의 관리책임자로 간호사를 두어야 한다(「노인장기요양보험법」 제31조 제5항).
② 장기요양기관의 지정은 국민건강보험공단이 아닌 특별자치시장·특별자치도지사·시장·군수·구청장의 권한에 속한다(「노인장기요양보험법」 제31조 제1항). 특별자치시장·특별자치도지사·시장·군수·구청장은 장기요양기관을 지정한 때 지체 없이 지정 명세를 국민건강보험공단에 통보하여야 한다(「노인장기요양보험법」 제31조 제4항).
④ 장기요양기관의 지정취소를 받은 후 3년이 지나지 않은 자는 장기요양기관으로 지정받을 수 없다(「노인장기요양보험법」 제37조 제8항 제1호).

09

| 정답 | ③

| 해설 | 〈자료〉의 서비스가 장기요양급여 수급자를 대상으로 하고, 서비스 내용이 노인재활활동을 위한 프로그램들로 구성되어 있으며, 일정이 크게 주간과 야간으로 나누어져 있다는 점에서 이는 노인장기요양급여 중 주·야간보호에 해당한다. 우리나라에서 노인요양시설 중 주·야간보호 급여를 주로 하는 시설을 '데이케어센터'라고 부른다.
주·야간보호는 수급자를 하루 중 일정한 시간 동안 장기요양기관에 보호하여 신체활동 지원 및 심신기능의 유지·향상을 위한 교육·훈련 등을 제공하는 재가급여이다(「노인장기요양보험법」 제23조 제1항 제1호 라목).

| 오답풀이 |
① 방문요양 : 장기요양요원이 수급자의 가정 등을 방문하여 신체활동 및 가사활동 등을 지원하는 재가급여이다(「노인장기요양보험법」 제23조 제1호 가목).
② 단기보호 : 수급자를 일정 기간 동안 장기요양기관에 보호하여 신체활동 지원 및 심신기능의 유지·향상을 위한 교육·훈련 등을 제공하는 재가급여이다(「노인장기요양보험법」 제23조 제1호 마목).
④ 시설급여 : 장기요양기관에 장기간 입소한 수급자에게 신체활동 지원 및 심신기능의 유지·향상을 위한 교육·훈련 등을 제공하는 장기요양급여이다(「노인장기요양보험법」 제23조 제2호).

10

| 정답 | ④

| 해설 | 누구든지 영리를 목적으로 금전, 물품, 노무, 향응, 그 밖의 이익을 제공하거나 제공할 것을 약속하는 방법으로 수급자를 장기요양기관에 소개, 알선 또는 유인하는 행위 및 이를 조장하는 행위를 하여서는 아니 된다(「노인장기요양보험법」 제35조 제6항).

| 오답풀이 |
① 장기요양기관은 수급자로부터 장기요양급여신청을 받은 때 장기요양급여의 제공을 거부하여서는 안 되는 것이 원칙이나, 입소정원에 여유가 없는 등 거부에 정당한 사유가 있는 경우에는 그러하지 아니하다(「노인장기요양보험법」 제35조 제1항).
② 장기요양기관은 법령의 기준 외에 영리를 목적으로 수급자가 부담해야 하는 본인부담금을 면제하거나 감경하는 행위를 하여서는 아니 된다(「노인장기요양보험법」 제35조 제5항).
③ 수급자의 생업 지원은 급여외행위에 해당하므로 장기요양기관은 이를 제공하여서는 아니 된다(「노인장기요양보험법」 제28조의2 제1항 제2호).

11

| 정답 | ③

| 해설 | 특별자치시장·특별자치도지사·시장·군수·구청장은 휴업 신고를 접수한 후 인근지역에 대체 장기요양기관이 없어 장기요양급여에 중대한 차질이 우려될 때에는 휴업 철회를 권고하거나 그 밖의 다른 조치를 강구해야 한다(「노인장기요양보험법」 제36조 제4항).

| 오답풀이 |
① 「노인장기요양보험법」 제36조 제1항
② 「노인장기요양보험법」 제36조 제3항 제2호
④ 장기요양기관의 장은 휴업 신고를 할 때 장기요양급여 제공 자료를 공단으로 이관하여야 하나, 휴업 예정일 전까지 국민건강보험공단의 허가를 받아 이를 직접 보관할 수 있다(「노인장기요양보험법」 제36조 제6항).

12

|정답| ①

|해설| 장기요양등급판정위원회는 특별자치시·특별자치도·시·군·구 단위로 국민건강보험공단에 두고(「노인장기요양보험법」 제52조 제1항, 제2항), 그 운영은 국민건강보험공단의 업무에 해당한다(「노인장기요양보험법」 제48조 제2항 제4호).

|오답풀이|
② 특별자치시장·특별자치도지사·시장·군수·구청장은 갱신 심사에 필요하다고 판단되는 경우에는 장기요양기관에 추가자료의 제출을 요구하거나 소속 공무원으로 하여금 현장심사를 하게 할 수 있다(「노인장기요양보험법」 제32조의4 제2항).
③ 장기요양기관의 시설 및 인력 등 중요한 사항을 변경하기 위해서는 특별자치시장·특별자치도지사·시장·군수·구청장의 변경지정을 받아야 하며, 그 외의 장기요양기관에 관한 사항을 변경하기 위해서는 특별자치시장·특별자치도지사·시장·군수·구청장에게 변경신고를 하여야 한다(「노인장기요양보험법」 제33조 제1항, 제2항).
④ 보건복지부장관 또는 특별자치시장·특별자치도지사·시장·군수·구청장은 거짓으로 재가·시설 급여비용을 청구한 금액이 1천만 원 이상으로 지정취소처분 혹은 과징금 부과처분이 확정된 경우, 그 위반사실, 처분내용, 장기요양기관의 명칭·주소, 장기요양기관의 장의 성명 등 다른 장기요양기관과의 구별에 필요한 사항을 공표하여야 한다(「노인장기요양보험법」 제37조의3 제1항 제1호).

13

|정답| ②

|해설| 장기요양기관 폐업 후 3년 이내에 같은 장소에서 종전에 행정제재처분을 받은 자의 배우자나 직계혈족이 장기요양기관을 설립한 경우 해당 행정제재처분의 효과를 승계한다(「노인장기요양보험법」 제37조의4 제1항 제3호). 그러나 행정제재처분 사실을 알지 못하였음을 증명하는 경우에는 그러하지 아니하다(「노인장기요양보험법」 제37조의4 제3항).

|오답풀이|
① 「노인장기요양보험법」 제37조의4 제1항 제1호
③ 장기요양기관이 재가·시설 급여비용을 거짓으로 청구한 금액이 1천만 원 이상이거나 거짓으로 청구한 금액이 장기요양급여비용 총액의 100분의 10 이상인 경우로서 행정제재처분이 확정된 경우 장기요양기관의 명칭·주소, 장기요양기관의 장의 성명 등이 공표된다(「노인장기요양보험법」 제37조의3 제1항).
④ 「노인장기요양보험법」 제37조의4 제1항 제2호

14

|정답| ①

|해설| 제시된 자료의 기관은 보건복지부장관 소속의 심의기관인 장기요양위원회이다(「노인장기요양보험법」 제45조). 국민건강보험종합계획 및 그 시행계획에 대한 사항을 심의하는 기관은 건강보험정책심의위원회이다(「국민건강보험법」 제4조 제1항 제1조).

|오답풀이|
② 「노인장기요양보험법」 제45조 제2호
③ 「노인장기요양보험법」 제46조 제4항
④ 「노인장기요양보험법」 제47조 제2항

15

|정답| ④

|해설| 등급판정위원회, 장기요양위원회, 공표심의위원회, 심사위원회 및 재심사위원회 위원 중 공무원이 아닌 사람은 「형법」 제129조부터 제132조까지의 규정을 적용할 때에는 공무원으로 본다(「노인장기요양보험법」 제66조의2).

16

|정답| ②

|해설| 재가 및 시설급여비용에 대한 심의업무는 보건복

지부장관 소속 심의기관인 장기요양위원회의 업무에 해당한다(「노인장기요양보험법」 제45조 제3호).

| 오답풀이 |
① 「노인장기요양보험법」 제48조 제4항
③ 「노인장기요양보험법」 제50조 제1항
④ 공단은 장기요양사업을 수행하기 위하여 두는 조직 등을 건강보험사업을 수행하는 조직 등과 구분하여 따로 두어야 한다. 다만, 자격관리와 보험료 부과·징수업무는 그러하지 아니한다(「노인장기요양보험법」 제49조).

17

| 정답 | ①

| 해설 | 등급판정위원회의 위원장은 위원 중에서 특별자치시장·특별자치도지사·시장·군수·구청장이 위촉한다(「노인장기요양보험법」 제53조 제1항).

| 오답풀이 |
② 「노인장기요양보험법」 제52조 제2항
③ 「노인장기요양보험법」 제52조 제5항
④ 「노인장기요양보험법」 제53조 제2항

18

| 정답 | ④

| 해설 | 국민건강보험공단의 처분에 이의가 있는 자와 심사청구 또는 재심사청구에 대한 결정에 불복하는 자는 행정소송을 제기할 수 있다(「노인장기요양보험법」 제57조). 즉 행정소송은 심사청구 또는 재심사청구에 대한 불복절차로 이용할 수도 있고, 심사청구나 재심사청구 없이 바로 행정소송을 제기할 수도 있다.

| 오답풀이 |
① 「노인장기요양보험법」 제55조 제3항
② 「노인장기요양보험법」 제55조 제2항
③ 심사청구에 대한 결정에 불복하는 사람은 장기요양재심사위원회에 재심사를 청구할 수 있다(「노인장기요양보험법」 제56조 제1항). 즉 재심사청구는 반드시 심사청구의 절차를 거쳐야 할 것을 요구하는 심사청구의 불복절차이다.

19

| 정답 | ①

| 해설 | ⓛ 특별자치시장·특별자치도지사·시장·군수·구청장은 장기요양기관의 종사자가 거짓이나 그 밖의 부정한 방법으로 재가급여비용 또는 시설급여비용을 청구하는 행위에 가담한 경우 해당 종사자가 장기요양급여를 제공하는 것을 1년의 범위에서 제한하는 처분을 할 수 있다(「노인장기요양보험법」 제37조의5 제1항).

| 오답풀이 |
㉠ 보건복지부장관은 장기요양급여를 원활하게 제공하기 위하여 5년 단위로 장기요양기본계획을 수립·시행하여야 한다(「노인장기요양보험법」 제6조 제1항).
㉢ 장기요양기관 지정의 유효기간은 지정을 받은 날부터 6년으로 한다(「노인장기요양보험법」 제32조의3).
㉣ 등급판정위원회는 신청인이 신청서를 제출한 날부터 30일 이내에 장기요양등급판정을 완료하여야 한다. 다만, 신청인에 대한 정밀조사가 필요한 경우 등 기간 이내에 등급판정을 완료할 수 없는 부득이한 사유가 있는 경우 30일 이내의 범위에서 이를 연장할 수 있다(「노인장기요양보험법」 제16조 제1항).
㉤ 심사청구에 대한 결정에 불복하는 사람은 그 결정통지를 받은 날부터 90일 이내에 장기요양재심사위원회에 재심사를 청구할 수 있다(「노인장기요양보험법」 제56조 제1항).

20

| 정답 | ②

| 해설 | 장기요양기관의 지정갱신을 하지 않는 경우 장기요양기관지정의 효력이 만료되며, 지방자치단체장의 장기요양기관 지정 갱신 신청 권고(「노인장기요양보험법」 제36조 제4항)는 어디까지나 권고사항에 불과하다. 따라서 수급자의 권익을 보호하기 위한 필요한 조치(「노인장기요양보험법」 제36조 제3항)를 취하지 않은 등의 특별한 위반사항이 없다면 특별자치시장·특별자치도지사·시장·군수·구청장의 권고불응만을 이유로 제재대상이 될 수는 없다.

| 오답풀이 |
① 장기요양급여비용에 대한 명세서를 교부하지 않는 자에 대하여 500만 원 이하의 과태료를 부과한다(「노인장기요양보험법」 제69조 제1항 제2호의3).

③ 장기요양보험사업을 수행하는 자가 아닌 자는 보험계약의 명칭에 노인장기요양보험 또는 이와 유사한 용어를 사용하지 못하며(「노인장기요양보험법」제62조의2), 이를 위반한 경우 500만 원 이하의 과태료에 처한다(「노인장기요양보험법」제69조 제1항 제9호).

④ 폐업 또는 휴업하려는 장기요양기관의 수급자가 부담한 비용 중 정산하여야 할 비용이 있는 경우 이를 정산하는 조치를 취하지 않는 장기요양기관의 장에 대하여 수급자의 권익보호조치를 하지 않음을 이유로 1년 이하의 징역 또는 1천만 원 이하의 벌금에 처한다(「노인장기요양보험법」제67조 제3항 제3호).

파트3 법조문 빈칸 채우기

1장 총칙

제1조(목적) 노인성, 일상생활, 장기요양급여

제2조(정의) 65세, 65세, 노인성, 6개월, 장기요양보험료, 장기요양기관

제3조(장기요양급여 제공의 기본원칙) 일상생활, 가족, 재가급여, 의료서비스

제4조(국가 및 지방자치단체의 책무 등) 일상생활, 지역특성, 행정적, 장기요양요원, 표준

제5조(장기요양급여에 관한 국가정책방향) 장기요양기본계획, 자립

제6조(장기요양기본계획) 보건복지부장관, 5년, 장기요양요원, 지방자치단체의 장

제6조의2(실태조사) 보건복지부장관, 3년, 장기요양급여

2장 장기요양보험

제7조(장기요양보험) 보건복지부장관, 공단, 국민건강보험법, 제외

제8조(장기요양보험료의 징수) 통합, 구분, 통합

제9조(장기요양보험료의 산정) 공제, 건강보험료율, 장기요양위원회, 공제

제10조(장애인 등에 대한 장기요양보험료의 감면) 피부양자, 수급자

제11조(장기요양보험가입 자격 등에 관한 준용) 국민건강보험법, 장기요양보험가입자

3장 장기요양인정

제12조(장기요양인정의 신청자격) 노인, 피부양자

제13조(장기요양인정의 신청) 한의사, 등급판정위원회, 의료기관, 의사소견서

제14조(장기요양인정 신청의 조사) 심신상태, 2명, 조사결과서, 조사결과서

제15조(등급판정 등) 의사소견서, 6개월, 가족, 고의, 위법행위

제16조(장기요양등급판정기간) 30일, 30일, 대리인

제17조(장기요양인정서) 장기요양등급, 사유, 개인별장기요양이용계획서, 개인별장기요양이용계획서

제18조(장기요양인정서를 작성할 경우 고려사항) 가족, 시설급여

제19조(장기요양인정의 유효기간) 1년, 보건복지부령

제20조(장기요양인정의 갱신) 공단, 30일

제21조(장기요양등급 등의 변경) 종류, 공단

제22조(장기요양인정 신청 등에 대한 대리) 이해관계인, 가족, 사회복지전담공무원, 치매안심센터

4장 장기요양급여의 종류

제23조(장기요양급여의 종류) 방문요양, 방문목욕, 방문간호, 간호사, 주·야간보호, 단기보호, 기타재가급여, 시설급여, 특별현금급여

제24조(가족요양비) 도서·벽지, 천재지변, 성격

제25조(특례요양비) 노인요양시설, 시설급여

제26조(요양병원간병비) 요양병원

5장 장기요양급여의 제공

제27조(장기요양급여의 제공) 장기요양인정서, 개인별장기요양이용계획서, 가족, 장기요양인정서, 인터넷, 장기요양급여 제공 계획서

제27조의2(특별현금급여수급계좌) 수급자, 현금, 금융기관

제28조(장기요양급여의 월 한도액) 장기요양등급, 장기요양급여

제28조의2(급여외행위의 제공 금지) 가족, 생업, 일상생활

제29조(장기요양급여의 제한) 답변, 1년

제30조(장기요양급여의 제한 등에 관한 준용) 국민건강보험법

6장 장기요양기관

제31조(장기요양기관의 지정) 재가급여, 시설급여, 노인복지시설, 공단, 의료기관, 간호사

제32조의2(결격사유) 미성년자, 파산선고, 금고, 집행유예

제32조의3(장기요양기관 지정의 유효기간) 6년

제32조의4(장기요양기관 지정의 갱신) 90일, 현장심사, 유효

제33조(장기요양기관의 시설·인력에 관한 변경) 변경지정, 변경신고, 변경지정, 변경신고, 공단

제33조의2(폐쇄회로 텔레비전의 설치 등) 노인학대, 재가급여, 네트워크 카메라, 노인학대, 60일, 설치비

제33조의3(영상정보의 열람금지 등) 재산, 공공기관, 녹음, 1회

제34조(장기요양기관 정보의 안내 등) 인터넷 홈페이지

제35조(장기요양기관의 의무 등) 입소정원, 명세서, 본인부담금, 영리

제35조의2(장기요양기관 재무·회계기준) 사회복지시설

제35조의3(인권교육) 수급자, 비용, 6개월, 취소, 수행능력

제35조의4(장기요양요원의 보호) 업무의 전환, 급여외행위, 급여외행위, 본인부담금, 권익보호, 사실확인

제35조의5(보험 가입) 상해, 전문인 배상책임보험, 전문인 배상책임보험, 장기요양급여비용, 장기요양급여비용

제36조(장기요양기관의 폐업 등의 신고 등) 30일, 30일, 장기요양기관의 장, 30일, 철회, 노인의료복지시설, 공단, 휴업, 휴업

제36조의2(시정명령) 6개월, 폐쇄회로 텔레비전

제37조(장기요양기관 지정의 취소 등) 6개월, 급여외행위, 본인부담금, 1년, 방임행위, 업무정지기간, 보건복지부장관, 우편, 3년

제37조의2(과징금의 부과 등) 업무정지명령, 업무정지, 업무정지명령, 2억 원, 5배, 지방세

제37조의3(위반사실 등의 공표) 확정, 폐업, 1천만 원, 자료제출, 확정, 폐업, 공표심의위원회, 공표심의위원회

제37조의4(행정제재처분 효과의 승계) 3년, 양수인, 양수인, 3년, 증명

제37조의5(장기요양급여 제공의 제한) 1년, 공단

7장 재가 및 시설 급여비용 등

제38조(재가 및 시설 급여비용의 청구 및 지급 등) 본인부담금, 장기요양급여평가, 수급자, 장기요양보험료, 인건비, 자료제출, 의견 제출

제39조(장기요양급여비용 등의 산정) 장기요양위원회, 국가, 설립비용

제40조(본인부담금) 특별현금급여, 수급자 본인, 장기요양인정서, 60, 생계

제41조(가족 등의 장기요양에 대한 보상) 방문요양, 본인부담금, 본인부담금

제42조(방문간호지시서 발급비용의 산정 등) 보건복지부령

제43조(부당이득의 징수) 방문간호지시서, 등급판정, 월 한도액, 진단, 세대, 징수, 장기요양보험료

제44조(구상권) 제3자, 손해배상, 손해배상, 손해배상액

8장 장기요양위원회 등

제45조(장기요양위원회의 설치 및 기능) 보건복지부장관, 장기요양보험료율

제46조(장기요양위원회의 구성) 보건복지부장관, 의료계, 고위공무원단, 보건복지부차관, 위원장, 3년

제47조(장기요양위원회의 운영) 과반수, 과반수, 실무위원회

제47조의2(장기요양요원지원센터의 설치 등) 권리 침해, 건강검진, 지방자치단체

9장 관리운영기관

제48조(관리운영기관 등) 장기요양사업, 장기요양등급, 장기요양인정서, 특별현금급여, 노인성질환, 지역 간 불균형, 최소한, 정관

제49조(공단의 장기요양사업 조직 등) 건강보험사업, 자격관리, 보험료

제50조(장기요양사업의 회계) 독립, 장기요양보험료, 관리운영

제51조(권한의 위임 등에 관한 준용) 이사장

제52조(등급판정위원회의 설치) 인구 수, 공단 이사장, 7인, 3년

제53조(등급판정위원회의 운영) 위원장, 공동, 과반수, 과반수

제53조의2(장기요양급여심사위원회의 설치) 공단, 10

제54조(장기요양급여의 관리·평가) 공단, 홈페이지

10장 심사청구 및 재심사청구

제55조(심사청구) 공단, 90일, 문서, 180일

제56조(재심사청구) 90일, 보건복지부장관, 보건복지부장관, 과반수

제56조의2(행정심판과의 관계) 행정심판법, 행정심판

제57조(행정소송) 공단, 심사청구, 재심사청구

11장 보칙

제58조(국가의 부담) 장기요양보험료, 의료급여수급권자, 전액

제59조(전자문서의 사용) 장기요양사업, 장기요양기관, 회계

제60조(자료의 제출 등) 공단, 장기요양보험가입자, 장기요양기관

제61조(보고 및 검사) 보수, 장기요양보험가입자, 장기요양급여, 장기요양기관, 행정응원(行政應援), 행정조사, 행정응원

제62조(비밀누설금지) 업무수행, 등급판정위원회

제62조의2(유사명칭의 사용금지) 노인장기요양보험

제63조(청문) 업무정지, 공표, 장기요양급여

제64조(시효 등에 관한 준용) 국민건강보험법

제65조(다른 법률에 따른 소득 등의 의제금지) 장기요양급여, 국민기초생활

제66조(수급권의 보호) 담보, 특별현금급여수급계좌

제66조의2(벌칙 적용에서 공무원 의제) 등급판정위원회, 심사위원회, 형법

제66조의3(소액 처리) 1,000원, 건강보험료

12장 벌칙

제67조(벌칙) 3년, 폐쇄회로 텔레비전, 폐쇄회로 텔레비전, 녹음, 2천만 원, 영상정보, 본인부담금, 1년, 1천만 원

제68조(양벌규정) 벌금형, 감독

제69조(과태료) 500만 원, 명세서, 행정제재처분, 300만 원, 폐쇄회로 텔레비전

Memo

미래를 창조하기에 꿈만큼 좋은 것은 없다.
오늘의 유토피아가 내일 현실이 될 수 있다.
There is nothing like dream to create the future.
Utopia today, flesh and blood tomorrow.
빅토르 위고 Victor Hugo

스마트폰에서 검색 고시넷

고시넷 공기업

베스트셀러!!

공기업 통합전공
핵심이론 + 문제풀이
사무직 필기시험 대비

빈출테마 이론정리 → 대표기출유형 학습 → 모의고사로 실전 대비

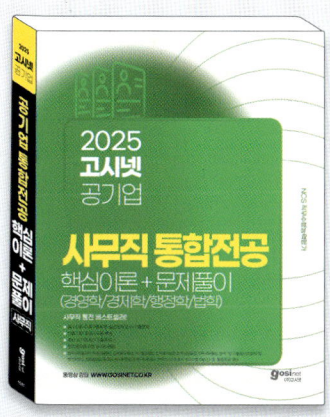

- 경영학 / 경제학 / 행정학 / 법학
- 주요 공기업 기출문제
- 테마별 이론 + 대표기출유형 학습
- 비전공자를 위한 상세한 해설

2025 하반기
고시넷
공기업

국민건강보험공단
노인장기요양보험법
요양직

NCS 직무수행능력평가

www.gosinet.co.kr **gosi**net

공기업_NCS

    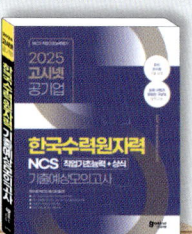